Kulturstiftung Sibirien

Waldemar Jochelson

Aus dem Fernen Osten Russlands

Deutschsprachige Schriften (1881–1908)

Herausgegeben von
Erich Kasten

Verlag der Kulturstiftung Sibirien
SEC Publications

Bibliografische Informationen der Deutschen Nationalbibliothek:
Die Deutsche Nationalbibliothek verzeichnet diese Publikation in der Deutschen Nationalbibliografie: detaillierte bibliografische Daten sind im Internet über <http://dnb.d-nb.de> abrufbar.

Gestaltung:
Kulturstiftung Sibirien gGmbH, Fürstenberg/Havel

Herstellung:
Books on Demand GmbH, Norderstedt

Electronic edition: www.siberian-studies.org/publications/jochside.html

ISBN: 978-3-942883-91-7

Printed in Germany

INHALT

VORWORT DER REIHENHERAUSGEBER

Seit dem 18. Jahrhundert bereisten Forscher und Gelehrte vor allem die nördlichen Gebiete des Fernen Osten Russlands. Ihre ausführlichen Beschreibungen und Berichte geben Auskunft über Lebensverhältnisse und Naturnutzung zu verschiedenen Zeiten und liefern den Hintergrund für heutige Forschungen zu diesen Themen. Die Werke erschienen in verschiedenen Sprachen und zählen bis heute zu den wertvollsten Dokumenten zur Ethnographie der dort lebenden Völker. Sie werden in den Reihen *Bibliotheca Kamtschatica* und *Bibliotheca Sibiro-pacifica* neu herausgegeben, wobei letztere den geographischen Rahmen auf den nordsibirischen und nordpazifischen Raum erweitert. Zusätzliche Essays liefern umfassende Einschätzungen zu diesen Werken aus historischer, literaturwissenschaftlicher, ethnologischer oder naturwissenschaftlicher Sicht.

Viele der Originalwerke sind inzwischen in digitalen Bibliotheken als Bilddateien über Internet allgemein und leicht zugänglich. Zusätzlichen Nutzen bringen aufbereitete Editionen, deren Inhalt als Volltext – möglichst durch Metadaten angereichtert und erschlossen – komfortabel recherchierbar ist. Hierzu ist gerade bei Werken aus dem 18. und 19. Jahrhunderts in der Regel ein Neusatz sinnvoll.

Beim Neusatz deutschsprachiger Werke wurde die Orthographie[1] an die heutige Rechtschreibung nach Duden (2006) angepasst, wobei allerdings Orts- und Personennamen in der Schreibweise der Vorlage belassen wurden. Damit wird die Lesbarkeit erleichtert und die Werke werden auch einem breiteren Publikum zugänglich gemacht. So kann zusätzliches Interesse für die Region und für die in diesen Büchern angesprochenen und bis heute aktuellen Themen geweckt werden. Zugleich erleichtert der modernisierte Neusatz den Wissenstransfer mit Russland, da Frakturschrift und altes Deutsch für Nicht-Muttersprachler, selbst mit guten Deutschkenntnissen, Hürden darstellen. Darüber hinaus lassen sich maschinenlesbare Texte in Standardorthographie mit Hilfe von Übersetzungs-Software schnell grob übersetzen, um so auch dem Sprachunkundigen – bei allen Schwächen der Resultate – zumindest einen ersten Einstieg bieten zu können oder einen punktuellen Zugang für konkrete Fragestellungen zu ermöglichen.

Im Interesse einer umfassenderen Nutzung und der Erleichterung des wissenschaftlichen Quellenstudiums bietet die Kulturstiftung Sibirien die in ihrem Verlag veröffentlichten Werke parallel zu den Buchausgaben auch elektronisch auf ihrer Website[2] an. Ausgehend von der orthographisch modernisierten Fassung kann der Leser in diesen Dateien nach Stichwörtern suchen und anhand der mitgeführten ursprünglichen Seitenzählung bei Bedarf, etwa beim wissenschaftlichen Zitieren, auch leicht auf die jeweils online in digitalen Bibliotheken gestellten Originaltexte

1 Hier wird die ebenfalls zulässige alte Konvention gewählt, da diese Schreibweise in Namensbezeichnungen in den Originaltexten vorkommt und deshalb beibehalten werden sollte.

2 http://www.siberian-studies.org/publications/bika.html

zurückgreifen. Diese Kombination bietet vielfältige Recherchemöglichkeiten, z. B. über Querverweise zu den entsprechenden, ebenfalls aufrufbaren Inhalten in anderen Werken dieser Reihe.

Dieser Band enthält wenig bekannte Schriften von Waldemar Jochelson, die in deutscher Sprache erschienen sind. Sie sind vor allem im Zusammenhang mit seiner ersten umfassenden Feldforschung bei den Jukagiren und weiteren benachbarten Völkern während der Sibirjakov-Expedition (1894–1897) entstanden. Die Beiträge und das einführende Essay von Erich Kasten zeigen Jochelsons Entwicklung – vom politischen Aktivisten und Verbannten in Sibirien zu einem der maßgeblichen Ethnologen für den Nordosten Sibiriens. Für diese Edition wurde zusätzlich auch das dazugehörige frühe Bildmaterial recherchiert, um anhand der neu digitalisierten Fotovorlagen die Abbildungen zu ersetzen, die damals nur in minderwertiger Druckqualität reproduziert worden waren. In den Fällen, in denen die Originalfotos nicht aufzufinden waren, sind sie hier nur in der unzureichenden Qualität der Vorlagen wiederzugeben.[3] Abgesehen von einigen Ausnahmen werden Jochelsons Bildunterschriften aus den zuerst in der Zeitschrift *Mutter Erde* (ME) veröffentlichten Artikeln verwendet.

Fürstenberg/Havel, im Mai 2017

Erich Kasten
Michael Dürr

3 Das betrifft die Abbildungen auf den Seiten 44, 60, 65, 71, 75, 89, 91, 93, 111, 120, 128, 131, 137.

VOM POLITISCH VERBANNTEN ZUM BEDEUTENDEN ETHNOLOGEN

Waldemar Jochelson und die Sibirjakov-Expedition (1894–1897)

Erich Kasten

Mit Waldemar Jochelson trat die Erforschung der Völker und Kulturen Nordostsibiriens gegen Ende des 19. Jahrhunderts in eine neue Phase. In den davorliegenden 150 Jahren hatten sich bereits reisende Gelehrte – meist Naturwissenschaftler deutscher oder deutschbaltischer Herkunft – im Auftrag des Russischen Reiches dieser Aufgabe gewidmet.[1] Jochelson besaß einen anderen fachlichen Hintergrund. Vor allem seine sozialkritischen Überzeugungen hatten offenbar Auswirkungen auf seine ersten Begegnungen mit Einheimischen und auf seine weiteren Forschungen in Nordostsibirien. In deren Verlauf erarbeitete er Methoden, von denen einige später richtungweisend für die neu entstehende Disziplin der Ethnologie werden sollten.

In Jochelsons Leben vollzogen sich auf Grund besonderer Ereignissse und persönlicher Erfahrungen deutliche Wendungen: vom politischen Aktivisten zum Verbannten in Sibirien, wo er sich für die dort lebenden einheimischen Völker zu interessieren begann und sein wissenschaftliches Werk später in New York abschloss, mit dem er den Beginn der sowjetischen Ethnographie entscheidend mitprägte. Jochelson war maßgeblich beteiligt an drei großen ethnographischen Expeditionen in Nordostsibirien: der Sibirjakov-Expedition (1894–1897), der Jesup North Pacific Expedition (1897–1902) und der Rjabušinskij-Expedition (1908–1911). Während in jüngerer Zeit die unter Leitung von Franz Boas durchgeführte Jesup North Pacific Expedition besondere internationale Aufmerksamkeit erfuhr (Krupnik and Fitzhugh 2001), wurde Boas' möglicher Einfluss auf Jochelsons Forschungen und auf dessen spätere Ausarbeitung seines Werks am American Museum of Natural History in New York häufig diskutiert und manchmal vielleicht etwas überbewertet (Kasten and Dürr 2016: 27 ff.). Dieser Eindruck mag sich jedoch relativieren und ein wenig anders darstellen, wenn man Jochelsons weniger bekannte und bislang schwer zugängliche Schriften näher in Betracht zieht, die er unmittelbar nach seiner ersten, der Sibirjakov-Expedition, verfasst hatte, und in denen sich Grundzüge seiner späteren Forschungsmethoden bereits deutlich abzeichnen. Deshalb sollen hier seine frühen Arbeiten stärker im Vordergrund stehen, die er zunächst nicht nur in russischer, sondern ebenfalls in deutscher Sprache veröffentlicht hatte. Da Jochelsons Leben und Gesamtwerk in anderen Arbeiten bereits umfassend behandelt worden ist (Winterschladen 2016; Knüppel 2013; Brandišauskas 2009; Vakhtin 2001), wird hier nur ein kurzer biogra-

1 Siehe die Buchreihe *Bibliotheca Kamtschatica* im Verlag der Kulturstiftung Sibirien. http://www.siberian-studies.org/publications/bika.html

fischer Abriss gegeben. Schließlich wird für die hier gegebene Fragestellung auf die Periode seines frühen Schaffens bis und während der Sibirjakov-Expedition ausführlicher eingegangen.

Biografischer Abriss

Waldemar Jochelson [Vladimir Il'ič Iochel'son] wurde im Jahr 1855 in Wilna geboren. Er wuchs in einer jüdisch-orthodoxen Familie auf und besuchte das liberale Rabbiner-Seminar. Dort kam er in Kontakt mit revolutionären Studentengruppen, in denen er schließlich selbst eine aktive Rolle spielte. So musste er im Jahr 1875 vor der Polizei des Zaren nach Berlin fliehen. Zwischen 1876 und 1880 bewegte sich Jochelson zwischen Deutschland und Russland, wo er sich illegal aufhielt und seine Aktivitäten fortsetzte. Vor dem Attentat auf Zar Alexander II gelang es Jochelson erneut in die Schweiz zu fliehen. Dort widmete er sich weiter der revolutionären Arbeit, während er gleichzeitig Geisteswissenschaften[2] an der Universität Bern studierte. Bei seinem erneuten Versuch Russland zu besuchen wurde Jochelson 1885 an der Grenze verhaftet. Er verbüßte zunächst seine Einzelhaft in der Peter-und-Paul-Festung in St. Petersburg. Schließlich wurde er zu zehn Jahren Verbannung in den äußersten Nordosten Sibiriens verurteilt.

Während seiner Jahre in der Verbannung lernte er Waldemar Bogoras kennen, der aus ähnlichen politischen Gründen dorthin verschickt worden war. Beiden fehlte offenbar die gewohnte geistige Anregung, und sie entdeckten ihr gemeinsames Interesse für die Ethnographie. Das entsprach auch ihrer ungebrochenen revolutionären Berufung „ins Volk zu gehen", und es entstand eine langandauernde Freundschaft zwischen ihnen. So ergriffen Jochelson und Bogoras die sich ihnen bietende Gelegenheit, mit besonderer Erlaubnis der Behörden an der Sibirjakov-Expedition teilzunehmen, um ethnographisch-historische Forschungen durchzuführen. Die dabei gesammelten Erfahrungen brachten offenbar einen Wendepunkt in Jochelsons Leben, wonach ihm nun stärker eine spätere akademische Karriere vorschwebte, wogegen seine bisherigen politischen Aktivitäten in den Hintergrund traten.

Nach seiner Rückkehr nach St. Petersburg im Jahr 1898 ging Jochelson deshalb zunächst zurück in die Schweiz um dort seine Studien abzuschließen. Es ergab sich jedoch die Gelegenheit, schon bald darauf wieder an seine ethnographischen Interessen anzuknüpfen und diese weiter auszubauen. Denn Franz Boas hatte ihn – unter Vermittlung von Friedrich Wilhelm Radloff, dem Direktor des Museums für Anthro-

2 In seinem in den USA verfassten Kurzlebenslauf erwähnt Jochelson, dass er „philosophy" studiert habe, was zur damaligen Zeit den allgemeinen Geisteswissenschaften im deutschsprachigen Raum entsprach, mit dem seinerzeit noch breit gefassten Fächerkanon. Zu seinen Lehrern an der Universität Bern, die Einfluss auf seine späteren fachlichen Interessen gehabt haben könnten, siehe Krumholz und Winterschladen (2016: 230 ff.).

pologie und Ethnographie in St. Petersburg – zur Teilnahme an der Jesup North Pacific Expedition eingeladen. Während dieser Expedition arbeitete Jochelson zusammen mit seiner Frau Dina Brodskaja von 1900–1902 bei Korjaken an der nördlichen Küste des Ochotskischen Meeres sowie auf der Halbinsel Taigonos. Auf dem Rückweg verbrachte er längere Zeit bei den ihm bereits von seiner ersten Expedition bekannten Jukagiren um Verchne Kolymsk.

Durch Unterstützung von Franz Boas fand Jochelson in den Jahren 1902 bis 1907 zeitweilig Anstellung am American Museum of Natural History in New York, wo er begann einen Teil seiner Forschungsmaterialien aufzuarbeiten. Unterdessen hielt sich das Ehepaar Jochelson auch in Zürich, London und Berlin auf und nahm an verschiedenen Kongressen teil. Es folgte eine kürzere Tätigkeit am Museum für Anthropologie und Ethnologie in St. Petersburg, bis Jochelson im Jahr 1908 die Leitung der ethnographischen Abteilung einer weiteren umfassenden Expedition übertragen wurde. Während dieser nach dem russischen Unternehmer und Geldgeber genannten und von der Kaiserlich Russischen Geographischen Gesellschaft getragenen Rjabušinskij-Expedition erforschte Jochelson von 1908–1911 zusammen mit seiner Frau und weiteren Mitarbeitern die Archäologie, Kultur und Sprache der Aleuten und der Itelmenen auf Kamčatka. Zur gleichen Zeit widmeten sich weitere Expeditionsmitglieder unabhängig voneinander naturwissenschaftlichen Fragestellungen.

Nach der Rückkehr befand sich das Ehepaar Jochelson in St. Petersburg erneut in unsicheren beruflichen und wirtschaftlichen Verhältnissen. Anders als Šternberg und Bogoras konnte Jochelson trotz verschiedener Bemühungen an der Fakultät für Ethnographie des 1918 dort neugegründeten geographischen Instituts nicht Fuß fassen. Hinzu kamen die sich dramatisch verschlechternde Versorgungslage in Russland und Jochelsons Typhus-Erkrankung. Nach Enttäuschungen von der anfänglich noch unterstützten Bol'ševiki-Regierung und angesichts beginnender politischer Repressionen entschied sich das Ehepaar Jochelson im Jahr 1922 endgültig in die USA überzusiedeln (vgl. Winterschladen 2016: 105 ff.). Dort verhalf ihnen erneut Franz Boas mit geringfügigen Tätigkeiten am American Museum of Natural History in New York zu einem bescheidenen Auskommen. Bis zu seinem Tod im Jahr 1937 konnte Jochelson den größten Teil seiner umfangreichen Forschungsmaterialien zu Publikationen ausarbeiten, von denen jedoch einige erst nach seinem Tod erschienen sind und die bis heute zu den maßgeblichen Ethnographien zu dieser Region zählen.

Sozialkritische Ideen und revolutionäre Aktivitäten

Bereits während seiner frühen Jugend, im Alter von 13 Jahren, kam Jochelson mit sozialkritischem und revolutionärem Gedankengut in Berührung, das offenbar große Faszination auf ihn ausübte. Denn das von ihm besuchte Rabbiner-Seminar war nicht nur eine Bildungseinrichtung für die jüdische Geistlichkeit. Nach anfänglichen Versuchen der Regierung diese Einrichtungen zu schließen, formierte sich dort – unter Aufgreifen der sozialen Frage – Widerstand gegen die russische Obrigkeit. Aus diesen studentischen Zirkeln entwickelte sich unter Rückgriff auf Schriften von Philosophen und Publizisten wie Nikolaj Černyševskij, Petr Lavrov und Aleksandr Gercen die *Narodnik-* („Volksfreund") Bewegung als Vorläufer der späteren Organisationen *Zemlja i Volja* („Land und Freiheit") und *Narodnaja Volja* („Volkswille"), denen sich Jochelson anschloss (Winterschladen 2016: 81f.). Mitglieder des Rabbiner-Seminars führten auch „politische Fortbildungen" für weitere Teile der Bevölkerung durch und verbreiteten dort selbst verfasste sozialkritische Rundschreiben.

Nachdem die Geheimpolizei auf Jochelson aufmerksam geworden war, entkam er ihrem Zugriff durch seine Flucht im Jahr 1875 nach Berlin. Dort arbeitete er als Dreher in einer Maschinenfabrik. Zuvor schon hatte er das Schuhmacherhandwerk erlernt (Brandišauskas 2009: 166f.), um sich so besser in die Lage der Arbeiter hineinversetzen zu können. Gleichzeitig besuchte er öffentliche Vorträge und Veranstaltungen sozialdemokratischer Organisationen, um sich in Philosophie und politischer Ökonomie weiterzubilden. Dabei lernte er auch bedeutende Sozialdemokraten wie Eduard Bernstein und Karl Johann Kautsky kennen. Bereits zu diesem Zeitpunkt begann Jochelsons publizistische Tätigkeit, indem er erste Artikel zur Lage in Russland für die Berliner Parteizeitungen *Vorwärts* und *Der Sozialdemokrat* sowie für eine russischsprachige, in London erscheinende Zeitung schrieb ([ohne Verfasser] 1930: 376).

Im Jahr 1876 reiste Jochelson illegal in das Russische Reich, wo er während der folgenden Jahre zunächst in der Ukraine politische Agitation betrieb und später regelmäßig zwischen Moskau und St. Petersburg in revolutionären Missionen pendelte. Er half bei der Herstellung gefälschter Pässe und anderer Dokumente und organisierte den Transport illegaler Schriften ins Ausland. Zwischenzeitlich begab sich Jochelson ein weiteres Mal nach Kiev, um sich mit der Landwirtschaft vertraut zu machen und Landvermessung zu studieren. Gemäß seiner Maxime „ins Volk zu gehen" wollte er damit auch diese Bevölkerungsgruppe, die unter der Herrschaft des Zaren leidenden Bauern, besser verstehen lernen, wobei er sich die meiste Zeit zu Agitationszwecken unter diesen aufhielt (Brandišauskas 2009: 167). Zuvor soll Jochelson auch in einer Dynamit-Fabrik gearbeitet haben, um sich wie andere revolutionäre Aktivisten Kenntnisse in der Sprengstoffherstellung zu verschaffen (Knüppel 2013: 18). Auch die ihm seitens der Organisation zugewiesene Wohnung, in der gelagerter Sprengstoff gefunden wurde, brachte ihn in die Nähe der Terroristen, die für die Attentate auf den Chef der Geheimpolizei N.V. Menzencov (1878) und Zar Alexander II (1881) verantwortlich waren. Eine direkte Beteiligung konnte Jochelson jedoch nicht nachgewiesen werden, zumal er 1880 das Land bereits erneut verlassen hatte.

Jochelson hielt sich von nun an in der Schweiz auf, wo er an einer Schule am Genfer See Kinder aus wohlhabenden russischen Familien unterrichtete und gleichzeitig Sozialwissenschaften an der Universität Bern studierte. Daneben wirkte er auch redaktionell an verschiedenen russischsprachigen Propagandazeitschriften mit

(Krumholz und Winterschladen 2016: 230). Jochelson verfasste während dieser Zeit auch Artikel für die Zeitschrift *Der Sozialdemokrat*, in denen er über die Prozesse in Russland gegen die Organisatoren des erfolgreichen Attentats auf Alexander II am 1. März 1881 berichtete, mit denen er zum Teil persönlich bekannt war und deren Werdegang er somit umfassend und glaubwürdig schildern konnte (Jochelson 1881, in diesem Band: 35–38). Seine deutlich zum Ausdruck gebrachte Sympathie für die verurteilten Revolutionäre trug offenbar mit dazu bei, dass ihm bei seiner erneuten Einreise nach Russland im Jahr 1885 das gleiche Schicksal der Verhaftung widerfuhr. Die Behörden waren offenbar vorab informiert und man fand bei ihm illegale Schriften. Zwar gelang ihm zunächst die Flucht durch das Fenster der Wache, doch wurde er bald darauf wieder eingefangen und nach St. Petersburg gebracht (Slobodin 2005: 97).

Von seiner Haftstrafe verbüßte Jochelson zunächst zwei Jahre in der Peter-und-Paul-Festung in St. Petersburg. Danach wurde er für zehn Jahre in die Verbannung in abgelegene Orte im äußersten Nordosten Sibiriens verschickt, wo er viele ehemalige Mitstreiter aus der revolutionären Bewegung wiedertraf. Zunächst gelangte Jochelson über Tobol'sk nach Olekminsk. Von dort wurde er schon bald an weiter entlegene Orte verschickt, nachdem die örtliche Polizei nach Einsicht in seine Korrespondenz Verdächtiges gefunden hatte. Wie Bogoras berichtete, hatte Jochelson in dem betreffenden Brief geäußert, die Verbannten sollten sich mit der Erforschung der Einheimischen dieser nördlichen Gebiete befassen. Die behördlichen Vertreter hatten Jochelson daraufhin mit höhnischen Geleitworten ins Kolyma-Gebiet geschickt, allerdings nicht nach Sredne Kolymsk, wo Verbannte bereits eine kleine Gemeinschaft gebildet hatten, sondern in umliegende entferntere Siedlungen, wo die Lebensverhältnisse noch weitaus schwieriger waren (Šavrov 1935: 7).

So hatte sich Jochelson mit Hilfe der indigenen Bevölkerung mit Kenntnissen der Jagd und des Fischfangs vertraut zu machen, um sein Leben in der Taiga zu bestreiten. Trotz ihrer Überwachung waren die Verbannten allerdings mit den Einheimischen oft unterwegs zu Handelsmärkten in der näheren Umgebung. Während dieser Zeit zeichnete Jochelson bereits erste Eindrücke auf, die er 1894 und 1895 veröffentlichen konnte (Jochelson 1894; 1895). In diesen Arbeiten setzte er sich ausführlich mit der Frage der Landwirtschaft in Jakutien auseinander und versuchte Perspektiven aufzuzeigen zu deren möglicher Entwicklung in selbst solchen so weit nördlichen Gebieten. In Anerkennung dafür erhielt er im Jahr 1895 von der Ethnographischen Abteilung der Kaiserlich Russischen Geographischen Gesellschaft die Silberne Medaille (Slobodin 2005: 97).

Dass sich Jochelson während dieser Zeit bereits Kenntnisse der jakutischen, evenischen und vermutlich auch der jukagirischen Sprache angeeignet hatte, unterstreicht sein Interesse und Bestreben, sich in die schwierige Situation der Einheimischen einzufühlen, deren Leben und Anschauungen er mit Hilfe ihrer eigenen Narrative besser zu verstehen versuchte. Somit konnte Jochelson kaum bessere Voraussetzungen mitbringen für die sich ihm bald darauf bietende Gelegenheit der Teilnahme an der

Sibirjakov-Expedition – die sich nicht nur für ihn selber, sondern vor allem auch für die Wissenschaft als eine besonders glückliche Fügung herausstellen sollte.

Die Sibirjakov-Expedition

Die Ostsibirische Abteilung der Kaiserlich Russischen Geographischen Gesellschaft in Irkutsk hatte für die Jahre 1894–1897[3] die Jakutische Historisch-Ethnographische Expedition organisiert, für die Jochelson Feldforschungen im Gebiet um den Kolyma-Fluss durchzuführen hatte. Die Expedition wurde später nach ihrem Geldgeber, dem Irkutsker Kaufmann, Goldminenbesitzer und Philanthropen Innokentij M. Sibirjakov benannt.[4] Sibirjakov war u.a. interessiert an den Auswirkungen der Bodenschatzförderung auf die Einheimischen (Sirina 2007: 91). Somit hatte die Expedition neben wissenschaftlichen auch praktische Entwicklungsziele und befand sich damit in der Tradition früherer ethnographischer Forschungen im Fernen Osten Russlands, wie derjenigen des Agronomen Johann Karl Ehrenfried Kegel (1841–1847) und des Geologen und Bergbauingenieurs Karl von Ditmar (1851–1855) auf Kamtschatka (Gülden 2011; Ditmar 2011a,b; Kasten 2013).

Nach Dahlmann (2016: 44) leitete vor allem die Zusammensetzung der 26-köpfigen Forschergruppe eine neue Ära in der Geschichte der Erforschung Sibiriens ein. Diese bestand nicht wie bisher aus den „klassischen imperialen Eliten des zarischen Russlands von Militär und Wissenschaft" (ibid.), sondern setzte sich aus Beamten und Intellektuellen des Jakutsker Gebiets zusammen, zu denen – mit besonderer Genehmigung der Regierung – mehrheitlich in die Region verbannte Revolutionäre und somit Staatsfeinde des Russischen Reiches zählten. Zu ihnen gehörten neben Vladimir G. Bogoras auch so bedeutende Ethnographen wie Ėduard K. Pekarskij, Ivan I. Majnov, Sergej V. Jastremskij und Nikolaj A. Vitaševskij. Einer der beiden Leiter der Expedition, Dmitrij A. Klemenc, hatte seinerzeit seine Verbannungsstrafe im ostsibirischen Minusinsk verbüßt. Klemenc und Jochelson hatten sich bereits in Wilna im Jahr 1875 kennengelernt, worauf sie viele Jahre in der revolutionären Bewegung zusammengearbeitet hatten. Wie Jochelson später schrieb, hatte Klemenc damals „die Ausrichtung meiner revolutionären Tätigkeit mitbeeinflusst und 20 Jahre später hatte

3 Oft wird als Zeitraum für die Expedition auch 1894–1896 angegeben, obgleich Jochelson nach seinen Tagebuchaufzeichnungen (vgl. Gurvič 1963: 249–251) seine Feldforschungen von 1895–1897 durchgeführt hatte. Jochelson brach zu der ersten seiner insgesamt acht Reisen am 15.12.1894 von Jakutsk auf. Seine letzte Reise führte er vom 15.01. bis zum 15.07.1897 durch (Jochelson 1898b: 10 f.). Eine Ursache für die variierenden Zeitangaben könnte sein, dass Jochelson und Bogoras unmittelbar im Anschluss an die Expedition noch für die Volkszählung in dem Gebiet unterwegs waren und diese Zeit offenbar dazu nutzen weitere ethnographische Daten aufzunehmen.

4 I. M. Sibirjakov war offenbar selber nicht mit den Geschäften betraut, sondern hielt als Familienmitglied lediglich Anteile an dem Unternehmen und widmete sich eher gemeinnützigen Tätigkeiten. (Persönliche Mitteilung von Matthias Winterschladen)

er mich zur Teilnahme in der Jakutischen Expedition herangezogen und mir damit eine wissenschaftliche Karriere eröffnet" (Jochelson 1922: 45).

Jene „Staatsfeinde" wurden allerdings nun als „intellektuelle Ressource" (Dahlmann 2016: 45) benötigt, die sich offenbar nach Abklingen der – bis dahin durch Forschungskooperationen mit ausländischen Wissenschaftlern geprägten – „transnationalen" Phase (vgl. Schweitzer 2013) mit beginnender wissenschaftlicher Abschottung auszudünnen begann. Allerdings war die Sibirjakov-Expedition eine von Irkutsk ausgehende Forschungsinitiative, dem in der zweiten Hälfte des 19. Jahrhunderts neu entstehenden intellektuellen Zentrum für Sibirien. Sie war von der dortigen Ostsibirischen Abteilung der Kaiserlich Russischen Geographischen Gesellschaft regional konzipiert und ebenso regional finanziert und organisiert, wobei sie auf das vorhandene intellektuelle Potential der Region angewiesen war – zu denen vor allem dort lebende gut ausgebildete Verbannte zählten.

Jochelson (rechts), vermutlich mit weiteren Expeditionsteilnehmern [EK].
Image #11092, American Museum of Natural History Library.

Unter Vermittlung bzw. Kontrolle des zweiten Leiters der Expedition, des getreuen zarischen Staatsdieners und späteren Vizegouverneurs des Jakutsker Gebiets, Andrej I. Popov, riskierte man diese ungewöhnliche Verbindung. Schließlich sind keine Beeinträchtigungen der Forschungsarbeit von seiten der Regierung bekannt, wogegen es während der späteren Jesup North Pacific Expedition offenbar zu Behinderungen durch die Geheimpolizei kam, was Jochelson zum Teil auf seine politische Vergangenheit zurückführte (Jochelson 1903, in diesem Band: 153–158).

Lange Zeit fanden Jochelsons zunächst nur fragmentarisch in Zeitschriftenartikeln erschienene Ergebnisse der Sibirjakov-Expedition wenig Beachtung, zumal sich außerhalb Russlands die besondere Aufmerksamkeit vor allem auf seine spätere Monographien richtete, welche im Zusammenhang mit der Jesup North Pacific Expedition entstanden sind (Jochelson 2016, 2017). In der Sowjetunion erschien in der *Sovetskaja Ėtnografija* im Jahr 1935 ein Artikel zu seinem 80. Geburtstag, in dem Šavrov (1935: 7–8) auf die Organisation und den Verlauf der Sibirjakov-Expedition eingeht und als deren wesentliches Ergebnis hervorhebt, dass Jochelson die „kommunistische Aufteilung der Jagdbeute und andere seltene charakteristische Züge der Primitivität" bei den Jukagiren entdeckt hätte.

Erste umfassende Abhandlungen zu Jochelsons Sibirjakov-Expedition verfasste Gorochov (1958, 1965) auf der Grundlage örtlicher Archivmaterialien. Gurvič (1963) machte auf Jochelsons Tagebuchaufzeichnungen in russischen Archiven aufmerksam und stellte einige von diesen ausführlicher vor. Zu Jochelsons 150. Geburtstag würdigte Slobodin in einem längeren Artikel in der Zeitschrift *Ėtnografiesčkoe obozrenie* seine Verdienste. Einen wichtigen Fund lange Zeit verschollen geglaubter Briefwechsel machte Sirina während ihrer Arbeit im Staatlichen Archiv des Bezirks Irkutsk (*gosudarstvennyj archiv Irkutskoi oblasti*) in den Jahren 2005–2006. Dabei handelt es sich um 18 Briefe von Jochelson und Bogoras (davon 11 von Jochelson), die diese von ihrer Expedition an die Verwaltung der Ostsibirischen Abteilung der Kaiserlich Russischen Geographischen Gesellschaft in Irkutsk geschickt hatten und die von Sirina (2007) und Sirina und Šinkovoi (2007) veröffentlicht worden sind. Die meisten der während der Sibirjakov-Expedition von Jochelson erstellten einzigartigen Fotografien befinden sich in Archiven des Museums für Anthropologie und Ethnologie in St. Petersburg und des American Museum of Natural History in New York, wo einige von ihnen fälschlicherweise der späteren Jesup-Expedition zugeordnet wurden.

Neben der vergleichenden Betrachtung Jochelsons früher Artikel und seiner späteren Monographien geben die oben genannten Tagebücher und Briefe besonders wertvollen Aufschluss darüber, wie Jochelson – ebenso wie Bogoras – seine Feldforschungsmethoden zunächst autodidaktisch und schließlich meisterlich entwickelte. Aus diesen Quellen ist ebenfalls zu ersehen, wie – im Vergleich zu seinen späteren Expeditionen – die erfolgreiche Umsetzung dieser Forschungsmethoden von weiteren Bedingungen abhängig war, die sich im Hinblick auf die Jukagiren für Jochelson offenbar besonders günstig gestalteten.

In seinem vorläufigen Forschungsbericht hebt Jochelson hervor, dass es zu allen Reisen zwei verschiedene Arten von Aufzeichnungen gibt. Zum einen notierte er Angaben zu den fest umrissenen wissenschaftlichen Fragestellungen. Zum anderen hielt er in seinen 173 Seiten umfassenden Tagebüchern unter der Bezeichnung „Reisenotizen" (*Putevye zametki*) neben Reiserouten auch spontan allgemeine Reiseeindrücke fest – oder „was ihm schlichtweg interessant erschien" (Jochelson 1898b: 25). Vor allem Letzteres enthält aufschlussreiche Informationen, nicht nur über Land und Leute, sondern vor allem auch über Jochelsons persönliche Empfindungen und seinen Umgang mit den Einheimischen.

Zunächst galt sein Hauptinteresse vornehmlich den Jakuten des Kolymski-Bezirks. Erst auf späteren Reisen, die ihn über Verchne Kolymsk zum Fluss Jasačnaja und darüber hinaus führten, befasste er sich gründlicher mit der Lebensweise, Sprache und Folklore der Jukagiren. In seinem Tagebuch beschreibt er, dass die Jukagiren – ebenso wie Evenken (Tungusen) und Evenen (Lamuten)[5] – bei der Aufteilung der Jagdbeute untereinander ähnliche ritualisierte Regeln – *nimat* (vgl. Sirina 2012: 316–335) – befolgten, sowie auch im Umgang zwischen den Geschlechtern (Jochelson 1900a, in diesem Band: 53–56; vgl. Gurvič 1963: 251).

Aus dem Tagebuch geht auch hervor, dass Jochelson einen beträchtlichen Teil seiner Zeit für die Erforschung der jukagirischen Sprache aufwandte, indem er Texte mit Übersetzungen sowie einzelne jukagirische Wörter aufzeichnete. Während seines Aufenthalts bei den Tundra-Jukagiren interessiert sich Jochelson dafür, welche Beziehungen sie zu den Čukčen unterhielten und welchen Einfluss deren Rentierhaltung auf den Niedergang der Rentierjagd bei den Jukagiren hatte, von denen einige schließlich ebenfalls zur Rentierhaltung übergingen, worüber in seinen offiziellen Berichten fast nichts zu finden ist (Gurvič 1963: 251). Jochelson beschreibt in seinen Tagebüchern den Verlauf der verheerenden Blattern-Epidemien, denen die Einheimischen ausgesetzt waren und weshalb bestimmte Gebiete davon verschont geblieben sind. Ferner vermerkt er, wie er zusammen mit Bogoras eine Methodik zur Erforschung der Kulturen und Sprachen der unterschiedlichen Bevölkerungsgruppen ausarbeitete. Inwieweit sie ihm später während der Jesup North Pacific Expedition zugute kam, wie Gurvič (1963: 253) betont, erscheint jedoch fraglich (vgl. S. 27f.). Ein zentrales Anliegen war für Jochelson das Verständnis der indigenen Sprachen:

> „Überhaupt zeigte sich, dass ohne Kenntnis der Sprachen eine ethnographische Arbeit undenkbar ist, zu der nicht allein oberflächliche Beobachtungen des Alltags zählen" (Jochelson, in: Gurvič 1963: 252).

Die organisatorischen Schwierigkeiten, unter denen die Expedition zu leiden hatte, werden von Sirina (2007: 92) beschrieben. Offenbar handelte es sich um zu viele Teilnehmer, die als „Exkursanten" (*ėkskursanty*) bezeichnet wurden. Da es sich mehrheitlich um Verbannte handelte, war ihr Status nicht immer geklärt, ob und wohin sie eine Reiseerlaubnis besaßen. Mit dem frühzeitigen Ausscheiden des wichtigen Initiators und Mäzens Sibirjakov, der sich im Jahre 1896 in das Kloster Athos zurückzog und dort 1901 verstarb, schwand sehr bald das Interesse an der Expedition.

5 Jochelsons Verwendung der Bezeichnungen Tungusen und Lamuten ist insofern irreführend, da die Sprachen beider Volksgruppen der tungusischen Sprachfamilie angehören. In der Regel bezeichnete Jochelson mit „Tungusen" die Evenken und mit „Lamuten" die Evenen. Doch ist dies laut persönlicher Mitteilung von Anna Sirina nicht immer ganz eindeutig, besonders was die Verwendung dieser Bezeichnungen durch andere, wie zum Beispiel K. P. Patkanov, betrifft.

Es fehlte offenbar an einer tatkräftigen Leitung, die an der weiteren und geordneten Aufarbeitung der Ergebnisse interessiert war. Es wurden keine Mittel für Publikationen bereitgestellt, so dass solche in unterschiedlicher Form und oft lange Zeit später – wenn überhaupt – in verstreuter Weise erfolgten. Wenig Aufmerksamkeit galt seitens der Expeditionsleitung ebenfalls dem weiteren Verbleib wichtiger Forschungsmaterialien, wie etwa der wertvollen Fotos, so dass sich diese heute in verschiedenen Sammlungen befinden und nicht in sich geschlossen vorliegen.

Postboot auf dem Lena-Fluss (?) [AMNH].
Image #11006, American Museum of Natural History Library.

Besonders aus den Briefen von Jochelson und Bogoras an die Ostsibirische Abteilung der Kaiserlich Russischen Geographischen Gesellschaft in Irkutsk sind deutliche Kommunikationsdefizite zwischen der Leitung und den Expeditionsteilnehmern zu ersehen, welche die Arbeiten vor Ort offensichtlich erheblich beeinträchtigt hatten. In jedem Schreiben finden sich vehemente Klagen, dass Geldmittel und Ausrüstungsgegenstände bislang nicht eingetroffen seien, so dass bestimmte Reisen nicht durchgeführt werden konnten, wobei sich diese oft an den jahreszeitlichen Gegebenheiten zu orientieren hatten. In einem Fall musste Jochelson vor Ort einen Kredit aufnehmen, um die Kosten für die Weiterreise vorzustrecken (Sirina 2007: 95). Aufschlussreich ist auch, dass Jochelson immer wieder – und oft vergeblich – bestimmte Literatur anforderte, mit deren Hilfe er sich während der Feldforschungen in ethnographische Methoden einzuarbeiten versuchte (Sirina und Šinkovoi 2007: 342 f.). Was Jochelson offenbar besonders irritierte, war das weitgehende Ausbleiben von Antworten auf seine Briefe. Dabei wies er immer wieder auf die prekäre Situation des Posttransports hin, der nur dreimal im Jahr – aus Jakutsk kommend – Sredne Kolymsk erreichte, was auch durch klimatische Ursachen (zusätzlich) erschwert wurde, die auch jegliche Transporte in der Region zu einer besonderen Herausforderung machten (Jochelson 1900a, in diesem Band: 44–45; Jochelson 1899b,d, in diesem Band: 91ff.; 115ff.). Aus den Briefen geht ebenfalls viel über Jochelsons Reiselogistik und seine Routen zu bestimmten Zeiten hervor und wie sich Jochelson und Bogoras die Forschungen hinsichtlich verschiedener ethnischer Gruppen aufteilten (Sirina und Šinkovoi 2007: 341).

W. Jochelson, vermutlich in Sredne Kolymsk [EK].
Image #11016, American Museum of Natural History Library.

Den inhaltlichen Verlauf seiner Arbeiten beschreibt Jochelson besonders eingehend in seinen Briefen aus der Zeit von 1896 bis 1897 (Sirina 2007). So begab sich Jochelson am 20.01.1896 (Sirina 2007: 92f.) nach Verchne Kolymsk (s. Karte S. 47), wo er zunächst in zwei Jakuten-Siedlungen wirtschaftliche Daten aufnahm und sich dort auch für den Schamanismus interessierte, wobei er den vollständigen Text eines schamanischen Rituals aufzeichnete. Anfang Februar kehrte er nach Sredne Kolymsk zurück. Zusammen mit seinem aus Verchne Kolymsk stammenden jukagirischen Begleiter Aleksej Dolganov brach er von dort einige Tage später zum Omolon-Fluss auf, an dessen mittlerem Oberlauf Jukagiren lebten. Dort überließ er seinen Begleiter Dolganov für einige Zeit sich selbst, während er zum Anjui-Vorposten (*krepost'*) fuhr um Bogoras zu treffen. Beide besuchten dort ein jahreszeitliches Handelstreffen (*jarmarka*). Daraufhin unternahm Jochelson eine kürzere Reise auf dem Großen Anjui-Fluss, um Grabstätten zu erkunden, worauf er schließlich zur den jukagirischen Siedlungen am Omolon-Fluss zurückkehrte.

In einem weiteren Brief vom 25.07.1896 (Sirina 2007: 94f.) erwähnt Jochelson erneut sein besonderes Interesse an der Untersuchung von Begräbnisstätten, nachdem er auf ein Skelett mit Resten von Bestattungskleidung gestoßen war. Vom 18.04. bis zum 15.06.1896 hielt er sich am Mündungsgebiet des Omolon in die Kolyma auf, wo er sich „fast ausschließlich linguistischer Arbeit" (in: Sirina 2007: 94) widmete, und zwar gleichzeitig mit sich dort aufhaltenden Sprechern der jukagirischen und der evenkischen (tungusischen) Sprache. So berichtet er:

> „In der jukagirischen Sprache haben sich meine Kenntnisse so weit verbessert, ... dass ich hoffe bald in der Lage zu sein, eine Grammatik anzufertigen. Aber ich werde mich damit nicht beeilen, d.h. ich benötige dafür noch weitere theoretische Vorbereitung. Meine jukagirische Wortliste wächst, so dass ich schon aufgehört habe die Wörter zu zählen. Außerdem kann ich jetzt aus jeder Vorlage alle Wortbildungen erstellen. Meine Annahmen hinsichtlich der Sprache der Kolymski Tungusen [Evenken] haben sich vollständig bewahrheitet – sie sprechen einen jukagirischen Dialekt. ... Im allgemeinen ist der Aufbau der Sprache vollkommen jukagirisch, jedoch unterscheidet er sich vom Jukagirischen durch die bedeutende Anzahl tungusischer Wörter und den Konsonantenwechsel. ... In der Tundra gibt es Tungusen [Evenken], aber am Jasačnaja-Fluss sind die Lamuten [Evenen] zur jukagirischen Sprache übergegangen, zur selben Zeit wie der jukagirische Stamm sich verringert hat. Die weitere Forschung, so ist zu hoffen, wird weitere Daten liefern, welche diese Lage bestätigen werden." (in: Sirina 2007: 94)

Anschließend fuhr er den Omolon weiter flussaufwärts um weitere Begräbnisstätten zu dokumentieren. Während er diesen Brief schrieb, hatte er sich schon drei Wochen in Sredne Kolymsk aufgehalten, wo er dringend angeforderte Gelder erwartete, damit er sich weiter nach Verchne Kolymsk begeben konnte. Denn dort warteten bereits Jukagiren aus dem Korkodongebiet auf ihn, mit denen er flussaufwärts fahren wollte.

Schließlich fügte er dem Schreiben mehrere Fotos bei, davon zwei von Grabstätten, eine Siedlungsansicht und ein viertes Foto, das seinen „Lehrer, den Tungusen und

Verchojansker Jukagiren Dolganov" zeigt. Dieser war auch einer der Bootsmänner, mit denen Jochelson zum Korkodon gefahren war, und – wie er schrieb – hätte er sich gewünscht, ihn später mit nach Jakutsk nehmen zu können. Dort hätte er ihm als Dolmetscher sehr nützlich sein können, denn außer seiner Muttersprache – dem Jukagirischen – beherrschte Dolganov auch Jakutisch, Lamutisch (Evenisch) und ein wenig Russisch. Auch meinte Jochelson, dass er sich mit ihm regelmäßig im Jukagirischen hätte üben können. Dolganov wäre durchaus dazu bereit gewesen, doch hätte das Jochelson weitere 200 Rubel gekostet. So musste es „unter den gegebenen Umständen nur ein Traum bleiben" (in: Sirina 2007: 95).

W. Jochelsons einheimische Mitarbeiter [EK].
Image #22188, American Museum of Natural History Library.

In seinem Schreiben an die Ostsibirische Abteilung der Kaiserlich Russischen Geographischen Gesellschaft vom 25.10.1897 (Sirina 2007: 96) fordert Jochelson weitere frühere Reiseberichte an, die er für seine vergleichenden Untersuchungen benötigte. In diesem Schreiben stellte er auch Aleksej Dolganov als seinen wertvollsten Mitarbeiter vor, zusammen mit Vasilij Šalugin, mit denen er am Jasačnaja-Fluss unterwegs war, sowie Ivan Spiridonov und Fedos'ja Sonceva aus dem Gebiet des Korkodon-Flusses. Er bat die Leitung darum, den ersten beiden durch den Generalgouverneur eine Auszeichnung für ihre besonderen Verdienste zukommen zu lassen sowie dem letzteren näher bezeichnete Geschenke im Namen der Kaiserlich Russischen Geographischen Gesellschaft. In einem weiteren Schreiben vom 13.11.1897 (Sirina 2007: 96) gibt Jochelson eine ausführliche Charakteristik sonstiger Helfer aus der kosakischen Bevölkerung.

Unmittelbar nach Beendigung der Expedition veröffentlichte Jochelson bereits im Jahr 1898 erste Ergebnisse in Form von einigen Artikeln für russische Zeitschriften (Jochelson 1898a,c,d) und in einem vorläufigen Forschungsbericht (Jochelson 1898b). In letzterem beschreibt er detailliert die Reiserouten (1898b: 10) und entwickelt am Ende einen Plan, wie er sich die späteren Ausarbeitungen und Veröffentlichungen vorstellte (1898b: 43). Auch spricht er hier bereits erste wichtige Erkenntnisse an, wonach es für die von ihm auf 700 Personen geschätzten Jukagiren „in etwa 50 Jahren vielleicht schon zu spät sein könnte, ihre Sprache, Religion und Gesellschaftsordnung wiederherzustellen" (1898b: 19) bzw. zu erhalten – womit er allerdings offensichtlich falsch lag. Jochelson gibt in diesem Bericht bereits wichtige Aufschlüsse zur Mehrsprachigkeit der Einheimischen, die von häufig anzutreffender Viersprachigkeit (Jukagirisch, Jakutisch, Evenisch und Čukčisch) im Osten nach Westen hin abnahm, wo man jenseits des Indigirka-Flusses in der Regel nur noch zwei Sprachen (Evenisch und Jakutisch) und schließlich westlich vom Jana-Fluss nur noch Jakutisch sprach 1898b: 32). Bemerkenswert sind weiterhin Jochelsons Einschätzungen zu den von ihm erkannten und in den Vordergrund seiner Untersuchungen gestellten kulturellen Dynamiken und kulturellen Überlagerungen zwischen verschiedenen ethnischen Gruppen, die in einem Fall zwischen Jukagiren und Evenen „zu einem Kompromiss zwischen beiden Einflüssen" führte (1898b: 36).

Deutschsprachige Fassungen seiner ersten Veröffentlichungen verwendete er bald darauf – im Jahr 1899 – ebenfalls für Vorträge in der Schweiz, die in den Sitzungsberichten der entsprechenden wissenschaftlichen Gesellschaften erschienen sind (Jochelson 1900a, b). Den ersten Teil eines Vortrags (Jochelson 1900a), hatte Jochelson bereits zuvor in gleicher Form in *Mutter Erde* veröffentlicht (Jochelson 1899a), einem jener allgemein-wissenschaftlichen Journale, die sich offenbar großer Beliebtheit unter dem Bildungsbürgertum jener Zeit erfreuten. Dort erschienen auch weitere, weniger nüchtern-ethnographische Berichte, die einfühlsam eher Episoden aus dem alltäglichen Leben der Einheimischen schildern und dadurch besonders wertvolle Einblicke in deren Umgang miteinander geben (Jochelson 1899b–e, in diesem Band: 91–137). Einer dieser Artikel war zuvor ebenfalls in dem ähnlich populärwissenschaftlichen russischen Journal *Niva* erschienen (Jochelson 1998c).

Erst viele Jahre später fanden Jochelsons Forschungsergebnisse aus dieser Zeit Eingang in eine zusammenfassende Publikation, und zwar in seine Monographie *The Yukaghir and the Yukaghirized Tungus* (Jochelson 2017). Dieses Werk hatte er nach einer weiteren Forschungsreise – der Jesup North Pacific Expedition – in New York verfasst, wobei es aber im wesentlichen Resultate der Sibirjakov-Expedition enthält. In dieser Monographie greift Jochelson schließlich auch Themen auf, denen während der Sibirjakov-Expedition offenbar sein besonderes Interesse galt, wie z.B. den in seinen Briefen häufig erwähnten Grabstätten und Bestattungsbräuchen (s. S. 20), aber denen er zunächst in seinen früheren Zeitschriftenartikeln nicht weiter nachgegangen war. Vor seiner zweiten Reise, der Jesup North Pacific Expedition, konnte Jochelson allerdings noch eine Textsammlung in St. Petersburg veröffentlichen, wobei es sich um etwa 150 Erzählungen und Liedtexte handelte, die er in russischer und jukagirischer Sprache während der Sibirjakov-Expedition aufgezeichnet hatte (Jochelson 1900b). Seine Wortliste zum Jukagirischen umfasst mehr als 9000 Einträge und es erschlossen sich ihm grundlegende Einsichten in den grammatischen Aufbau der Sprache. Während die Jukagiren unter Wissenschaftlern zur damaligen Zeit bereits als ausgestorben galten, fand er heraus, dass die jukagirische Sprache sich in zwei Dialekte, das Kolyma- und Tundra-Jukagirische, unterteilte (Jochelson 1905). Ferner sah Jochelson bereits in seinem 1899 erschienenen Artikel eine „Verwandtschaft der Völkerschaften des nordöstlichen Asiens mit den Stämmen an der nordwestlichen Küste Amerikas (Jochelson 1900a, in diesem Band: 47)" – was zeitgleich und unabhängig voneinander Franz Boas zum grundlegenden Paradigma der Jesup North Pacific Expedition gemacht hatte.

Jochelsons Ergebnisse der Sibirjakov-Expedition im Vergleich zu seinen späteren Werken

Als besonders aufschlussreich erweist sich eine nähere Untersuchung vor allem seiner frühen Veröffentlichungen aus den Jahren 1898 und 1899 im Vergleich zu seinen späteren Werken, die im Zusammenhang mit der Jesup North Pacific Expedition und offenbar unter stärkerem Einfluss von Franz Boas in New York entstanden sind. Es unterstreicht die häufig geäußerte Vermutung (Vakhtin 2004: 36), dass sich bei Jochelson seitdem eine deutliche Neuorientierung im Hinblick auf ein Leben als Wissenschaftler vollzogen haben könnte, welche sich zuvor in der Schweiz, d.h. unmittelbar nach der Sibirjakov-Expedition, bereits angedeutet hatte. Was ihn dazu veranlasst haben mochte, lässt sich bestenfalls erahnen. Genügend Anlässe zur Enttäuschung mit dem späteren Verlauf der revolutionären Bewegung dürften sich erst bei seinen späteren Aufenthalten in St. Petersburg in den Jahren nach seiner Rückkehr von der Expedition ergeben haben. Eine Rolle mag die Bekanntschaft und Heirat mit Dina Brodskaja gespielt haben, die er kurz nach der Expedition in der Schweiz kennengelernt hatte und deren akademischer Qualifikation er sich möglicherweise ebenbürtig zeigen wollte. Nach näherer Betrachtung vor allem seiner Briefe und Tagebücher während seiner Feldforschungen gewinnt man allerdings den Eindruck, dass sich seine Hinwendung zur Wissenschaft schon zu jener Zeit vollzogen hatte – angesichts seines Eifers, mit dem er sich die Sprachen und Wissenssysteme dieser Völker autodidaktisch erschließen wollte, die ihn offenbar besonders faszinierten und denen er mit wissenschaftlichen Methoden auf den Grund gehen wollte. Die Frage, inwieweit Jochelson mit der Ethnographie bereits während seiner Studien an der Universität in Berührung gekommen sein könnte, muss offen bleiben. Dagegen könnte sprechen, dass er sich ethnologische Fachliteratur erst im Verlauf seiner Feldforschungen verschaffte. Andererseits dürfte er schon zuvor während seiner Zeit in Bern wichtige Anregungen in dieser Richtung erhalten haben, wo er bei Professoren studierte, die Geographie mit deutlichem Russlandbezug lehrten (s. S. 10, Fußnote 2). Bestärkt durch seine unmittelbaren Feldforschungserfahrungen rückte damit offensichtlich das wissenschaftliche Interesse stärker in den Vordergrund, ohne dass er jedoch dafür ursprüngliche sozialkritische Einstellungen und Haltungen aufgegeben hätte.

So fällt in seinen frühen Schriften die dort noch deutlich zum Ausdruck gebrachte Empathie für die Einheimischen auf, mit der er sich in deren oft schwierige Lebenssituation hineinzuversetzen versuchte. Ganz offensichtlich folgt er dabei seinem ursprünglich revolutionären Ansatz, das Wohl benachteiligter und unterdrückter Menschen zu verbessern. Dazu kommt, dass es ihm schwerfällt seine emotionale Betroffenheit zu verhehlen, da er selbst lange Zeit unter schwierigsten Bedingungen mit den Einheimischen gelebt hatte. So hatte auch er die allgegenwärtigen Gefahren auf ihren Reisen am eigenen Leibe erfahren, als er zum Beispiel mit seinem Schlitten während einer gemeinsamen Reise unter extremen Wetterbedingungen zeitweise den Anschluss an die Karawane verloren hatte (Jochelson 1899c, in diesem Band: 101). Seine Schilderungen, wie er sich während einer selbst erfahrenen Hungersnot gegenüber seinen Mitreisenden zu verhalten hatte (Jochelson 1900a, in diesem Band: 72 ff.), öffneten ihm offenbar die Augen dafür, wie anderen in ähnlichen Situationen geholfen wurde, wobei ein Sterbender zunächst verweigerte, dass das letzte verbliebene Rentier eines anderen für ihn geopfert würde (Jochelson 1899c, in diesem Band: 112). Mit eindrucksvoller Sensibilität beschreibt Jochelson, wie Einheimische mit den zum Tod geweihten – an der Blattern-Epidemie erkrankten – Stammesgenossen umgingen und wie sie besondere Pflegevorrichtungen für solche Aussätzigen schufen, wobei es natürlich auch darum gehen musste sich selbst zu schützen. Jochelson erfasst bei aller emotionaler Betroffenheit und Zuneigung zu den Einheimischen aber auch ebenso nüchtern die in solchen Extremsituationen aufbrechenden unterschiedlichen Charakterzüge des Menschen – wie Egoismus und die Gier eines Helfers, der sich kurz vor der Bestattung eines an den Blattern Verstorbenen noch heimlich dessen kostbares Festgewand angeeignet hatte und dieses später trug, worauf er bald darauf selbst der Krankheit zum Opfer fiel (Jochelson 1899d, in diesem Band: 123 f.).

Offene Kritik galt jedoch den „betrügerischen Händlern" – übrigens ein häufiges Sujet in der russischen Literatur des späten 19. Jahrhunderts –, denen die Einheimischen ausgesetzt waren. So beklagt Jochelson, dass die Regierung sich nicht um das Schicksal dieser Menschen kümmerte, sondern stattdessen „bezeichnenderweise so viel Alkohol in das Kolymsker Gebiet gebracht wird, dass die Hälfte des Einkommens dieses armen Bezirks für Wodka draufgeht" (Jochelson 1898a: 274).

Es ist auffallend, dass solche von deutlichem Mitgefühl durchdrungenen Beschreibungen in Jochelsons späteren Monographien zu den Korjaken und Itelmenen weitgehend fehlen. Es ist jedoch unwahrscheinlich, dass sich Jochelsons Einstellungen unterdessen so grundlegend geändert haben könnten. Naheliegender dürfte sein, dass er seine Schriften von nun an im Laufe seiner engen Zusammenarbeit mit Boas einem „wissenschaftlichen" Stil anpasste, der ihm für seine Anerkennung und sein weiteres Fortkommen in der von ihm gewählten neuen akademischen Umgebung angebrachter erschien. Emotional geprägte Berichte hingegen wie in *Mutter Erde* dürften sich dafür weniger opportun erwiesen haben.

Befremdlich ist auch, dass er in seinen späteren Monographien kaum noch den Beitrag seiner Mitarbeiter würdigt (vgl. Kasten and Dürr 2016: 18), wogegen er dies während der Sibirjakov-Expedition vor allem in seinen Briefen noch deutlich zum Ausdruck brachte (siehe Seite 21). Das gleiche fällt ebenfalls Igor Krupnik (2017: 32) im Hinblick auf Waldemar Bogoras' Werk *The Chukchee* auf, das wie Jochelsons *The Koryak* ebenfalls erst nach der Jesup Expedition entstanden ist. Für Bogoras erklärt Krupnik es sehr zutreffend folgendermaßen:

> „As Bogoras returned from his JNPE [Jesup North Pacific Expedition] fieldwork loaded with data and ideas, he was persuaded to accept a Boasian template of 'basic ethnography' for his writings for the JNPE series" (Krupnik 2017: 30). ... [He] "was pressured to present his data under an academic template not quite to his personal liking" (2017: 31).

Ob allerdings der letzte Satz auch auf Jochelson zutrifft, muss hier offen bleiben. Andererseits nimmt Jochelson während der Sibirjakov-Expedition schon einiges von dem vorweg, was Boas später zu einem wesentlichen Bestandteil seiner Methode machen sollte:

> „Deshalb schien es mir besonders wichtig, das völkerkundliche Material durch unverfälschte Wiedergabe der Mitteilungen der Eingeborenen in ihren eigenen Worten und in der Ursprache festzulegen, weil nur so die ursprüngliche Auffassung gewahrt wird" (Boas 1910: 7).

In seinen Tagebüchern und Briefen (s.o.) hebt Jochelson bereits 1894 hervor, wie wichtig es zum Verständnis der Kulturen der Einheimischen sei, deren Narrative in ihren eigenen Sprachen zu dokumentieren, so wie er es mit seiner Textsammlung getan hatte.

Darüber hinaus macht sich Jochelson Gedanken zum Entstehen einheimischer Kommunikationssysteme aus einer Bilderschrift, die sich ursprünglich an Tierspuren und eingehender Naturbeobachtung orientiert haben könnte (Jochelson 1900a, in diesem Band: 85 ff.). In seinen Beschreibungen zum Jagdverhalten erfasst Jochelson elementare Mensch-Tier-Beziehungen, die für jene Völker charakteristisch sind:

> „Zwischen dem Jäger und dem Tier besteht ein geheimnisvolles Band. Liebte das Tier den Jäger nicht, so könnte er es nicht erlegen. Welch eigenartige Liebe, sich zum Verzehren preiszugeben! Aber der Schutzgeist des Tieres, *Pädshul*, welcher den Jäger, der das Tier zur Ernährung erlegt, mit Nachsicht behandelt,

wird aufgebracht, wenn der Mensch zwecklos Tiere tötet." (Jochelson 1900a, in diesem Band: 55).

Hinsichtlich des Fischfangs macht Jochelson die nicht unwichtige Beobachtung, dass man die ersten Scharen eines emporsteigenden Meeresfisches durchlässt, „um den Fisch nicht zu erschrecken", worauf erst dann der Fischfang beginnt (Jochelson 1900a, in diesem Band: 60). In diesem – wenn auch hier anders begründeten – Verhalten spiegelt sich überliefertes ökologisches Wissen wider, genügend Fische zum Laichen und für andere Siedlungen am Oberlauf des Flusses durchzulassen.[6] Das alles offenbart Jochelsons intime Kenntnis indigener Wissenssysteme, die ein Außenstehender nur im Verlauf langandauernder teilnehmender Beobachtung gewinnen kann.

Auch an anderen Stellen zeigt sich die besondere Qualität Jochelsons früher Arbeiten. So schildert er ausführlich Handelsdispute, in die er gelegentlich selbst mit einbezogen war (Jochelson 1900a, in diesem Band: 74–75) und er stellt besondere Verhaltensweisen und Charakterzüge bei Vertretern verschiedener ethnischer Gruppen fest. Diese mögen durchaus zutreffend sein, aber er vermeidet es sie zu ethnischen Stereotypen zu stilisieren, wie es ansonsten mitunter geschieht. In außergewöhnlicher Dichte erfasst er so – wie auch bei anderen Gelegenheiten – interethnische Beziehungen, die den überlebenswichtigen Austauschnetzwerken der fünf verschiedenen Bevölkerungsgruppen jenes Gebiets (Jukagiren, Evenen, Evenken, Jakuten und Russen) zugrunde liegen.

Es fällt auf, dass solche Beschreibungen und Erklärungen in Jochelsons späteren Werken zu den Korjaken und Itelmenen fehlen. Die Ursachen mögen jedoch hier andere sein, als in dem oben genannten Fall, wo bestimmte emotionale Einlassungen offenbar nicht in das spätere wissenschaftliche „template" passten. Denn anders als Jochelsons langjähriger Aufenthalt in einem relativ überschaubaren Gebiet während der Sibirjakov-Expedition (und bereits davor), litt die Ausführung der Forschungen während der Jesup North Pacific Expedition aufgrund der Fülle von Boas' vielfältigen Vorgaben und des angestrebten möglichst weiträumigen Kulturvergleichs offenbar unter einem erheblichen Zeitdruck. Letzteres trifft vor allem auf Bogoras' umfassende Reisetätigkeit zu, die es ihm nicht erlaubte, längere Zeit an einem Ort zu verweilen um dort wirklich stationäre bzw. teilnehmende Beobachtung zu betreiben. Stattdessen hat die von Boas vorgegebene ethnographische Methode eher den Anschein einer oft hektischen Sammelreise im Sinne der „salvage anthropology".

Was Jochelsons Forschungen bei den Korjaken während jener späteren Jesup North Pacific Expedition betrifft, so fällt im Vergleich zu seinen früheren Arbeiten bei den Jukagiren auf, welche Schwierigkeiten er offenbar dabei hatte, mit Einheimischen ähnlich vertrauensvolle Beziehungen aufzubauen, wie sie sich in seinen frü-

6 Ähnliches ökologisch und sozial motiviertes Verhalten beim Fischfang konnte auch Georg Wilhelm Steller Mitte des 18. Jahrhunderts bei den Itelmenen auf Kamtschatka feststellen (vgl. Kasten 2012: 70).

hen Schriften widerspiegeln. In seiner späteren wissenschaftlichen Monographie zu den Korjaken bringt er selbst seine Frustration darüber zum Ausdruck, dass er sich von bestellten Schamanen getäuscht sah, wobei bestimmte jahreszeitliche Rituale wie das Kilvej-Fest ihm offenbar verborgen blieben (Kasten and Dürr 2016: 25). Die im Forschungsprogramm geforderte anthropometrische Vermessung der Einheimischen stieß bisweilen auf große Gegenwehr[7] und konnte von Jochelson nur mit den üblichen – auch von Boas bekannten – ethnologischen „tricks of the trade" überwunden werden, indem man den Einheimischen versprach, der Zar würde ihnen nach diesen Maßen Kleidungsstücke anfertigen und als Geschenk überbringen lassen (Kasten and Dürr 2016: 20).

Überhaupt hat es den Anschein, dass die Einheimischen in den Körpervermessungen, die offenbar für sie einen Eingriff in ihren Intimbereich bedeuteten und deren Sinn auch ansonsten von ihnen nicht nachzuvollziehen war, Anordnungen der Obrigkeit sahen, die Jochelson auszuführen hatte. Das musste zusätzlich Distanz erzeugt haben, zumal Jochelson ohnehin schon dementsprechend tituliert wurde (Kasten and Dürr 2016: 20). Sein Verhältnis zu den Einheimischen während der Sibirjakov-Expedition schien hingegen ein anderes gewesen sein, wozu sein ursprünglicher Status als Verbannter mit beigetragen haben dürfte, wonach er in ihren Augen unter der Willkür der Obrigkeit offenbar ebenso zu leiden hatte wie sie selber.[8]

Im Gegensatz zu den Schwierigkeiten bei den Körpervermessungen fällt auf, wie behutsam Jochelson offenbar mit Einheimischen während der Sibirjakov-Expedition die für sie zunächst ungewohnten Verfahren der Fotografie erörterte, was diese schließlich auf ihre Weise zu verstehen versuchten. Da für sie jeder Mensch einen „Schatten" hatte, sahen sie diesen auf dem Bild festgehalten. Was sie dann allerdings irritierte, war, dass Jochelson ein Foto von einem Verstorbenen nehmen konnte, der nach ihren Vorstellungen ja keinen Schatten mehr besaß (Jochelson 1899e, in diesem Band: 133).

Ein weiteres Handicap bei Jochelsons Forschungen bei den Korjaken dürfte gewesen sein, dass er nicht ausreichend Zeit hatte, sich genügend mit der korjakischen Sprache zu befassen und er offenbar mit den Leistungen seines Dolmetschers nicht immer zufrieden war. Vor allem aber sieht man, welch einen Unterschied es ausmachte, dass Jochelson bei den Jukagiren mit einem Team von indigenen Experten unterwegs war, das sich – den jeweiligen örtlichen Gegebenheiten entsprechend – bisweilen auch unterschiedlich zusammensetzen konnte. Dabei konnte er aus einem

7 Vgl. hierzu den Kommentar von Jochelsons Frau Dina Jochelson-Brodskaja, die vor allem mit diesen Aufgaben betraut war: „Dann vermochten weder Bitten noch Geschenke die halsstarrigen und wilden Korjakinnen dazu zu bringen, sich zum Zweck der Messungen zu entkleiden" (1906: 1).

8 In entlegenen Siedlungen des Kolyma-Gebiets, wo man Jochelson bislang nicht kannte, begegnete man ihm jedoch zunächst mit Hochachtung und Unterwürfigkeit, wie es gegenüber der russischen Obrigkeit offenbar üblich war (Jochelson 1900a, in diesem Band: 70 f.).

Pool von kundigen einheimischen Mitarbeitern schöpfen, die ihm offenbar schon aus der Zeit seiner Verbannung bekannt waren und zu denen bereits ein gegenseitiges Vertrauensverhältnis bestand.

Dass es offenbar an geeigneten indigenen Mitarbeitern bei seinen späteren Expeditionen gemangelt hatte, dürfte bei Jochelson Irritation und Frustration ausgelöst haben, was sich in den eher emotionslosen Beschreibungen zu den Korjaken widerspiegelt. Noch auffallender ist dies in seiner Ethnographie zu den Itelmenen (Kamtschadalen) während einer weiteren Forschungsreise, der Rjabušinskij-Expedition, in den Jahren 1910–1911. Hier meint man bei Jochelson geradezu eine Lustlosigkeit zu verspüren,[9] wenn er sich in seinen Ausführungen fast mehr für seinen „kamtschadalischen" Hund zu interessieren scheint als für die Einheimischen selber. Von Anfang an galt während dieser Expedition sein größeres Interesse der Archäologie, Sprache und Kultur der Aleuten (Jochelson 1908, in diesem Band: 150), und er fügte sich hinsichtlich der Einbeziehung Kamtschatkas in das Forschungsprogramm wohl eher dem Wunsch des Geldgebers F. P. Rjabušinskij. Schließlich brachte seine Ethnographie zu den Itelmenen wenig Aufschlussreiches hervor, deren Veröffentlichung er wohl auch deswegen so lange aufschob und die er selber niemals fertigstellte. Neben der mangelnden Beherrschung der itelmenischen Sprache kam in diesem Fall noch mit hinzu, dass Jochelson möglicherweise enttäuscht war angesichts des deutlichen russischen Einflusses,[10] dem deren Kultur in seinen Augen bereits ausgesetzt gewesen war – was diese Völker für die ethnologische Forschung zur damaligen Zeit oft weniger interessant machte.[11] Es stellt sich jedoch die Frage, ob das möglicherweise bereits aus dem neuen, von der Boas-Schule geprägten wissenschaftlichen Zeitgeist entsprang. Anfangs nämlich – vor und während der Sibirjakov-Expedition – hatte sich Jochelson gänzlich unbefangen und sogar mit besonderem Interesse ebenfalls mit russischen Altsiedlern (Jochelson 1899a, in diesem Band: 50f.) und insbesondere mit sprachlich-kulturellen Dynamiken zwischen einheimischen Völkern jenes Gebiets beschäftigt (Jochelson 1900b).

Es fällt auf, wie unterschiedlich Art und Qualität der ethnologischen Aussage in Jochelsons Publikationen zu jenen drei Expeditionen ausfallen, an denen er maßgeblich beteiligt war. Deren Bewertung mag je nach Blickwinkel offen gelassen werden, doch es wurde zumindest gezeigt, wie sich solche erkennbaren Unterschiede möglicherweise erklären lassen. Auf jeden Fall erhalten wir nicht nur Aufschluss

9 Das könnte auch dadurch bedingt gewesen sein, dass es gegen Ende der Expedition zu Finanzierungsproblemen gekommen war, infolge der Unterschlagung von Geldern in Petropavlovsk nach dem Tod des Geldgebers F. P. Rjabušinskij, der ursprünglich selbst an der Expedition auf Kamtschatka teilnehmen wollte. (Persönliche Mitteilung von Matthias Winterschladen)

10 Bereits während seiner Planungen gibt Jochelson zu bedenken, dass dort „noch vieles trotz der Russifikation der Kamtschadalen auszurichten" sei (Jochelson 1908, in diesem Band: 147).

11 Vgl. Bergman (1928: 175ff.), der offenbar froh war, nach seinem Abstecher bei den „mit den Russen vermischten" Itelmenen an der Westküste Kamtschatkas wieder „bei den Wilden" (Evenen) im Landesinneren zu sein.

über Jochelsons zunächst erfolgreiche und richtungweisende Methoden der Feldforschung, sondern auch über die nötigen Voraussetzungen, unter denen sich solche schließlich erfolgreich umsetzen lassen.

In seinen vielfältigen Publikationen zu den Jukagiren setzte Jochelson offenbar bewusst unterschiedliche inhaltliche Schwerpunkte. Das ist darin begründet, dass diese Veröffentlichungen sich zunächst noch an einen heterogenen Leserkreis richteten. So versucht er in seinen Artikeln in deutschsprachigen Zeitschriften unter Rückgriff auf entsprechende Bewegungen in Russland vor allem internationale revolutionäre Kreise anzusprechen, hinter denen die deutsche Sozialdemokratie zu damaligen Zeit eine treibende Kraft war. Seine ersten in Russland veröffentlichten Forschungsberichte dienten offenbar dazu, die Leitung der Ostsibirischen Abteilung der Kaiserlich Russischen Geographischen Gesellschaft und Mitarbeiter der Sibirjakov-Expedition sowie weitere Wissenschaftler in Russland möglichst zeitnah über seine Forschungsergebnisse zu unterrichten. Mit der deutschen Übersetzung dieser Artikel versuchte er sich kurze Zeit später durch Vorträge vor einschlägigen wissenschaftlichen Gesellschaften in Westeuropa für eine dortige akademische Laufbahn zu empfehlen. Dass er seine in den jeweiligen Sitzungsberichten erschienenen Artikel bereits zuvor in eher populär-wissenschaftlichen Journalen wie *Mutter Erde* veröffentlicht hatte, lässt sich möglicherweise u.a. mit Geldmangel erklären, da auch Boas seine ersten Feldforschungen auf diese Weise zu finanzieren hatte (Kasten 1992: 11). Darüber hinaus bot sich mit diesen Journalen die Gelegenheit ein breites gebildetes Publikum zu erreichen.

Interessant jedoch ist, dass Boas – der sich zu dieser Zeit schon in New York befand – nicht bereits über diese Veröffentlichungen auf Jochelson aufmerksam geworden war, sondern erst durch Empfehlung von Friedrich Wilhelm Radloff aus St. Petersburg, als Boas auf der Suche nach geeigneten Mitarbeitern für die Jesup-Expedition bei ihm anfragte. Jochelsons darauf folgende Publikationen, in denen er mit seinem Werk *The Yukaghir and the Yukaghirized Tungus* erneut auf Materialien der Sibirjakov-Expedition zurückgriff, richteten sich schließlich an ein wiederum anderes Publikum, das er für seine angestrebte weitere berufliche Laufbahn anzusprechen hatte – und zwar internationale Fachkollegen auf dem Gebiet der durch Boas' Kulturanthropologie geprägten Wissenschaft vom Menschen.

Literatur

Es wird hier nur die in diesem Beitrag erwähnte Literatur aufgeführt. Eine ausführliche Bibliographie von Jochelsons Schriften findet sich in Knüppel (2013).

Bergman, Sten 1928. *Auf Schi und Hundeschlitten durch Kamtschatka*. Stuttgart: Strecker und Schröder.

Boas, Franz 1910. *Die Resultate der Jesup-Expedition.* Verhandlungen des XVI. internationalen Amerikanisten-Kongresses, 1908. Erste Hälfte: 3–18. Wien und Leipzig: Hartleben.

Brandišauskas, Donatas 2009. Waldemar Jochelson – A Prominent Ethnographer of North-Eastern Siberia. *Acta Orientala Vilnensia* 10(1–2): 165–179.

Dahlmann, Dittmar 2016. Deutschbaltische Forschungsreisende und Wissenschaftler und die Universität Dorpat in der ersten Hälfte des 19. Jahrhunderts – Ein Überblick. In *Auf den Spuren der modernen Sozial- und Kulturanthropologie – Die Jesup North Pacific Expedition (1897–1902) im Nordosten Sibiriens.* Matthias Winterschladen, Diana Ordubadi und Dittmar Dahlmann (Hg.), 11–49. Fürstenberg/Havel: Kulturstiftung Sibirien.

Ditmar, Karl von 2011a [1890]. *Reisen und Aufenthalt in Kamtschatka in den Jahren 1851–1855.* Erster Teil: Historischer Bericht nach den Tagebüchern. St. Petersburg. Neuausgabe: Michael Dürr (Hg.). Fürstenberg/Havel: Kulturstiftung Sibirien.

– 2011b [1900]. *Reisen und Aufenthalt in Kamtschatka in den Jahren 1851–1855.* Zweiter Teil: Allgemeines über Kamtschatka. St. Petersburg. Neuausgabe: Michael Dürr (Hg.). Fürstenberg/Havel: Kulturstiftung Sibirien.

Gorochov, K. I. 1958. *Dejatel'nost' Jakutskoj ėkspeditsii 1984-1986 gg.* Trudy Jakutskogo filiala AN SSSR: 37–65. Jakutsk.

– 1965. Issledovateli i materialy učastikov Jakutskoi (Sibirjakovskoj) ėkspedicii VSORGO v 1994-1996 gg. v oblasti ėtnografii jakutov. *Istorija Jakutii XVII-XIX vv.*: 52–75. Jakutsk.

Gülden, Werner Friedrich (Hg.) 2011. *Johann Karl Ehrenfried Kegel: Forschungsreise nach Kamtschatka. Reisen und Erlebnisse des Johann Karl Ehrenfried Kegel von 1841 bis 1847.* Fürstenberg/Havel: Kulturstiftung Sibirien.

Gurvič I. S. 1963. *Polevye dnevniki V. I. Iochel'sona i D. L. Iochel'son-Brodskoi.* Očerki istorii russkoj ėtnografii, fol'kloristiki i antropologii. Vyp. II: 248–258.

Jochelson, Waldemar 1881. Aus Russland. *Der Sozialdemokrat*, Nr. 17, vom 24.04.1881.

– 1894. Olekminskie skopcy. Istoriko-bytovoj očerk. *Živaja starina*, Otd. 1, Vyp. II: 191–203, Otd. 2, Vyp. 3: 301–324.

– 1895. Zametki o naselenij Jakutskoj oblasti v „Istoriko-Ėtnografičeskom otnošenij: otdel". *Živaja starina*, Vyp. II: 1–37.

– 1898a. Obrazy materialov po izučeniju jukakirskogo jazyka i fol'klora sobrannych v jakutskoj ėkspedicii. *Izvestija Imperatorskogo Akademija Nauk*, Ser. 5, Bd. IX (2): 151–177.

– 1898b. Predvaritel'nyj otčet ob issledovanijach inorodcev Kolymskogo i Verchnojanskogo okrugov. *Izvestija VSOIROGO* XXIX (1): 9–52. (Zusammenfassung in deutscher Sprache: 48–52).

– 1898c. V polarnomu kraju putevye nabroski. *Niva* 29 (19): 394–396.

– 1898d. Po rekam Jasačnoj i Korkodonu. Drevnij i sovremennyj jukargiskij byt i pis'mena. *Izvestija VSOIROGO* XXXIV (3): 255–290. St. Peterburg.

– 1899a. Die Jukagiren im äussersten Nordosten Asiens. In *Mutter Erde – Technik, Reisen und nützliche Naturbetrachtung in Haus und Familie*. Bd. 1: 261–266, 453–456, 467–470, 481–484; Bd. 2: 207–210, 228–229, 245–247. Berlin und Stuttgart: Spemann.

– 1899b. In Polargegenden: I. Das Eisen-Mädchen (Timir-Kyß). In *Mutter Erde – Technik, Reisen und nützliche Naturbetrachtung in Haus und Familie*. Bd. 1: 285–288. Berlin und Stuttgart: Spemann.

– 1899c. In Polargegenden: II. Ein „Tanner" in der Tundra. In *Mutter Erde – Technik, Reisen und nützliche Naturbetrachtung in Haus und Familie*, Bd. 1: 303–308, 325–328. Berlin und Stuttgart: Spemann.

– 1899d. In Polargegenden: III. Die Blattern im äussersten Norden. In *Mutter Erde – Technik, Reisen und nützliche Naturbetrachtung in Haus und Familie*, Bd. 1: 364–366, 385–388. Berlin und Stuttgart: Spemann.

– 1899e. In Polargegenden: IV. Die Aussätzigen im äussersten Nordosten. In *Mutter Erde – Technik, Reisen und nützliche Naturbetrachtung in Haus und Familie*. Bd. 2: 471–473, 487–490. Berlin und Stuttgart: Spemann.

– 1900a. Die Jukagiren im äussersten Nordosten Asiens. *Sitzungsberichte der Geographischen Gesellschaft in Bern XVII*: 1–48.

– 1900b. Über die Sprache und Schrift der Jukagiren. *Sitzungsberichte der Geographischen Gesellschaft in Bern XVII*: 49–63.

– 1900b. *Materialy po izučeniju jukagirskago jazyka i fol'klora, sobrannye v Kolymskom okruge*. St. Peterburg.

– 1903. Dvulikij Janus. *Osvoboždenie* 15, 255–256. (Deutsche Übersetzung: „Doppelgesichtiger Janus", in diesem Band).

– 1905. *Essays on the Grammar of the Yukaghir Language*. Academy of Sciences. Annals March 1905, Bd. XVI, Teil II: 97–152. New York.

– 1922. *Pervye dni Narodnoi Voli*. Petrograd.

– 2016 [1908]. *The Koryak*. Part I-II. New York/Leiden. Neuausgabe: Erich Kasten and Michael Dürr (eds.). Fürstenberg/Havel: Kulturstiftung Sibirien.

– 2017 [1910–1926]. *The Yukaghir and the Yukaghirized Tungus*. Part I–III. New York/Leiden. Neuausgabe: Erich Kasten and Michael Dürr (eds.). Fürstenberg/Havel: Kulturstiftung Sibirien. (in print)

Jochelson-Brodsky, Dina 1906. *Zur Topographie des weiblichen Körpers nordostsibirischer Völker*. Inaugural-Dissertation. Medizinische Fakultät der Universität Zürich.

Kasten, Erich 1992. Franz Boas. Ein engagierter Wissenschaftler in der Auseinandersetzung mit seiner Zeit. In *Franz Boas. Ethnologe, Anthropologe, Sprachwissenschaftler*. Michael Dürr, Erich Kasten, und Egon Renner (Hg.), 7–38. Berlin: Staatsbibliothek zu Berlin / Wiesbaden: Reichert.

– 2012. Koryak Salmon Fishery: Remembrances of the Past, Perspectives for the Future. In *Keystone Nations: Indigenous Peoples and Salmon Across the North Pacific*. Benedict J. Colombi and James F. Brooks (eds.), 65–88. Santa Fe: SAR Press.

Kasten, Erich 2013 (Hg.). *Reisen an den Rand des Russischen Reiches: Die wissenschaftliche Erschließung der nordpazifischen Küstengebiete im 18. und 19. Jahrhundert.* Fürstenberg/Havel: Kulturstiftung Sibirien.

Kasten, Erich, and Michael Dürr 2016. Jochelson and the Jesup North Pacific Expedition. A New Approach in the Ethnography for the Russian Far East. In *Waldemar Jochelson: The Koryak.* Erich Kasten and Michael Dürr (eds.), 9–34. Fürstenberg/Havel: Kulturstiftung Sibirien.

Knüppel, Michael 2013. *Paraphernalia zu einer Bibliographie des Sibiristen, Anthropologen und Archäologen Vladimir Il'ič Iochel'son (1855–1937).* Wiesbaden: Harrassowitz.

Krumholz, Yvonne, und Matthias Winterschladen 2016. Zwei Schriften – zwei divergierende Darstellungen. Oder: warum Vladimir Iochel'son für die Jesup North Pacific Expedition zwei unterschiedliche Werke verfasste. Eine Untersuchung am Beispiel der Schamanismusforschung. In *Auf den Spuren der modernen Sozial- und Kulturanthropologie – Die Jesup North Pacific Expedition (1897–1902) im Nordosten Sibiriens.* Matthias Winterschladen, Diana Ordubadi und Dittmar Dahlmann (Hg.), 215–262. Fürstenberg/Havel: Kulturstiftung Sibirien.

Krupnik, Igor 2017. Waldemar Bogoras and The Chukchee: A Maestro and a Classical Ethnography. In *Waldemar Bogoras: The Chukchee.* Michael Dürr and Erich Kasten (eds.), 9–45. Fürstenberg/Havel: Kulturstiftung Sibirien.

Krupnik, Igor, and William W. Fitzhugh (eds.) 2001. *Gateways. Exploring the Legacy of the Jesup North Pacific Expedition, 1897–1902.* New York, Washington DC: National Museum of Natural History and Smithsonian Institution.

Šavrov, K. B. 1935. V. I. Iochel'son. *Sovetskaja Ėtnografija* (2): 3–15.

Schweitzer, Peter 2013. Naturforscher, Weltreisende und nationale Forschungstraditionen: Bemerkungen zur ethnologischen Erforschung Sibiriens im 18. und 19. Jahrhundert. In *Reisen an den Rand des Russischen Reiches: Die wissenschaftliche Erschließung der nordpazifischen Küstengebiete im 18. und 19. Jahrhundert.* Erich Kasten (Hg.), 11–28. Fürstenberg/Havel: Kulturstiftung Sibirien.

Sirina, A. A. 2007. „Skoro budet dva goda, kak my zanimaemsa ėkspedicionnymi rabotami ...“. Neizvestnye pis'ma V. I. Iochel'sona i V. G. Bogoraza iz Sibirjakovskoj (Jakutskoj) ėkspedicii. *Ilin. Istoriko-geografičeskoj, kul'turologičeskij žurnal* (5): 91–96.

– 2012. *Ėvenki i Ėveny v sovremennom mire. Samosoznanie, prirodopol'zovanie, mirovozzrenie.* Moskva: Izdatel'skaja firma „Vostočnaja literatura“.

Sirina, A. A, Šinkovoi A. I. 2007. Neizvestnoe nasledie Sibirjakovskoj (Jakutskoj) ėkspedicii (1894–1896): pis'ma V. I. Iochel'sona vo VSOIRGO. *Rasy i narody. Ežegodnik* 33: 331–368.

Slobodin, S. B. 2005. Vydajuščijsja issledovatel' severnych narodov (k 150 letiju so dnja roždenija V. I. Iochel'sona). *Ėtnografičeskoe obozrenie* 5: 96–115.

Vakhtin, Nikolai 2001. Franz Boas and the Shaping of the Jesup Expedition Siberian Research, 1895–1900. In *Gateways. Exploring the Legacy of the Jesup North Pacific Expedition, 1897–1902*. Igor Krupnik and William W. Fitzhugh (eds.), 71–89. Washington DC: National Museum of Natural History and Smithsonian Institution.

– 2004. Nauka i žizn'. Su'dba Vladimira Iochel'sona. (Po materialam ego perepiski 1897–1934gg.) *Bjulleten': Antropologija, men'šinstva, mul'tikul'turalizm* 5: 35–49.

Winterschladen, Matthias 2016. Zwischen Revolution und Wissenschaft. Vladimir Iochel'son, Vladimir Bogoraz und die Verflechtung von Wissenschaft und Politik – Ein biographischer Zugang. In *Auf den Spuren der modernen Sozial- und Kulturanthropologie – Die Jesup North Pacific Expedition (1897–1902) im Nordosten Sibiriens*. Matthias Winterschladen, Diana Ordubadi und Dittmar Dahlmann (Hg.), 77–118. Fürstenberg/Havel: Kulturstiftung Sibirien.

[ohne Verfasser] 1930. Dr. Waldemar Jochelson. *American Anthropologist N.S.* 32: 375–377.

AUS RUSSLAND[1]

4./16.April 1881

Wiederum sind fünf tätige Arbeiter für die Befreiung des russischen Volkes den Märtyrertod gestorben. Der neue Zar hat die Grausamkeit seines Vaters noch übertroffen; er ließ ein Weib hängen, und einem zweiten steht dasselbe Schicksal bevor!

Das Ende seines Vaters hat ihn nicht belehrt, nicht gewarnt hat ihn der bedeutungsvolle Umstand, dass die fünf Märtyrer, die er am 3./15. April von Henkershand erdrosseln ließ, eines vor ihren hingerichteten Genossen der Jahre 1879/80 voraus hatten, dass sie mit dem Bewusstsein starben, dass den Tyrannen, der ihre Freunde hatte hängen lassen, das Strafgericht erreicht habe.

Ich werde auf die Einzelheiten des Prozesses nicht eingehen. Die heroische Haltung der Angeklagten und die Motive ihrer Tätigkeit sind von der gesamten Presse ausführlich behandelt worden; ich werde daher nur einige Bemerkungen über den Prozess und einige Einzelheiten über meine hingerichteten Freunde anführen.

Man kann die sechs Angeklagten in zwei Gruppen teilen. In der ersten gehören: Sheljabow, Perowskaja, Kibaltschitsch und Jesse Helfmann. Sie haben alle die verschiedenen Phasen des Kampfes, von der friedlichen Propaganda an bis zu den revolutionärsten Bestrebungen und endlich terroristischen Unternehmungen durchgemacht. Nicht freiwillig hatten sie den verzweifelten Kampf mit der Regierung aufgenommen, von Schritt zu Schritt sind sie auf denselben hingedrängt worden.

Andrej Sheljabow wurde in früher Kindheit samt seinen Eltern und Verwandten aus dem Tambowschen Gouvernement nach der Krim übergesiedelt, wohin sie einem neuen Herrn als Leibeigene verkauft worden waren. Der kleine lebhafte Andrjuschka gefiel dem Gutsherrn, er nahm ihn daher als Kosatschok (Page) ins Haus auf. Sheljabow erzählte gerne, aber mit einem bitteren Lächeln, von dieser Periode seines Lebens, wie er an der Tür stehen, bedienen und oft die Züchtigung seiner Verwandten ruhig mitansehen musste. Die geistige Begabung des kleinen Bauernknaben veranlasste seinen Herrn, ihn lesen und schreiben lernen zu lassen, und als Andrej erstaunliche Fortschritte machte, schickte ihn sein Herr in die Stadt Simferopol aufs Gymnasium. Sch. blieb ihm dafür stets erkenntlich, lehnte aber seine weitere Unterstützung bald ab, da er schon im Stande sei vom Unterrichterteilen zu leben. Als er das Gymnasium glänzend absolviert hatte, bezog Andrej die Universität Odessa, von der er zwei Jahre später (1872) wegen Teilnahme an den damaligen Studentenunruhen ausgeschlossen wurde. Die privilegierte Stellung eines gebildeten Mannes hatte Sheljabow den Reichen und Vornehmen nicht näher gebracht, er wurde von den sozialistischen Lehren hingerissen und ging „ins Volk", dem er selbst entstammte,

1 In *Der Sozialdemokrat*, Nr. 17, vom 24.04.1881 [Anm. EK]

dessen Bedürfnisse er kannte und dessen Leiden er mitempfunden, um Propaganda zu machen. 1874 wurde er in seiner friedlichen Tätigkeit als Apostel des Sozialismus durch Verhaftung unterbrochen. Mehr als vier Jahre schmachtete er in verschiedenen Gefängnissen in Untersuchungshaft, die vier schönsten Jahre seines Lebens verbrachte er hinter Schloss und Riegel, bis er 1878 in dem Prozess der 193 mitangeklagt wurde. Wegen Mangel an Beweisen musste das Gericht ihn freisprechen, aber ein anderes Gericht, die Polizei, verurteilte ihn zur Verbannung. Es gelang Sheljabow, sich den Armen der Polizei zu entziehen; er ging nach Südrussland und ließ sich in Odessa nieder. Von nun an wurde seine Tätigkeit revolutionärer als vorher. Dank seinem organisatorischen Talent, seiner Beredsamkeit, seinen Kenntnissen und seiner sympathischen, kühnen Natur gewann er in ganz kurzer Zeit den größten Einfluss auf die Arbeiterkreise Odessas.

Während seiner Agitation in den Arbeiterkreisen kam er angesichts der Regierungsrepressalien zur Überzeugung, dass die Partei vor allen Dingen vor den Schlägen der Regierung sichergestellt werden müsse, und trat daher mit Ossinsky (in Kiew hingerichtet) und anderen Personen der südrussischen Organisation, die derselben Überzeugung waren, in nähere Verbindung.

Im Anfang des Jahres 1879 schickte das damals bereits in Petersburg bestehende Exekutiv-Komitee zwei seiner Agenten nach Südrussland um die tätigen und hervorragenden Kräfte der südlichen Gruppen für sein Programm zu gewinnen. Sch. schloss sich ihm nach lebhaften Debatten an und wohnte infolgedessen dem Kongress in Lipezk bei (Sommer 1879). Nach dem von ihm geleiteten, aber misslungenen Attentat auf Alexander II. bei Alexandrowsk übersiedelte er auf Wunsch des Exekutiv-Komitees nach Petersburg, dem Sitz der Regierung und des Zaren, wo daher die Hauptkräfte der Terroristen konzentriert werden mussten. Die weitere Tätigkeit dieses kühnen Mannes ist aus dem Prozess bekannt.

Sophia Perowskaja genoss im Hause ihres Vaters, eines wirklichen Staatsrates, eine aristokratische Erziehung, was sie indess nicht hinderte, aus Liebe zum Volk schon als sechzehnjähriges Mädchen (1870) das elterliche Haus zu verlassen, um Volkslehrerin zu werden. Sozialistischer Propaganda unter dem Volk verdächtig, wurde sie mehrmals verhaftet, bis sie endlich in den Prozess der 193 (1878) verwickelt, wegen Mangel an Beweisen aber freigesprochen wurde. Aber die Polizei ließ sie nicht los, sondern verhaftete sie, um sie nach dem Olonezker Gouvernement zu verbannen; indess gelang es Sophia unterwegs zu entfliehen. Sie begab sich nach Charkow und schloss sich der dortigen sozial-revolutionären Gruppe an, wo sie Dank ihrem gesunden Verstand, ihren Kenntnissen und ihrer Energie bald eine hervorragende Stellung einnahm. Im Sommer 1879 schloss sie sich dem Exekutiv-Komitee an. Wie sie sich ausgesprochen hat, hat noch niemand von den Genossen derselben Organisation so viele Freunde im Kampf verloren als sie. Von den anfangs der 70er Jahre Wirkenden war sie allein in der Organisation geblieben, die übrigen sind untergegangen oder haben (das aber die Minderheit) die Flinte ins Korn geworfen. Der „milde" Alexander

II. verstand es vortrefflich, im Zeitraum von 10 Jahren eine ganze Generation an Geist und Gemüt ausgezeichneter Elemente auszurotten!

Heßia Helfmann war vor dem häuslichen Despotismus ihrer fanatischen jüdischen Eltern aus dem Minsker Gouvernement nach Kiew entfohen, wo sie, um selbständig zu leben, die Geburtshilfe studierte. Aus eigener Erfahrung lernte sie die erbärmlichen Konsequenzen der heutigen Gesellschaftsordnung kennen, und es ist kein Wunder, dass sie bald den sozialistischen Ideen huldigte. 1874 wurde sie verhaftet und schmachtete drei volle Jahre in Untersuchungshaft. 1874 wurde sie im berühmten Moskauer Prozess der Fünfzig zu zwei Jahren Zuchthaus verurteilt, die einzige von allen Angeklagten, welche diese entehrende Strafe traf, denn sie war ja nur Kleinbürgerin. Sie hat die zwei Jahre physischer und moralischer Qualen in Gemeinschaft mit gemeinen Verbrecherinnen und Dirnen im Petersburger Zuchthaus heroisch ausgehalten, als endlich die Frist abgelaufen war (7. Mai 1879), wurde sie nicht freigelassen, sondern nach Staraja Russa verbannt. Ende 1879 gelang es ihr, die Polizei zu täuschen und aus ihrem Verbannungsort zu entfliehen. Sie kam nach Petersburg und schloss sich der Partei „Narodnaja Wolja" an.

Nikolai Kibaltschitsch, ein Popensohn, hatte schon in seiner Kindheit Gelegenheit gehabt, die Leiden des Volkes kennen zu lernen. Während seiner Universitätsjahre in Petersburg 1871–1875 beschäftigte er sich eifrig mit dem Studium der sozialistischen Ideen und ergab sich der Volkssache mit der ganzen Glut seines feurigen Gemüts und der Festigkeit eines philosophischen Denkers. Aber schon seine ersten Versuche, seine Gesinnung durch praktisches Wirken zu betätigen, wurden verhindert; 1875 wurde er in einem Dorf verhaftet. Nachdem er drei Jahre in Untersuchungshaft zugebracht, wurde er im Prozess der 193 freigesprochen, dessen ungeachtet musste er sich von da an verbergen um nicht verbannt zu werden. Im Sommer 1879 stellte er seine Kräfte und seine Kenntnisse durch Kwjatkowsky dem Exekutiv-Komitee zur Verfügung.

Wenn der echte Volksmann und -redner Sheljabow, der Philosoph und friedliche Denker Kibaltschitsch, die gutmütigsten und tieffühlendsten Naturen Prewoskaja und Helfmann in ihrer praktischen Tätigkeit auf den blutigen Kampf angewiesen wurden, ist das nicht ein vollgültiger Beweis dafür, dass dieser Kampf für Russland eine historische Notwendigkeit war und, wenn dieselben Verhältnisse andauern, auch für die Zukunft sein wird.

Zu der zweiten Gruppe gehören der Kleinbürger Nikolai Ryssakow und der Bauer Timofei Michailow – Jünglinge, die bis dahin noch nicht so viel wie ihre älteren Genossen für ihre Überzeugungen gelitten hatten. Der Erstere schwärmte mit demselben Eifer, mit welchem die Jugend der 70er Jahre „ins Volk" ging, für die Befreiung seines Volkes; der Zweite hatte an sich selbst die Übelstände der jetzigen ökonomischen Ordnung kennengelernt. Was anderes kann ihre Beteiligung an der terroristischen Bewegung erklären, als die Tatsache, dass auch für sie die Regierung in der Person des Zaren der Befreiung der arbeitenden Klasse im Wege stand?

Beweist dieser Umstand nicht, dass die letzte Bewegung sich nicht nur auf von der reaktionären Regierung gereizten Personen gründet, sondern dass der Despotismus selbst eine Atmosphäre erzeugt, wo der Terror neue und junge Kräfte schöpft und am meisten aus den niederen Schichten und der arbeitenden Klasse?

Der künftige Geschichtsschreiber Russlands wird mit Ehrfurcht von den russischen terroristischen Sozialisten, die so unerschrocken und mit so eiserner Festigkeit für ihre Sache eintraten, zu sprechen haben.

Nichts schreckt sie von ihrer Tätigkeit ab: weder die Stricke des Zarischen Henkers noch das schmachvolle Betragen der Liberalen, für deren politische Freiheit gekämpft wird, und die der Regierung ihre Dienste zur Vernichtung der Sozialisten anbieten, noch der Umstand, dass in Europa sogar Gesinnungsgenossen ihren Freiheitskampf nicht verstanden. Solange den Volkskämpfern das freie Wort nicht gestattet sein wird, so lange werden in Russland die Attentate nicht von der Tagesordnung verschwinden.

VORLÄUFIGER BERICHT ÜBER ETHNOGRAPHISCHE FORSCHUNGEN UNTER DEN VÖLKERSCHAFTEN DER BEZIRKE VON KOLYMSK UND WERCHOJANSK DER PROVINZ JAKUTSK[1]

Der Verfasser, Mitglied der ethnographischen Expedition, welche auf Kosten des bekannten I.M. Sibirjakow von der Ost-Sibirischen Abteilung der K.R. Geographischen Gesellschaft ausgerüstet wurde, bereiste in den Jahren 1895–1897 die Bezirke von Kolymsk und Werchojansk um die Jukagiren, die tungusisch-lamutischen Stämme auf der Tundra zwischen den Flüssen Kolyma und Lena und die Jakuten des hohen Nordens kennenzulernen, während W. Bogoras, ein anderes Mitglied der Expedition die Tschuktschen, Tschuwanen und die russische Bevölkerung der Kolyma und die Stein-Lamuten am Flusse Omolon besuchte.

Der Verfasser bereiste das Gebiet der Kolyma in verschiedenen Richtungen und kehrte nach Jakutsk durch die Tundra der Mündungen der Indigirka, Jana und Lena zurück.

Die Jakuten des hohen Nordens wurden in verschiedenen Hinsichten kennengelernt, besonders in Hinsicht ihrer ökonomischen Verhältnisse, welche im Norden wesentlich andere sind, als bei den südlicher wohnenden Jakuten; die ersteren sind zwar noch bis zu einem gewissen Grade Viehzüchter, und die Viehzucht erreicht ihre nördliche Grenze zwischen 68–69° n.B., aber die Hauptnahrung liefert hier schon der Fischfang; die Jakuten der zwei nördlichen *Ulussen* des Bezirkes von Werchojansk halten schon kein Rindvieh und keine Pferde, sie sind Rentier- und Hundezüchter; auf den Inseln des Lena-Deltas sind die nördlichsten [49] beständigen Menschenwohnungen; hier leben die Jakuten des *Ulusses* von Jigansk und ihre Lebensweise ist schon eine ganz andere.

Die Hauptaufgabe des Verfassers bestand in der Untersuchung der Jukagiren und der ihnen verwandten tungusisch-lamutischen Stämme.

Die Sprache der Jukagiren zerfällt in zwei wesentlich verschiedene Mundarten – die hochjukagirische und die changaische oder Tundramundart, welche sich hauptsächlich in phonetischer Hinsicht unterscheiden. Die erstere war vormals bei allen Jukagirgeschlechtern der Kolyma und ihrer Zuflüsse verbreitet, gegenwärtig aber bedienen sich dieser Mundart nur ein Jukagirgeschlecht der Flüsse Jassatschnaja und Korkodon, ein Teil des deljan-lamutischen Geschlechts ebendaselbst, ein Teil der Jukagiren des zweiten Omolongeschlechts an dem mittleren Lauf des Flusses Omolon und einige Personen des ersten Omolongeschlechts an der Mündung des Omolon.

---

1 In *Isvesstija der Ost-Sibirischen Abtheilung der Kaiserlich-Russischen Geographischen Gesellschaft* 1898, XXIX (1), 48–52. Zusammenfassung des dort auf den Seiten 9–47 wiedergegebenen vollständigen Berichts in russischer Sprache. [Anm. EK]

Die Tundramundart reden vier Geschlechter der Tundra zwischen den Flüssen Kolyma und Alaseja: zwei jukagirische, ein tungusisches und ein lamutisches; die übrigen Jukagiren westlich von der Alaseja reden tungusische Mundarten und ein Geschlecht am Flusse Omoloi redet die jakutische Sprache. Daraus ergibt sich, dass hier jukagirische, dort tungusisch-lamutische Geschlechter ihre ursprüngliche Sprache mit einer fremden vertauscht haben.

Alle tungusisch-lamutischen Geschlechter, die der Verfasser gesehen hat, und die zwischen dem Ochotskischen Meer und dem Flusse Lena herumwandern, reden überhaupt verschiedene Mundarten der tungusischen Sprache, deren Grundzüge von Castrén festgestellt worden sind.

Die jukagirische Sprache hat mit den Mundarten der ural-altaischen Gruppe nichts Gemeines. Obwohl sich die Wortbildung [50] vorherrschend durch Suffixe vollzieht, sind auch Präfixe nicht ausgeschlossen.

Die Vokalharmonie der genannten Sprachgruppe fehlt. Selbstlaute gibt es wenig, unter den Konsonanten bekommen die Schalllaute eine besondere Bedeutung.

Die linguistischen Aufzeichnungen des Verfassers bestehen aus einem hochjukagirischen Wörterverzeichnis (7000 Wörter), einem Wörterverzeichnis der Tundramundart (2000 Wörter) und aus Notizen über die Lautlehre, Wortbildung und Phraseologie.

Folklore. Dieser Teil des vom Verfasser gesammelten ethnographischen Materials besteht aus über 100 Texten verschiedenen Inhalts wie Märchen, Sagen, Legenden, Schamanenlieder, Sprichwörter, Rätsel u. d. m.; zum Zwecke der vergleichenden Sprachlehre der beiden jukagirischen Mundarten sind einige Texte aus der hochjukagirischen Mundart in die Tundramundart und umgekehrt übersetzt.

Religion. Die Urreligion der Jukagiren bestand in der Verehrung der Ahnen, der verschiedenen Naturkräfte und Tiere; nach dem Tode eines Schamanen wurde das Fleisch von den Knochen gelöst und die letzteren unter die Blutsverwandten des Verstorbenen verteilt. Der Geisterdienst forderte verschiedene Opfer, hauptsächlich Hundeopfer; es gibt sogar Sagen von Menschenopfern. Gegenwärtig sind alle Jukagiren getauft, aber ihre religiösen Vorstellungen sind eher ein eigentümlicher Doppelglauben zu nennen.

Urstamm und Familienverhältnisse der Jukagiren. Den sozialen Zustand der alten Jukagiren kann man als einen Keim der bürgerlichen Gesellschaft betrachten; es war bei ihnen keine Obrigkeit und keine Klassenunterschiede; aber innerhalb einer Gruppe von Blutsverwandten unterschied man den „Ältesten" als Häuptling, den Schamanan als Familienpriester, den Krieger als Verteidiger des Stammes, den Jäger als dessen [51] Ernährer und den Kriegsgefangenen als Familiensklaven. Die Weiber bilden eine Gruppe mit besonderen Interessen und Arbeiten.

Die Verwandschaftsbeziehungen erinnern in gewisser Hinsicht an Morgan's Tafeln der Verwandtschaftsgrade der amerikanischen Jägerstämme und gegenwärtig begegnet man noch Überresten des sogenannten Matriarchats; die Ehe ist vorherrschend endogamisch, es gibt keine Hochzeitsfeier, die Braut wird nicht gekauft, und der junge Ehemann bezieht das Haus seiner Schwiegereltern.

Einige tungusisch-lamutische Geschlechter des hohen Nordens haben bis zu einem gewissen Grade jukagirische Gebräuche und Sitten angenommen.

Körpermerkmale. Der Verfasser hat anthropologische Beobachtungen und Körpermessungen vorgenommen um den Typus der Jukagiren zu bestimmen, macht aber vorläufig nur einige Bemerkungen und findet, dass der jetzige Jukagir schwerlich aus dem tungusisch-lamutischen Aste der mongolischen Rasse als ein selbständiger physischer Typus ausgeschieden werden kann, wegen mannigfaltiger Kreuzung mit Tungusen, Lamuten und Jakuten, doch besitzt er immer noch einige besondere Merkmale wie weiches, oft blondes Haar, braune Augen, weniger vorstehende Backenknochen, hellere Gesichtsfarbe u. d. m..

Materielle Kultur und ökonomische Lage. In dieser Hinsicht hat der Verfasser zahlreiche Notizen und Beobachtungen über den Urzustand der Jukagiren und ihre gegenwärtigen Beschäftigungen wie Fischfang, Jagd, Nahrungsmittel, Bekleidung. Wohnungen, Bewaffnung und Fahrzeuge gemacht. Die Hundezucht eines Jagd- und Fischervolkes hat sich bei den Jukagiren der Flüsse Jassatschnaja und Korkodon vollständig erhalten; die übrigen Geschlechter führen eine klägliche Rentierwirtschaft und leben hauptsächlich vom Fischfang an Seen und Flüssen.

Kunst. Die Jukagiren lieben den Schmuck; den Schnitt der Kleidung haben sie von den Lamuten angenommen, aber in dem Ornament der Stickerei fehlen die Krummlinien der Süd-Tungusen.

Besonderer Erwähnung verdienen die jukagirischen Schriften auf Birkenrinde, dreierlei Art: Liebesbriefe, Bilderschrift und Zeichnungen der Wanderwege.

Zum Schluss meint der Verfasser, dass wenngleich der jetzige Jukagir sich durch seinen physischen Typus dem tungusischen Aste der mongolischen Rasse genähert hat, seine geistige Urkultur (Sprache, Kunst, Familienordnung u.s.w.) auf eine Verwandtschaft mit den amerikanischen Jägervölkern deutet.

Der Bericht schließt mit einer Aufzählung des gesammelten Materials und mit einem Schema der geplanten Ausgabe dieser Beobachtungen in dem IX. bis X. Band der „Arbeiten der jakutischen Expedition".

DIE JUKAGIREN IM ÄUSSERSTEN NORDOSTEN ASIENS

Vortrag gehalten in der Sitzung vom 6. Dezember 1898 von Woldemar Jochelson aus St. Petersburg[1]

Einleitung

Beinahe drei Jahre lang bereiste ich im Auftrage der Kaiserlich Russischen Geographischen Gesellschaft den äußersten Nordosten der weit ausgedehnten Provinz Jakutsk und bin dabei in Gegenden gekommen, welche vor mir noch niemand besucht hatte. Ich habe die Tundra[2] durchwandert und das Grenzgebiet des Baumwachstums, ich bin auf die nackten Gebirgsketten des hohen Nordens gestiegen und dann hinab in die Zone der hochstämmigen Wälder, wobei ich alle in jenen Gegenden möglichen Arten des Fortkommens anzuwenden und alle Extreme der Temperatur zu erdulden hatte. Auf diese Weise lernte ich Sitten und Gebräuche mannigfaltiger, untereinander höchst verschiedener Stämme, wie die der Jakuten, Tungusen, Lamuten, Jukagiren, Tschuktschen, Korjaken u. dgl. kennen und stellte vielfache Beobachtungen über die Natur in jenen Polargegenden an.

Die Lebensbedingungen in diesem weit entlegenen Land sind außergewöhnlich, die Natur rau und höchst eigentümlich, die Bewohner fast gar nicht erforscht und ihre Geschichte [2] wenig bekannt. Das gilt besonders von den Jukagiren, denen die folgenden Schilderungen gewidmet sind.

Die von mir besuchten Gegenden sind jedoch nicht nur den Europäern im allgemeinen, sondern auch den Russen selbst so wenig bekannt, dass es mir unumgänglich erscheint, der Schilderung dieses Stammes und meines Aufenthaltes bei demselben einen kurzen Überblick über die Natur des Landes, die Zusammensetzung der Bewohner und die Lebensart der einzelnen Stämme vorauszuschicken.

Das Gebiet, auf das sich die nachfolgenden Schilderungen beziehen, umfasst zwei Bezirke der Provinz Jakutsk, nämlich die Bezirke Werchojansk und Kolymsk. Es wird im Norden vom Eismeer begrenzt, im Süden vom Gebirge von Werchojansk, im Westen von der Lena und im Osten vom Stanowoigebirge. Seine Ausdehnung übertrifft dreimal den Flächeninhalt Frankreichs, aber die Zahl seiner Einwohner erreicht kaum

---

1 In *Sitzungsberichte der Geographischen Gesellschaft von Bern*, Bd. 17, 1899: 1–48. Diese Schilderungen erschienen zuerst in der Zeitschrift *Mutter Erde* (Berlin 1899). Sie gelangen hier mit einigen Änderungen mit Erlaubnis der Redaktion jener Zeitschrift zum Abdruck.
[Anm. EK: *Mutter Erde – Technik, Reisen und nützliche Naturbetrachtung in Haus und Familie*, Berlin und Stuttgart: Verlag von W. Spemann, 1899, Bd. 1: 261–266, 453–456, 467–470, 481–484; Bd. 2: 207–210, 228–229, 245–247.]

2 Moorgrund ohne Bäume, mit Moos bewachsen.

Gebirgige Tundra (aus *Mutter Erde,* s. Anm. auf S. 7).

20 000. Man kann oft mehrere hundert Werst (1 Werst = 1,06 km) reisen, ohne einem einzigen Menschen zu begegnen.

Selbst viele gebildete Russen stellen sich diesen Teil von Nordsibirien als ein Flachland vor, dessen Tundren sich allmählich gegen das Eismeer hin senken, und doch ist diese Vorstellung vollständig irrig. Der ganze südliche und östliche Teil der in Rede stehenden Bezirke trägt den ausgeprägten Charakter eines Gebirgslandes mit einzelnen bis zu 8000 Fuß sich erhebenden Spitzen, und zwischen den diese Gegenden bewässernden und ins Eismeer mündenden Flüsse, wie Lena, Jana, Indigirka, Alaseja und Kolyma ziehen sich wasserscheidende Gebirge, deren Ketten bis ans Meer reichen und auf dessen der Küste naheliegenden Inseln eine Fortsetzung haben.

Nur im Flussgebiet der Indigirka und im Zwischengebiet der Flüsse Alaseja und Kolyma finden wir Niederungen von [3] einer gewissen Ausdehnung, welche mit Sümpfen, Morästen, Teichen und Seen bedeckt sind. Diese stehenden Gewässer bilden ein vollständiges Netz zahlreicher Seen vom verschiedensten Umfang (Seen von 100 Werst Umfang an bis herunter zu kleinen Pfützen, die im Sommer austrocknen), die untereinander oder mit den Flüssen durch ein System natürlicher Kanäle, welche man dort *Wiski* nennt, verbunden sind. Aus der Vogelperspektive dürfte sich dieses Gebiet als ein Sieb mit unregelmäßigen Öffnungen darstellen.

Das Klima des Landes ist das raueste auf der ganzen Erdoberfläche. Hier besteht das, was man Kältepol nennt. Etwas südlicher, in der Kreisstadt Werchojansk, beobachtete man 70° C. unter Null. Ich selbst habe während der Reise eine Kälte von -67° C. angetroffen.

Im Allgemeinen kann man die klimatischen Verhältnisse jener Gegenden als kontinentalrau bezeichnen. Je mehr man sich aber dem Eismeer nähert, desto mehr wird man gewahr, dass das Klima milder wird. Es gibt dort nicht mehr so hohe Kältegrade, wie die oben angezeigten, aber der Winter ist länger, der Sommer kalt und nebelig und die beständigen Winde bewirken, dass auch die geringsten Kältegrade empfindlich wirken.

Die Flüsse beginnen im Mai aufzutauen, in der Nähe der Mündungen erst Anfang Juni. Sie bedecken sich im September wieder mit Eis. Auf den Seen der Tundra steht das Eis noch im Juni und sogar im Juli; der Mangel jedweder Strömung bedingt das Fehlen der mechanischen Kraft, welche das Eis der Flüsse zertrümmert, und die Polarsonne des Sommers, wenngleich sie auch vom Horizonte nicht schwindet, schmilzt zu langsam die drei Meter dicken Eisschichten der Seen.

Der Boden taut nur auf ein Viertel bis höchstens einen halben Meter Tiefe auf. Eigentlich kann man dort die äußere Schicht der Erdrinde nicht Boden nennen: Eis mit Erde und Torf durcheinander gemischt bilden, wenn sie im Sommer auftauen, jenen chaotischen Zustand der Erdrinde während der ersten Schöpfungstage, da flüssige und feste Elemente noch nicht getrennt waren. Das ganze Land erscheint im Sommer als ein weiter Gras- oder Moosmorast, auf welchem sich Tausende von Seen befinden. Die *Wiski*, welche die Seen [4] untereinander verbinden, sind manchmal mit Sumpfpflanzen derart bedeckt, dass der unerfahrene Reisende sie gar nicht bemerkt und, an dieselben angelangt, plötzlich ein unangenehmes Bad in einem tiefen Kanal im flüssigen schwarzen Torf- und Sumpfschlamm nimmt.

Im Sommer hört im Lande fast aller Verkehr auf. Reitpferde waten bis an den Bauch im Sumpf. Rentiere kann man nur in bergigen Gegenden, wo das Wasser gut abfliessen kann, zum Reiten gebrauchen. Selbst die Hochebenen versumpfen leicht. Nur die Abhänge der Hügel und Berge, die im Sommer austrocknen, und das felsige Gebirge erscheinen als ein schwacher Versuch des Schöpfers, das Wasser vom festen Land zu scheiden, wobei dieser Schöpfungsprozess nicht zu Ende geführt wurde. Auch hätte die Vollendung dieser Scheidung für ein Polarland keinen Sinn. Würde es sich wohl gelohnt haben, das Wasser von der festen Erde für drei oder vier Monate zu trennen, wenn alle Flüssigkeiten während der übrigen Monate des Jahres in feste Massen sich verwandeln?

Im Winter stellt das von Eis gefesselte, mit Schnee bedeckte und der Sonne ganz entbehrende Land ein vollständiges Bild jener Periode dar, in welcher die Erde zum Absterben gelangt sein wird, wenn, wie die Astronomen vermuten, unsere Sonne, der Quell des irdischen Lebens, zum Erlöschen kommt.

Die Sonne brauchte nur während eines einzigen Sommers unter dem Horizonte zu bleiben, und das ganze karge organische Leben der Polargegend ginge zugrunde.

Zum Glück erscheint sie jedoch jeden Frühling, und die gesamte Pflanzen- und Tierwelt wird in den Stand gesetzt, im Sommer genug Wärmevorrat und Licht für den langen Winter anzusammeln.

Da sich das Land zwischen 64–74° (wie an der Mündung der Lena) nördlicher Breite ausdehnt, so kann seine Flora nicht überall die gleiche sein. Es ist interessant zu beobachten, wie von der Küste des Polarmeeres gegen den Süden hin die vegetative Hülle der Erde ihren Charakter nach und nach ändert, wie das Moos und die Flechten der tiefen Tundra in die Sträucher und Zwerglärchen der an die Tundra grenzenden Zone übergehen, wie Bäume allmählich gewüchsiger und lebenskräftiger werden und wie endlich noch weiterhin außer [5] der Lärche verschiedene Weidenarten, Espen, Birken und Pappeln erscheinen. Aber die Fichte (*Pinus sylvestris*) und die Tanne (*Pinus abies*) finden wir im Norden der Gebirge von Werchojansk noch nicht.

Die Grenze der Wälder erreicht an der Lena den 72° nördlicher Breite, gegen Osten jedoch sinkt diese Grenzlinie mehr nach Süden. So erreicht sie an der Kolyma nur 69°. Der am weitesten nach Norden vorkommende Baum ist in diesem Lande, wie in Sibirien überhaupt, die Lärche. Man darf sich aber diese Waldgrenze nicht als eine von Westen nach Osten laufende gerade Linie vorstellen; bald zieht sich der Wald mit engen Vorsprüngen längs den Tälern der Flüsse und auf den trockenen Hügeln in die Tundra hinaus, weit über die Waldgrenze hinaus, bald schneidet sich die nackte Tundra buchtförmig in die Zone der Wälder ein.

Die Landesflora dient zwar dem Menschen mit ihren Waldungen als Heizmaterial, ohne welches es unmöglich wäre, den langen Winter durchzubringen, sie dient mit ihren Moosen und Flechten den Rentieren und mit ihren Gräsern dem Vieh als Futter, ihre Beeren und einige Wurzeln bilden die einzige Pflanzennahrung der Einwohner; für den Ackerbau jedoch ist dieses Land vollständig untauglich.

Die Eingeborenen, welche hie und da das von einem Reisenden oder einem russischen Kaufmann erbettelte Brot als Leckerbissen verzehren, glauben nicht, dass man mit demselben allein das Leben fristen könnte. Ihre Nahrung besteht aus dem Fleisch von Hornvieh (nur bei den Jakuten) und demjenigen der zahmen und wilden Rentiere, hauptsächlich aber aus den Fischen der Flüsse und der zahlreichen Seen. Da aber die Ergebnisse des Fischfangs und der Jagd von vielfachen Zufällen abhängig sind, so werden die Einwohner öfters von Hungersnot heimgesucht.

Die Zahl der Einwohner dieses ungastlichen und kalten Landes ist zwar gering, aber letztere zerfallen in viele Stämme, deren Lebensart ebenso verschieden gestaltet ist wie ihre Abstammung.

Keiner von den abgelegenen Winkeln Sibiriens beherbergt so viele verschiedene Splitter von eingewanderten Stämmen [6] und traurigen Resten autochthoner Völkerschaften, wie der Nordosten des Provinz Jakutsk.

Auf der beistehenden ethnographischen Karte gebe ich nach den Beobachtungen auf meinen Reisen eine Übersicht der Wohnsitze der Völkerschaften Nordostsibiriens. Mein Reiseweg (- - -) ist ebenfalls eingezeichnet. Ich bitte diese Karte beim Lesen der nachfolgenden Schilderungen benutzen zu wollen. [7]

Eine der Völkerschaften des Gebietes, nämlich die jetzt schon mongolisierten Jakuten, gehört zum türkisch-tatarischen Stamm und soll von Zentralasien in das von ihr jetzt bewohnte Gebiet der Provinz Jakutsk gekommen sein; andere, wie die Tungusen und Lamuten, Stammgenossen der in China herrschenden Mandschus, sind aus dem Flussgebiet des Amur eingewandert.

Die Jukagiren, Tschuktschen, Tschuwanen und Korjaken endlich sind die eigentlichen Aborigenen des Landes.

Bis jetzt haben die Ethnologen noch nicht bestimmt, zu welcher Gruppe von Stämmen letztere Völkerschaften gehören. Man nennt sie bald mit dem nichtssagenden Namen Hyperboräer, bald teilt man sie einer noch nicht näher bestimmten ethnischen Gruppe zu.

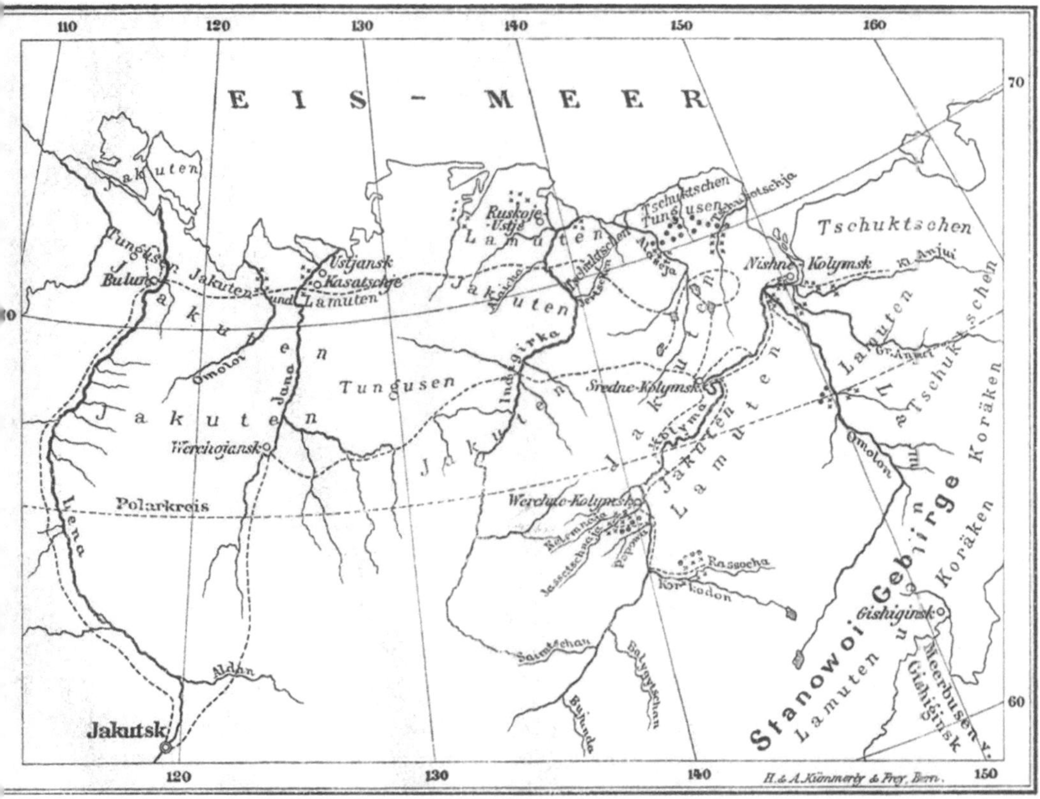

x x x x x x x Gegenwärtige Verbreitung der jukagirischen Geschlechter.
• • • • • • • • Gegenden, wo noch jukagirisch gesprochen wird, zwischen Alaseja und Tschukotschja redet man die Tundra-Mundart.

Einige Ethnologen, wie der russische Akademiker L. v. Schrenk, vermuten, dass auch diese Stämme Reste zahlreicherer und ehemals südlicher wohnender Völkerschaften sind, die in früheren Zeiten sich vor dem Andrang feindlicher Stämme bis an den Rand des Kontinents geflüchtet haben.

In letzterer Zeit werden Sprachen und Typen dieser Stämme einer eingehenderen Untersuchung unterzogen, und man kann schon jetzt behaupten, dass es Andeutungen gibt, die sowohl auf ihre geistige Verwandtschaft mit amerikanischen Stämmen, als auch auf die Ähnlichkeit ihres physischen Typus mit der mongolischen Rasse schließen lassen. Jedenfalls haben die eingewanderten Stämme hie und da eine Vermischung des physischen Typus der Aborigenen und deren Sitten, Gebräuche und religiösen Anschauungen mit den ihrigen hervorgebracht. [8]

Sagenhaften Erzählungen zufolge wanderten am frühesten von Süden nach Nordosten nomadisierende, rentierzuchttreibende, tungusisch-lamutische Geschlechter ein und fingen an, die hundezüchtenden Jukagiren zu verdrängen.

Erst nach der Eroberung der Provinz Jakutsk durch die Russen flüchtete sich ein Teil der an der Lena wohnenden Jakuten über das Gebirge von Werchojansk und brachte die früher hier unbekannten Pferde und das Hornvieh mit.

Eine Jurte der Polarjakuten im Winter [ME].
Image #22240, American Museum of Natural History Library.

Begreiflicherweise bedingt die Verschiedenheit der Abstammung der Völkerschaften diejenige ihrer Lebensweise. Die Jakuten, als Viehzüchter von Hause aus, haben die Viehzucht eingebürgert, die jetzt im Bezirk Kolymsk am 69° ihre nördliche Grenze erreicht. Im Bezirk Werchojansk ließen die nördlichen Jakuten von der Viehzucht ab; sie sind hier Rentier- oder Hundezüchter geworden. Die Jukagiren waren ursprünglich halb nomadisierende Fischer und Hundezüchter; gegenwärtig hingegen sind einige ihrer Geschlechter lamutisiert worden und wandern mit Rentieren herum. Tungusen und Lamuten sind Geschlechtsnamen eines und desselben nomadisierenden, jagd- und rentierzuchttreibenden mongolischen Stammes, der unter dem Allgemein-Namen „Tungusen“ bekannt ist.[3] Sie gebrauchen Rentiere hauptsächlich zu Wanderungen, man kann [9] aber nur wenige von ihnen zu den eigentlichen Rentierzüchtern mit großen Herden zählen, da die meisten von ihnen sich nicht vom Fleisch ihrer Rentiere ernähren, sondern von der Jagd und dem Fischfang leben.

Der Tunguse und Lamute bleibt sich gleich, sowohl auf der Tundra wie auch auf den Bergen. Auf der ersteren spannt er seine Rentiere an den Schlitten, Narta genannt, an, auf den letzteren reitet er auf ihnen. Die Berglamuten bilden somit unter den Nomaden gleichsam eine herumziehende Reiterei.

3 Im Amurlande gibt es einige Geschlechter von Tungusen, die Viehzucht, und andere, die auch Ackerbau treiben. Die Küsten-Tungusen des Meeres von Ochotsk, die man „Sitzende“, d. h. Sesshafte nennt, sind Fischer und Hundezüchter.

Die Tschuktschen, Korjaken und Tschuwanen sind eigentliche Rentierzüchter, zuweilen Besitzer sehr grosser Herden, von welchen sie ihre Nahrung, ihre Kleidung und die Mittel zum Tauschhandel beziehen. Nur die sogenannten „sitzenden" rentierlosen Tschuktschen und Korjaken, von denen die ersteren an der Küste des Eismeers nach Osten vom Fluss Kolyma, und die letzteren am Beringmeer und am Ochotskischen Meer leben, beschäftigen sich mit dem Fang der Fische, Robben, Walrosse und Walfische. Im allgemeinen ist gegenwärtig die Zahl der Korjaken im Kreis Kolymsk sehr gering, sie geraten dorthin zufälligerweise auf ihren Wanderungen von den äußersten östlichen Gegenden des Kontinents. Im Bezirk von Werchojansk gibt es auch keine Tschuktschen, ihre äußerste westliche Grenze ist die Indigirka.

Eine Urassa (Zelt) der Tungusen [ME].
Image #22181, American Museum of Natural History Library.

Auf dem uns beschäftigenden Gebiet wohnen etwa 12 000 Jakuten, 2000 Tungusen und Lamuten, 700 Jukagiren, 200 Tschuwanen, 3000 Tschuktschen und 800 Russen.

Wir haben schon oben erwähnt, dass diese Verschiedenheit der Völkerschaften auch eine große Mannigfaltigkeit der Gebräuche und Sitten mit sich bringt, so ist auch die Form der Wohnungen eine verschiedene, je nach den einzelnen Völkerschaften.

Der Jakute gibt seiner *Jurta* die Form einer abgestutzten Pyramide, welche er aus schiefstehenden mit Lehm und Kuhdünger überworfenen Stangen aufbaut. Der Jukagire stellt seine *Numa* konisch auf, indem er das Stangengerippe mit Rentierfellen überzieht. Die tungusische *Urassa* wird von demselben Material wie die jukagirische *Numa* hergestellt, mit dem Unterschied jedoch, dass der konische Teil auf einen [10]

Zylinder als Grundlage zu stehen kommt. Die Wohnung der Tschuktschen besteht aus einem äußeren in Form eines großen unregelmäßigen Zeltes aus Rentierfellen aufgebauten Gehäuse und der eigentlichen im Innern des Zeltes liegenden Wohnung, die einen Kubus oder ein Prisma bildet. Letzteres wird aus ungegerbten Rentierfellen ohne alle Öffnungen hergestellt, so dass man dieses Prisma aufheben muss, um in das Innere zu gelangen.

Jukagirische Numa (Zelt) an der Jassatschnaja [ME].
Image #22233, American Museum of Natural History Library.

Bei der Aufzählung der Bewohner dieses Landes ist es unumgänglich notwendig, auch seiner Eroberer, der Russen, Erwähnung zu tun. In beiden Bezirken gibt es ihrer jetzt etwa 800. Es sind dies Nachkommen der Kosaken und Abenteurer, die das Land eroberten, sowie auch allerhand Flüchtlinge und Verbannte. Auch jetzt dient dieses Land als Verbannungsort für politische Übertreter und gemeine Verbrecher. Die ersten Kosakenabteilungen erschienen im Lande zu Ende der ersten Hälfte des 17. Jahrhunderts (1637–40). Seit jener Zeit erfolgte bei ihren Abkömmlingen eine ziemlich große Umgestaltung sowohl in physischer als in moralischer Beziehung.

Die Vermischung mit den Eingeborenen hat den slavischen Typus dieser Russen stark verändert und die klimatischen Verhältnisse des Landes, die Eigentümlichkeiten der Lebensweise sowie die religiösen Anschauungen der autochthonen Stämme mussten sowohl das materielle Leben wie auch die Anschauungen des slavischen Häufleins, welches von seinem Hauptstamme durch eine auf mehrere tausend Werste sich erstreckende Wüstenei getrennt war, nachhaltig beeinflussen. [11]

Gegenwärtig unterscheidet sich das äußere Aussehen der russischen Bewohner dieses Landes wenig von dem der Eingeborenen. Sie sind der Brotspeise entwöhnt, sie können selbst des Salzes entbehren, sie verzehren rohe Fische, wechseln leicht ihre Ansiedelungen, und ihre christlichen Anschauungen sind mit Aberglauben und Vorstellungen des schamanistischen Kultus stark vermischt.

Russische Blockhäuser in Nordsibirien [ME].
Image #11046, American Museum of Natural History Library.

Dem ungeachtet kann man in diesem äußersten Nordosten noch hie und da dem blauäugigen, hellblonden slavischen Mädchen begegnen; mag auch im allgemeinen die Kultur des Russen dort auf eine noch so niedrige Stufe gesunken sein, er konnte sich doch nicht zu einem Nomaden im eigentlichen Sinne des Wortes zurückentwickeln. Er ist Hundezüchter geworden, weil in diesem Lande eben die Hunde als Arbeitstiere am meisten zur ständigen Ansiedelung geeignet sind. Er siedelt sich an den Mündungen der Flüsse an, weil dort der Fischfang reicher ist und für den Winter größeren Vorrat zu sammeln erlaubt. Er baut ein warmes Blockhaus, zwar ohne Dach, aber mit Öffnungen für Fenster, die er zur Winterzeit mit Eisscheiben ausfüllt und im Sommer mit Quappenblasenhaut überzieht. Der Schornstein seines Herdes ist ein Zylinder aus Stangen, der im Innern mit Lehm ausgestrichen ist. Endlich dient der Russe als Vermittler des [12] Tauschhandels zwischen den Eingeborenen und den herumwandernden Kaufleuten. Den Hauptgegenstand dieses Tauschhandels bilden Pelzwaren und Mammutknochen. Was die Jagd auf Pelztiere anbelangt, so nimmt dieses Land eine hervorragende Stelle unter den übrigen Jagdprovinzen Sibiriens ein.

Die Jukagiren am Fluss Jassatschnaja

Jukagire ist, nach der Endung zu urteilen, ein tungusisches Wort, dessen Wurzel *juha* zu jukagirisch „weit" bedeutet. Die Jukagiren wissen nicht, wer sie derart benannt hat und aus welchem Grunde es geschah. Sie selbst nennen sich „*Odul*". Über die frühere Anzahl der Jukagiren gibt es verschiedene Traditionen. „Man zählte so viele jukagirische Feuer wie Sterne am Himmel in einer klaren Nacht. Die Vögel verschwanden im Rauch der jukagirischen Herde, und das Nordlicht war der Abglanz ihrer zahlreichen Scheiterhaufen." Die Jakuten von der Kolyma nennen auch jetzt noch das Nordlicht *jukagiroto*, d. h. jukagirisches Feuer.

Auch sind die Jukagiren im Glauben, dass die ersten russischen Pioniere ihnen die Blattern in Gestalt eines „Teufels-Mädchens" gebracht haben um ihre Zahl zu verringern, da die Russen fürchteten, mit einem so zahlreichen und kriegerischen Volk nicht fertig werden zu können.

Ich bin indessen der Ansicht, dass die Jukagiren niemals sehr zahlreich waren, auch konnten ihre Lebensbedingungen ein großes Anwachsen ihrer Zahl nicht begünstigen; bemerkt muss noch werden, dass jetzt einige Geschlechter derselben gänzlich ausgestorben sind.

Bevor ich nun zur Schilderung der jetzigen Lebensart der Jukagiren übergehe, will ich auf Grund von mir gesammelter Texte, mündlicher Überlieferungen sowie der Überbleibsel der ursprünglichen Lebensweise den Versuch machen, die Jukagiren zu schildern, wie sie vor dem Zusammenstoß mit den Russen lebten.

Die epischen Sagen der Tschuktschen schildern diese nicht als ein Rentierzucht treibendes, sondern als ein Seevolk. Von den alten Jukagiren kann man mit größerer Sicherheit sagen, dass es kein Rentierzucht treibendes Volk war. Wenn [13] die alten Tschuktschen ein Seeküsten- und Inselvolk waren, so waren die Jukagiren ein kontinentales Flussvolk des äußersten Nordostens Asiens. Die Flüsse waren ihre Nahrungsquelle und ihre Wanderungswege. Ihre Haustiere waren nur Hunde. Das Rentier kam aus den *südlicheren* Orten nach dem äußersten Norden, und die jukagirischen Geschlechter, die später Rentierzüchter wurden, erhielten das Rentier augenscheinlich von den Tungusen. Längs aller Flüsse, von der Jana, Indigirka und Alaseja an bis zur Kolyma mit ihren Nebenflüssen lebten jukagirische Geschlechter. Sie bildeten territoriale Gruppen, welche aus Familien und blutsverwandten Personen zusammengesetzt waren. Der Eintritt in dieselben für Fremde, mit den Rechten und Pflichten von Verwandten, war ein überaus leichter.

Jede territoriale Gruppe trug den Namen desjenigen Flusses, welchen sie bewohnte. Auf diese Weise existierten: Alaji, Omolondsi, Onmundsi, Kongiinüdsi. Chorchodondsi usw.; d. h. Einwohner der Flüsse Alaseja, Omolon, Kolyma[4], Kongiina und Korkodon. Die sozialen Verhältnisse der Jukagiren waren sehr primitiv. Ihre gesellschaftliche Organisation kann man als die Keimstufe in der fortschrittlichen

4 In der jukagirischen Sprache heißt Kolyma *Oenmun*.

Entwicklung der sozialen Lebensformen ansehen. Die sozialen Verhältnisse der alten Jukagiren trugen nicht nur nicht den Charakter einer politischen Gruppe, sondern schlossen auch *jegliche* Art von Autorität aus. Die geringe Bedeutung und der geringe Einfluss, den ihre Häuptlinge, d. h. ihre gewählten Ältesten, jetzt haben, ist den letzteren erst von den Russen verschafft worden, da sie für den Tribut verantwortlich sind. Trotz des Fehlens einer Autorität genossen einige Personen innerhalb der großen Familien oder territorialen Gruppen besondere Vorrechte, und das ganze Leben eines Geschlechtsmitgliedes war einer Reihe von Verhaltungen und Vorschriften unterworfen, die einen ganzen Codex ausmachten. Die Sitte, nach der ganze Gruppen von Verwandten miteinander nicht sprechen dürfen, gehört in das Familienrecht der Jukagiren; sie beugte augenscheinlich dem Geschlechtsverkehr innerhalb gewisser [14] Verwandtschaftsgrade vor; die Sitte hingegen, sich gegenseitig aus Achtung in der Mehrzahl anzureden, die Sitte, welche „*Nächomiängi*" heißt, d. h. sich gegenseitig achten und schonen, gehört schon zu den allgemeinen sozialen Gebräuchen und erinnert an die Sitten der europäischen Völker, sich gegenseitig „Sie" zu sagen.

Von großem Interesse ist die Sitte, dass das Mädchen weder auf die Spur des zur Jagd gegangenen Bruders sehen, noch gewisse Teile des von ihm erlegten Wildes essen darf. Verlässt sie das Haus zu der Stunde, da der Bruder zur Jagd ist, so muss sie auf die Erde blicken und darf niemals von der Jagd sprechen oder über dieselbe nachfragen. Diese Sitte trägt schon einen religiösen Charakter, da sie mit dem Tierkultus verknüpft ist. Als typisch für die Primitivität ihrer sozialen Ordnung erscheint die Gegenüberstellung der Männer und Frauen als zweier besonderer Gruppen. Dies beobachtet man zuerst bei den Spielen, bei welchen Männer und Frauen zwei feindliche Parteien bilden, alsdann in der Sprache, deren einzelne Laute von den Frauen anders ausgesprochen werden als von den Männern, ferner darin, dass den Frauen die Verwandtschaft nach mütterlicher Seite hin, den Männern dagegen nach väterlicher Seite hin wichtiger ist und endlich in der Differenzierung der Tätigkeiten unter den beiden Geschlechtern, welche jedem derselben eine besondere selbständige Tätigkeitssphäre zugewiesen hat.

Die Frau ist die Hüterin des häuslichen Herdes; sie besorgt das Auseinandernehmen und Transportieren des Zeltes, sie stellt dieses lederne Haus an dem von dem Familienältesten angewiesenen Ort wieder auf. Die verheiratete Frau holt das vom Jäger erschlagene Tier, verteilt das Fleisch und die Felle.

Vor der Ankunft der Russen spaltete die Frau auch das Holz mittels einer steinernen Axt und kochte in Schachteln aus Birkenrinde Wasser mit Hilfe glühender Steine. Sie sammelte auch im Herbst Erdbeeren für den Winter; im Frühling dörrte sie das für den Sommer übrig gebliebene Fleisch an der Sonne und im Sommer die gefangenen Fische für den Winter. Die Hauptanordnerin ist die älteste des Geschlechts oder die Frau des besten Jägers. [15]

Die Frau befasst sich auch mit der Erziehung der Kinder. Die Söhne aber gehen, wenn sie gelernt haben, den Bogen zu spannen, zur männlichen Gruppe über und bringen die meiste Zeit außerhalb des Hauses zu. Sobald aus dem Jüngling ein Mann geworden ist, verlässt er ganz das Elternhaus und tritt als Bräutigam in eine andere Familie ein. Gibt es in dieser letzteren keine älteren Männer, so wird er in der Eigenschaft eines Blutsverwandten der Beschützer derselben.

Die Beschäftigung der Männer waren Jagd und Krieg. Innerhalb der männlichen Gruppe treten folgende Personen hervor: Der Greis *ligäjä schoromoch*. Das ist der Älteste im Stamme. Derselbe bestimmt die Zeit zum Wandern und den Ort zum Anhalten. Er ist auch der Leiter der Jagd und des Krieges. Hierin werden seine Anordnungen von beiden Geschlechtern ohne Widerspruch erfüllt, während bei anderen Fragen seine Kompetenz eine sehr geringe ist.

Tönbäjä schoromoch heißt „starker Mann", dies ist der Kriegsheld der Jukagiren. Bei einem Kampf zwischen zwei feindlichen Stämmen wurde der Sieg nicht selten durch den Zweikampf zweier Krieger entschieden. Bekanntlich sind die Jägerstämme kriegerisch und tapfer. Die jukagirischen starken Männer waren im ganzen Nordosten durch ihre Kraft und Gewandtheit bekannt. Nach den erhaltenen Sagen konnte ein jukagirischer Heldenmütiger gegen ein ganzes Heer von Feinden kämpfen. Er entging Tausenden von Pfeilen und auf ihn gerichteten Lanzen. Gegen die Feinde kämpfend, warf er sich bald zwischen dieselben, bald erhob er sich über die Masse, und auf ihren Köpfen, wie auf den moosbewachsenen Hügeln der Tundra dahineilend, stach er die Feinde ohne Erbarmen nieder. Der Bogen des *Tönbäjä schoromoch* war schlaff, um ihn leicht und rasch spannen zu können; zwei Köcher auf dem Rücken waren mit Pfeilen aus Rentierknochen gefüllt; seine Lanze war aus der Rippe eines Elentieres[5] gefertigt und auf einem birkenen Stiel befestigt. Über seiner Kleidung trug der Krieger eine Art Panzer, der aus auf Elentiersehnen aufgereihten Rentierhörnern bestand und *Läbul* genannt wurde. [16]

Die Hauptfeinde der Jukagiren waren, laut Traditionen, die Korjaken und Lamuten. Die Kämpfe mit den Lamuten waren so grausam, dass selbst die Frauen nicht verschont wurden. Mit den Tschuktschen kämpften sie nicht, denn sie betrachteten dieselben als Brüder, nach deren Ermordung die Sonne sich verdunkeln könnte.

Zu jenen barbarischen Zeiten, wo die Menschen stets danach trachteten einander abzuschlachten, war ein starker Mann, der Held, ein notwendiges Mitglied jeder sozialen Gruppe, deren Verteidiger er war.

Der *Tönbäjä schoromoch* war immer auf der Hut, sein Schlaf war sehr empfindlich; die Waffe stets zur Seite, ging er zu Bett ohne sich zu entkleiden, denn der Feind war tückisch, er schlich sich des Nachts heran, durchstach mit seiner knöchernen Lanze das lederne Haus und tötete die Schlafenden.

Wenn nun zur Sicherheit der Gruppe ein starker Krieger herangebildet werden musste, so war zur Erhaltung ihrer Existenz ein gewandter Jäger notwendig, ein *Changitschä*. Krieger und Jäger waren gewöhnlich in einer Person vereinigt, nur in einigen Sagen werden sie als verschiedene Personen geschildert.

5 Elch [Anm. EK].

Zum Leben sind Nahrungsmittel erforderlich; in dem polaren Klima aber reift die Nahrung nicht, wie bei uns die Hauptnahrung, auf dem Felde oder auf dem Baume, sondern sie schwimmt nur in den Flüssen oder wandert in den Wäldern umher und wird nicht mühelos von den Menschen erworben. Die Fische wurden von den Jukagiren mittels Weidennetzen und Reusen oder durch Errichten von Fischwehren in den Flüssen gefangen.

Da letztere aber im September zufrieren und erst gegen Ende Mai wieder auftauen, so sind die Jukagiren 9 Monate lang von dem Erdgott, dem *Lebienpogil*, und seinen zahlreichen ihm untergebenen Geistern, den *Pädshulen*, denen die verschiedenen Tierarten untergeordnet sind, abhängig.

In zweiter Linie erst wissen sich die Jukagiren abhängig von der Kunst ihres Hauptjägers. Die ganze Aufgabe und Sorge des Jägers bestand darin, „Fleisch" zu erbeuten. Er, der *Changitschä*, musste herumstreifen, um die Spur eines [17] Elen- oder Rentieres zu suchen, erstere alsdann zu verfolgen, an das Tier leise heranzuschleichen und einen Todespfeil nach ihm zu entsenden. Hiermit endet die Pflicht des Jägers. Er kehrt zurück, und nach seiner Spur fahren die verheirateten Frauen mit Hundegespann nach dem Fleische und verteilen es später an die einzelnen Familien. Aber oft streift der Jäger auch umher, ohne eine Spur zu finden, oder das Tier ist ihm entwichen. Der *Changitschä* ist ein Mensch mit einem „Herzen", d. h. mit einem guten Lauf. Herz und Lauf sind Synonyme – *Tschubodschä*. So läuft er nun Hunderte von Werst bei Tag und Nacht herum, denn zu Hause sitzen die Seinigen, seine Blutsverwandten, – *Läpul*[6] ohne Nahrung. Seine schlaflosen Augen sinken ein, der Mund vertrocknet, die Lippen springen auf, und das „Herz wird klein", er verliert alle Kraft und bricht endlich zusammen, und jetzt beginnt das Hungern.

Es ist kein Wunder, dass solche schwere, hauptsächlich dem Zufall unterworfene Bedingungen des Nahrungsgewinns einen förmlichen Speisekultus hervorrufen.

Neben letzterem (*Lägul*) finden wir im polaren Klima auch noch einen Kultus der Kleidung – der *Niär*, denn da ist es ebenso leicht zu erfrieren als zu verhungern. Die Ausdrücke: *Lägul* – Nahrung und *Niär* – Kleidung spielen darum auch in den Sagen und Legenden eine hervorragende Rolle. Da nun Nahrung und Kleidung denselben Tieren entnommen werden, so überträgt sich die Verehrung auf dieselben, und die Jagd erhält einen religiösen Charakter. Zwischen dem Jäger und dem Tier besteht ein geheimnisvolles Band. Liebte das Tier den Jäger nicht, so könnte er es nicht erlegen. Welch eigenartige Liebe, sich zum Verzehren preiszugeben! Aber der Schutzgeist des Tieres, *Pädshul*, welcher den Jäger, der das Tier zur Ernährung erlegt, mit Nachsicht behandelt, wird aufgebracht, wenn der Mensch zwecklos Tiere tötet. Alsdann entführt der *Pädshul* dem unvernünftigen Jäger das Wild.

Das Verschwinden des Elentieres aus der Gegend von Werchnekolymsk erklären die Jukagiren dadurch, dass sie [18] einst im Frühling so viele Elentiere getötet hatten, dass sie nicht imstande waren, alles Fleisch nach dem Flusse zu führen; somit ver-

6 *Läpul* bedeutet Blut.

faulte es auf dem Felde und verpestete die Luft ringsumher. Im nächsten Jahre war kein einziges Elentier mehr vorhanden.

In den alten Zeiten erforderte der Tierkultus Opfer, ja sogar – wie manche erzählten – Menschenopfer; auch jetzt noch macht man den Jagdgeistern Geschenke und bringt ihnen Opfer dar. Ich erlaube mir, eine auf das Vorhergehende bezügliche Erzählung wortgetreu wiederzugeben, die mir der Jukagire Nelbosch vom Korkodon mitgeteilt hat.

„Unsere Vorfahren," so begann er, „waren ein zahlreiches Volk. Ein Jäger tötete einst ein Elentier; seine Frau ging das Fleisch zu holen. Jener Mann hatte noch eine jüngere Schwester, ein Mädchen. Sie wollte auch gehen und sagte: ‚Ich werde auch gehen!' Ihre Mutter sprach: ‚Gehe nicht.' Als aber die Schwägerin fortging, lief sie im Geheimen nach. Sie kamen bis zum Fleisch. Das Mädchen fegte den Schnee von dem Fleische fort, so dass das Tier sichtbar wurde, sogar seinen Kopf deckte sie auf, was als Sünde angesehen wird. Dann fing sie an ihn zu mustern. Als sie nun die Schwärze unter den Augen bemerkte,[7] dachte sie bei sich: ‚Als mein älterer Bruder nach ihm jagte und es verfolgte, wurde dem Elentier schwer zu Mute, und es begann zu weinen, denn es sah seinen Tod herannahen!' Sie gingen nach Hause. Sie brachten das Fleisch. Seitdem fand der Jäger nichts mehr zum Töten. Sie begannen zu hungern. Der Jäger wurde durch das fortwährende Herumstreifen so entkräftet, dass er zusammenbrach. Die Leute hatten einen Schamanen. Man sprach zu dem Schamanen: ‚Erfahre, warum wir so geworden sind!'

Und der Schamane sagte: ‚Jenes Mädchen dachte bei sich: Als mein älterer Bruder das Tier tötete, flossen Tränen aus seinen Augen!' Da sagten die Leute: ‚Was sollen wir nun tun?' Da antwortete der Schamane: ‚Hänget das Mädchen auf und mit ihm auch eine Hündin und einen Hund, [19] hänget alle drei zusammen auf, dann wird es erst besser werden.' Sie berieten sich. ‚So wollen wir auch tun,' sagten sie alsdann, ‚wenn ein Frauenzimmer sterben wird, so macht es nichts, wenn aber wir alle sterben sollen, das wäre schlimm.' Man hing das Mädchen sofort auf. – Den nächsten Morgen standen sie auf, da sagte der Schamane: ‚Nun gehe einer zur Jagd.' Noch vor Mittag kehrte der Mann zurück – er hatte ein Elentier erlegt. Seit dieser Zeit begann man wieder Tiere zu töten, und man erholte sich." – Auf diese Weise wurde der Geist des Elentieres versöhnt.

Im Leben der Jäger ist der geschickte Jäger die erste Person. Er ist auch der gute Mensch. Schlechter Jäger und schlechter Mensch sind also Synonyme. Der gute Jäger leidet und quält sich für alle. Dafür stellt man aber sein Zelt voran, und seine Weiber leiten die Nahrungsverteilung.

So wanderte der alte Jukagire von Ort zu Ort, unaufhörlich bereit, den Feind anzugreifen oder seinen Angriff abzuwehren.

---

7 Gewöhnlich ist die Haut des inneren Augenwinkels schwärzer als die übrige Haut, als wären es Spuren von Tränen.

Die Jukagiren des Kolymagebiets zogen im Winter nach allen Nebenflüssen der Kolyma aufwärts, und bis zu den Quellen gelangend, nährten sie sich von der Jagd, bis zum Eisbruch. Die Zugordnung zur Zeit der Wanderung war folgende. Voran gingen alle Männer, die den Bogen spannen konnten, auf Schneeschuhen. An der Spitze des Zuges ging „der Älteste"; hinter ihm schritt der „Hauptjäger" und hinter diesem die übrigen gemeinen Leute. Wenn sie die Spur eines Elen- oder Rentieres gefunden, verfolgte der „Alte" die Spur. Die anderen folgen ihm nach. Der Jäger beeilt sich nicht. Aber bald ist der Alte müde geworden, er lässt den Jäger und die übrige Jugend, die sich durch diese Exkursionen zu Jägern ausbilden soll, voran. Der Jäger beginnt nun mit allen Kräften zu laufen, er überholt alle anderen und tötet das Tier. Die minderwertigen, die „schlechten" Leute finden ihn schon auf dem Schnee ausruhend.

Zu derselben Zeit brechen die Frauen das Zelt ab, legen ihre Habseligkeiten zusammen, setzen die Kinder und Kranken auf die Narte und ziehen den Spuren der Jäger nach. Frauen und Mädchen ziehen zusammen mit den Hunden die beladenen Schlitten. Wenn sie an einem Platze angelangt sind, an dem [20] von dem „Weitesten" ein Aufenthaltsmerkmal gemacht worden ist, halten sie an und erwarten die Jäger.

Die Jäger ziehen den Spuren der Tiere nach über Berge und auf Felsen, sie klettern auch in die Klüfte mittels eines besonderen Stabes – *äridschä* – herab. Der Frauenzug aber hält sich auch im Winter an den Flüssen auf, an deren Ufern sie ihre konischen

a  a

Ein altjukagirisches Floß.
(Der Fluss ist spiegelglatt, so dass der obere Teil des Floßes sich im Wasserspiegelt; a a ist die Grenze zwischen Spiegelbild und Floß.) [ME].
Image #11093, American Museum of Natural History Library.

Zelte aufstellen. Manchmal jedoch müssen die Frauen auch über einen Bergrücken steigen oder eine Landenge durchstreifen, um von dem einen Fluss zu dem anderen gelangen zu können.

Sobald die Flüsse im Frühsommer eisfrei geworden, bauten die Jukagiren kleine Kähne und Flöße, *Mino* genannt, und begaben sich von den Ursprüngen der Flüsschen nach der Kolyma hinab. Die Ordnung bei der Wanderung war die gleiche wie in den Wintermonaten.

Die Jäger fuhren in ihren leichten Kähnen voran, suchten nach Vögeln, Rentieren, warfen Netze nach den Fischen aus und bestimmten den Ort, wo die Flöße mit den Familien Halt machen sollten.

Die alt-jukagirischen Flöße bestanden aus durch Weidenzweige aneinander gebundenen Holzbalken und hatten die Form eines Dreiecks, dessen Spitze den Schnabel, dessen Basis das Hinterteil dieses primitiven Wasserfahrzeuges bildete. Auf einer besonderen Anhöhe, die man auf den Flößen errichtete, hatte die Familie des Jägers ihren Platz. Diese Flöße wurden von zwei oder vier Ruderern in Bewegung gesetzt. Gegenwärtig findet man derartige Flöße nur noch beim zweiten Omolonschen Geschlecht am Mittellauf des Omolon.

So fanden sich sämtliche Geschlechter aus den Nebenflüssen der Kolyma in der Hauptarterie, der Kolyma, zusammen. Das Wasser vereinigte die einzelnen Teile dieses Flussvolkes. An bestimmten Orten des Flusses, *Schachadsibä*, d. h. Versammlungs- oder Spielorte, kam Ende Juni die primitive jukagirische Flotte, aus Flößen und Kähnen bestehend, zusammen.

Auf der *Schachadsibä* brachte dieses überaus lebensfreudige Polarvolk die Zeit mit Singen, Tanzen, Spielen und Ringen zu. Die Schamanen trieben Zaubereien und brachten den Geistern Opfer dar, die Jäger erzählten von der Jagd, die Krieger von ihren Heldentaten, während die Jugend beiderlei Geschlechts [21] die Gelegenheit, die Freuden der Jugendzeit zu genießen, nicht unbenutzt vorübergehen ließ. War aber die Frühlingsjagd auf Elen- und Rentiere eine schlechte, musste man Hunger leiden, dann entkräftete das die Jäger derart, dass sie nicht imstande waren, Flöße und Nachen zu bauen, und die *Schachadsibä* waren nicht mehr so zahlreich besucht. Das hungernde Geschlecht stieg nicht den Fluss herab, seine Mitglieder erkrankten und starben, während die Mütter ihre Kinder töteten.

Außer dem Greise, dem Krieger und Jäger unterschied man noch bei den Jukagiren den Schamanen – *Alma* – und den Kriegsgefangenen – *Po*. Die Bedeutung der Stellung des ersteren war eng verknüpft mit den religiösen Anschauungen der Jukagiren, auf die ich hier nicht näher eingehen will. Der Kriegsgefangene musste zu Hause bleiben und die Arbeiten, denen die Frauen unterworfen waren, mit ausführen.

Wenn wir nunmehr zur Beschreibung der gegenwärtigen Lebensweise der Jukagiren übergehen, so ist vorerst zu bemerken, [22] dass die materiellen Lebensbedingungen dort jetzt dieselben sind wie vor 250 Jahren; d. h. vor dem Zusammentreffen der Jukagiren mit den Russen.

Die Rolle des Kriegers ist jetzt ausgespielt, während diejenige des Jägers, als Ernährer der Gruppe, sich in allen Einzelheiten erhalten hat. Anstatt sich aber, wie früher, nur der „Fleischjagd" widmen zu können, musste er sich nun zum größten Teil mit dem Fang von Pelztieren befassen, mit deren Fellen man den Staatstribut entrichtete, oder die man als Tauschmittel gebrauchte, um von den Kaufleuten Tabak, Tee oder anderes zu erhalten, so dass auch der Charakter der Jagd infolgedessen umgestaltet wurde. Auch andere, weitgehende Veränderungen haben stattgefunden. Die Stein- und Knocheninstrumente wurden von eisernen verdrängt, wiewohl einige Überbleibsel aus der Stein-Periode sich erhalten haben, die vor 200–250 Jahren dort noch vollständig herrschte.

Die Feuersteinflinte ersetzt gegenwärtig den Bogen, das Boot, welches man *Karbass* nennt, hat die Stelle des primitiven ehemaligen Wasserfahrzeuges, des *Mino*, eingenommen. Der Hanf für Zugnetze und das Pferdehaar für gewöhnliche Netze bilden jetzt teilweise das Netzmaterial, im Gegensatz zu dem schon erwähnten ursprünglichen.

Dessen ungeachtet sind die Lebensformen sowie das materielle Leben dieselben geblieben, während die Nahrungsbedingungen sich eher noch verschlechtert haben. Auch gegenwärtig ernähren sich die Jukagiren ausschließlich von Rentierfleisch und Fischen, deren Erreichung denselben Zufälligkeiten unterworfen ist wie ehemals; auch jetzt wandern und streifen sie herum, in der früher erwähnten Ordnung, und erleiden alle Qualen des Hungers. Im Sommer, am Tage des heiligen Peter, kommt

Jukagirisches Fischwehr auf der Jassatschnaja [ME].
Image #1978, American Museum of Natural History Library.

eine ganze Flotte jukagirischer Fahrzeuge mit Gesang und unter Schießen aus Feuersteinflinten in Werchnekolymsk an. Zehn Werst oberhalb Werchnekolymsk versammeln sie sich und steigen von dort aus gemeinschaftlich nach der Stadt herab, deren gesamte Bevölkerung aus einem Geistlichen, einem russischen Händler und 2 bis 3 jakutischen Familien besteht. Hier bezahlen die Jukagiren dem aus Srednekolymsk herbeigeeilten Beamten ihren Tribut, halten einen christlichen Gottesdienst ab und tauschen ihren Jagdgewinn [23] gegen Tee, Tabak, Tücher oder Kattun der russischen Kaufleute ein. Die Händler nehmen auch aus Pappeln gefertigte Boote für alte, zweifelhafte Schulden oder für irgendwelche Kleinigkeit an. Die Herstellung derselben haben die Jukagiren bei den Russen gelernt; alle Fischer an der Kolyma benutzen jetzt diese jukagirischen Boote. Mit der Ankunft der Jukagiren belebt sich die Jassatschnaja bei Werchnekolymsk, das Ufer bedeckt sich mit ledernen *Urassen,* und die Mädchen und jungen Männer führen fast den ganzen Tag ihren Rundtanz auf. So bringen sie die Zeit bis Ende Juli zu, sich von einem zufällig gefangenen Fisch und von Tee ernährend.

Nun aber sind die Meeresfische gekommen, der Omul (*Caregonus omul*) und die Njelma (*Caregonus leucichtys*) – andere Meeresfische gelangen nicht bis zur Jassatschnaja – und es ertönen Freudenrufe. Die ersten Scharen des Omuls lässt man durch, um den Fisch nicht zu erschrecken; alsdann aber beginnt der Fischfang, und man wirft die Netze aus. Mit den letzten Zügen des Omuls fahren auch die Jukagiren den Fluss aufwärts.

Eine jukagirische Familie auf der Wanderung
(aus *Mutter Erde,* s. Anm. auf S. 7).

Gegen Mitte September kehren sie wieder in ihren Blockhütten, deren Bau sie von den Russen erlernt haben, an der Mündung des Flusses Nelemnaja, 80 Werst von Werchnekolymsk, ein. Gegen den 20. September, unmittelbar vor dem Zufrieren des Flusses, beginnen der Omul und die Nelma rückwärts zu schwimmen, und die Jukagiren stellen ihre Fischzäune auf. Nach der Zahl ihrer Mitglieder werden die gefangenen Fische unter die Familien verteilt. Ende September ist der Jassatschnaja-Fluss zugefroren. Die Jukagiren hacken das Eis auf und werfen Netze nach dem Tschir aus. Im Oktober und November ziehen die Jukagiren in kleinen Partien von 2 bis 3 Mann zur Jagd auf das Eichhorn aus; unterwegs untersuchen sie die Fuchsfallen, die im Herbste aufgestellt worden waren. Die Frauen, Kinder und Greise sitzen mittlerweile zu Hause, bereiten die Kleidung zur Wanderung vor und nähren sich von Fischen. Die kältesten Monate Dezember und Januar bringen die Jukagiren zu Hause zu; wenn sie Nahrung haben, so verbringen sie die Zeit lustig. Alltäglich versammelt sich die Jugend, bald in dem einen Hause, bald in dem andern zum Tanz. Um diese Zeit besuchen Jakuten die [24] jukagirischen Wohnorte und missbrauchen die Gastfreundschaft ihrer Bewohner, indem sie wochenlang verweilen und ihre Vorräte aufzehren, so dass die Nahrung selbst im besten Jahre kaum bis zum Februar reicht. In diesem Monat verlassen die Jukagiren ihre Blockhütten, legen die ledernen Zelte auf die Narten und beginnen längs verschiedener Nebenflüsse der Kolyma gruppenweise zu wandern. Jede Gruppe hat einen guten Jäger, welcher an der Spitze von schlechteren Jägern dem Wild nachjagt.

Hunde haben die Jukagiren sehr wenig, weil ihnen die Nahrung für dieselben fehlt; deshalb müssen alle, mit Ausnahme der Kranken, Altersschwachen und sehr kleinen Kinder, zu Fuß gehen. Es ist rührend und spaßhaft zugleich, wie fünfjährige Knaben oder Mädchen, mit großen Schneeschuhen und Wanderstäben versehen, Berge ersteigen, im Schnee versinken, vor Kälte weinen und zurückbleiben.

So vergehen Winter und Frühling; dann bauen sie aufs neue Fahrzeuge, und abermals finden sich die einzelnen hungernden Familien von den oberen Läufen der Flüsse in Werchnekolymsk ein. So spielt sich der jährlich sich wiederholende [25] Kreislauf im jukagirischen Leben am Fluss Jassatschnaja ab. Gefiel dem Omul einmal das Wasser der Jassatschnaja nicht, und hatte er sie, die Kolyma aufwärts ziehend, gemieden, so stellt sich schon im Sommer Nahrungsmangel ein, der im Winter zur Hungersnot wird. Im Jahre 1870 hatten die Jukagiren beispielsweise für Rind- und Pferdefleisch den benachbarten [26] Jakuten ihre Fischnetze, Flinten, Kessel, Teekannen usw. gegeben, worauf dann die Jakuten die Jukagiren bei sich aufnahmen und mit ihnen bis zum Frühling die Nahrung teilten, weil sie sonst verhungert wären, im Winter stürzten sie sich auf einige Jahre hinaus in Schulden, um die Flinten und Geräte für den Fischfang einzulösen.

Dasselbe geschieht auch im Frühling, wenn der Schutzgeist der Rentiere – *Pädsul* – kein Wild hergeben will. 3 bis 4 Tage gehen die Jukagiren alsdann ohne Nahrung umher. Der *Changitschä* bringt, wie vor 300 Jahren, die Zeit ohne Schlaf, Ruhe und

Nahrung zu, voll Sorge um das Schicksal seiner Stammesgenossen, bis ihn die Kräfte vollständig verlassen. Im Frühling des Jahres 1896 jagten die Leute einer Gruppe ganz ohne Erfolg, und der Hauptjäger war derart entkräftet, dass ihn die Weiber, die den Hunger leichter ertragen als die Männer, führen mussten. Sie fristeten ihr Leben bis zum Sommer dadurch, dass sie hin und wieder einen Hasen oder ein Schneehuhn töteten und einen Fisch fingen, alles in kleinen Stücken miteinander teilend. Nach der Hungerszeit langen die Jukagiren einzeln ohne Schüsse und ohne Sang in Werchnekolymsk an, sie sind dann einem Schatten ähnlich.

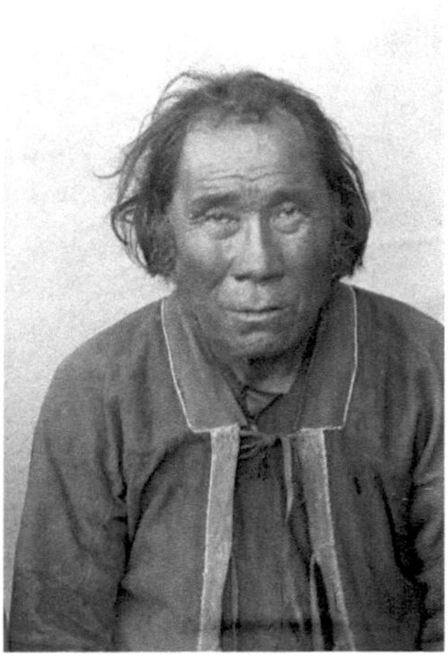

Der alte Jukagire Schalugin. en face [ME]. Image #22208, American Museum of Natural History Library.

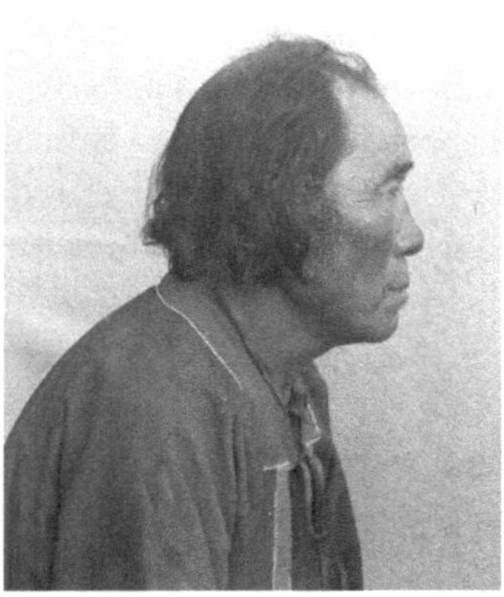

Profil [ME]. Image #22203, American Museum of Natural History Library.

Um dem Leser eine ungefähre Vorstellung einer jukagirischen Wirtschaft zu geben, will ich diejenige des Jukagiren Wassily Schalugin beschreiben. Den physischen Merkmalen nach vereinigt er in sich die mongolischen Züge der Tungusen und einige Eigentümlichkeiten einer anderen Rasse. Sein Schädel ist ein subbrachikephaler, die Nase ist kurz, die obere Lippe lang, das Gesicht jedoch nicht platt, die Augen sind braun, die Gesichtsfarbe weiß mit einem leichten gelblichen Ton, während die Haare weich und dunkelblond, etwas ins Graue gehend, sind. Er ist 65 Jahre alt; die Jakuten nennen ihn *Uss*, d. h. Meister. Er ist der Stammesschmiedemeister. Sein jukagirischer Name ist Chotingiätschiä, d. h. Vater des Chotingi. Der Zuname seines ältesten Sohnes ist Chotingi. Die Sitte, eine Hochzeit zu feiern, ist den Jukagiren unbekannt, dagegen feiern sie stets die Geburt des ersten Kindes, d. h. sie laden Gäste zu einem Mahle ein. Dieses nennt man *patschil*. Von dieser Zeit an verlieren die Eltern ihren Namen und heißen nur noch Vater und Mutter des Erstgeborenen. Diese [27] Sitte hat sich bis auf den heutigen Tag neben den christlichen Namen erhalten. Die Familie Schalugin ist eine große, zusammengesetzte und ziemlich typisch für die primitive jukagirische Familie. Sie besteht ans 13 Personen: Aus dem „Alten", einer älteren Tochter mit dem Schwiegersohn und Kindern, zwei Töchtern, Mädchen, einem verheirateten Sohn mit Frau, Schwiegermutter und Kind und einem heranwachsenden Sohn.

Ein anderer älterer Sohn heiratete in eine andere Familie, und die vierte Tochter heiratete gegen den Wunsch der Eltern einen Berglamuten, der versprochen hatte, 30 Rentiere als Brautgeld zu geben; es sind aber schon 6 Jahre verstrichen, seit er das Mädchen mitgenommen hat, ohne dass er sich wieder hat sehen lassen. Bald nach dem Fortgang der Tochter, der ganz gegen den jukagirischen Gebrauch verstieß, starb die Mutter aus Gram, und Chotingiätschiä wurde Witwer. Was sein Handwerk anbetrifft, so übertrifft er hierin alle jakutischen und lamutischen Schmiedemeister; denn in der ganzen Gegend versteht er es allein, an Flinten neue Federn zu machen und mit einer selbst hergestellten Feile Schrauben anzufertigen. Das Handwerk des Schmiedes betrachten die Jukagiren als eine göttliche Gabe. Der Häuptling sagte mir, dass die Jukagiren mit dem Tode Schalugins zu Grunde gehen müssten, denn wer sollte ihnen wohl die Flinten zurecht machen und die Äxte ausbessern? Ich fragte ihn, warum Schalugin seine Kinder das Schmiedehandwerk nicht lehrte! Der Älteste sah mich mit Verwunderung an, dass ich solch seltsame Frage stelle! – „Aus dem ältesten Sohn ist kein Meister des Schmiedens geworden“, sagte er, „der zweite ist in den Arbeiten des Holzes gewandt, und was aus dem dritten wird, weiß man noch nicht.“ – Ich bemerkte schon, dass die Familie Schalugin nach ihrer [28] Zusammensetzung sowohl, als auch nach ihrer Lebensform als eine patriarchalische angesehen werden kann; die Autorität des Familienhauptes aber ist eine ganz eigentümliche. Sein Schwiegersohn erzählte mir: „Den Ertrag meiner Jagd (d.h. die Eichhorn- und Fuchsfelle) gebe ich dem Alten nicht. Er hat viele Schulden und würde alles seinen Gläubigern abgeben, so dass wir ohne Tabak und Tee bleiben würden.“ Der Sohn handelt ebenso und der Vater macht keine Einwendungen dagegen. Wenn der Alte jedoch etwas braucht, so nimmt er selbst von den vom Sohn oder Schwiegersohn gebrachten Fellen, ohne dass sie es ihm wehren. Bemerkt er bei den Töchtern ein neues Hemd oder Tuch, so fragt er nicht, woher sie es haben. Es ist selbstverständlich, dass sie entweder einem Jakuten 20–30 Omule dafür gegeben haben, oder es von jungen Leuten zum Geschenk erhielten. In beiden Fällen ist ihre Handlungsweise ihnen überlassen. Der Greis braucht aber nur ein Wort zu sagen, und sein Wunsch oder Befehl wird sofort erfüllt. Die anderen Mitglieder des Uschkanischen (Hasen-) Geschlechtes beneiden ihn, denn er braucht zu Hause keine Arbeit zu verrichten. Wenn ihn sein Handwerk nicht in Anspruch nimmt, so sitzt er mit gekreuzten Beinen auf seinem Rentierfell und erteilt Befehle. Die Fallen aufrichten, dem Eichhorn nachjagen, Netze unter dem Eise aufstellen, – das alles verrichten Söhne und Schwiegersohn. Im Sommer bedienen das Zugnetz die Weiber. Nur bisweilen fährt der „Alte“ in einem Kahn

Der Häuptling der Jassatschnaja-Jukagiren [ME]. Image #22208, American Museum of Natural History Library.

hinaus, um Netze auszuwerfen. Im Herbst leitet er das gemeinschaftliche Aufstellen der Fischzäune, und bei der Verteilung der Beute holt der Stammeshäuptling seinen Rat ein. Im Frühling leitet er die Jagd auf Rentiere; die Ehre jedoch, das Wild zu töten, überlässt er dem älteren Sohn und Schwiegersohn, die beide *Changitschäs* sind, und mit denen stets 5–8 Familien „schlechter Menschen" herumstreifen.

Im Jahre 1872 geschah es, dass der Bezirksbeamte der Jukagiren das Pulver vorenthielt, weil sie dem Staate noch [29] eine alte Schuld nicht bezahlt hatten, so dass ihnen buchstäblich der Hungertod drohte. Da erhielt Schalugin von den Jakuten für 40 Eichhornfelle ein Pfund Pulver (= 8 Rubel), tötete binnen kurzer Zeit 80 Rentiere und rettete somit die Hälfte seines Stammes vom Hungertode, während die andere Hälfte auf eine ähnliche Weise von einem anderen Jäger gerettet wurde. Schalugin wird außerdem als der beste Meister im Bau von Booten und Kähnen bezeichnet, die er im Sommer nach Werchnekolymsk bringt. Als Schmied bekommt er nur gute Worte, selten ein Geschenk. Schalugin ist der typische Vertreter der alten Jukagiren. Er ist überaus bescheiden, anstößige Worte sind ihm fremd, und er errötete, als ich ihn über die Einrichtung gewisser Teile seiner Kleidung befragte. Er ist schamhaft wie ein Mädchen. Die Jukagiren sagen, dass ihre Vorfahren vor Scham starben.

Trotz seiner geachteten Stellung lächelt er gutmütig dazu, wenn die Jugend über ihn spöttelt; er öffnet dann den Mund und streckt die Zunge heraus, wie ein Kind, was zwar nicht für großen Verstand, aber desto mehr für ein gutes Herz spricht. Besonders drangen in meiner Anwesenheit junge Leute mit der listigen Bitte in ihn, er möge doch einmal erzählen, wie er mit der „runden russischen Speise" Handel trieb. Später wurde es mir klar, dass die Jukagiren so kleine, ringelförmige Kringel (Bretzel) nennen.

Mehl haben sie mit dem Namen *ile-lägul* bezeichnet, das heißt eine neue Speise; Brot und Zwieback nennen sie einfach *lutschi-lägul*, das heißt russische Speise.

Es lohnt sich wohl, die Geschichte von der runden russischen Speise hier wiederzugeben. Schalugin ist nicht nur Gewerbetreibender und Fabrikant, sondern nimmt auch am Tauschhandel teil. Aber womit und zu welchem Zwecke treibt er Handel? – Jedes Jahr im November mietet er von den Jakuten für 6–7 Rubel ein Pferd und reitet zum Fluss Korkodon hin, zu dem um diese Zeit aus dem Bezirke Gishiga, vom Ochotskischen Meer her, Korjaken und Lamuten wandernd kommen. Der Vater Chotingis hat eine große Familie, die jeden Winter neue Pelzkleidung fordert.

Felle von den von den Seinigen erlegten wilden Rentieren erhält er wenig, diese fallen meistens den zur Jagd weniger [30] fähigen und armen Leuten zu. Die Lamuten geben die Felle ihrer Hausrentiere nicht ohne Entgelt her, man muss etwas zum Eintauschen haben. Zu diesem Zwecke schafft er sich eine alte, nicht mehr zu gebrauchende Axt an, aus der er 15–20 Messer schmiedet. Für ein jedes erhält er ein Rentierfell. Die Axt kostet ihn 2 Rubel (es muss hierbei erwähnt werden, dass alle Rechnungen mit Eichhornfellchen, die dort als Münze gelten, beglichen werden), und 2 Rubel fordern die jakutischen Händler für ein Fell, so wird der Tauschhandel des Schmiedes sehr einträglich. Die Miete für das Pferd bringt er schon ein, da es nicht seine Gewohnheit ist, Eichhörnchen, die an ihm vorbeilaufen, lebendig davonkommen zu lassen. Um seinen mitgenommenen Warenvorrat mannigfaltiger zu gestalten, fügt Schalugin noch 1 Meter roten Stoffes russischer Fabrikation und ½ Teetafel chinesischer Einfuhr hinzu, wofür er, freiwillig oder erbettelt, noch 3–4 Felle erhält. – Einst wurde Schalugin ganz unbeabsichtigterweise in eine sehr unvorteilhafte Großhandelsaffaire hineingezogen. Ein Herr, dessen Berufspflichten mit dem Handel nichts gemein haben, nahm den alten Schalugin als Wegführer auf den Korkodon mit. Unterwegs gab er ihm verschiedene Waren, die er bei den Lamuten gegen Fuchs- und Eichhornfellchen eintauschen sollte.

Schalugin hatte nicht den Mut, die Forderung einer so wichtigen Persönlichkeit abzulehnen und wurde auf diese Weise Verkaufs-Vermittler. Unter den von ihm erhaltenen Waren befand sich auch ein Sack mit „runder russischer Speise", von der jeder einzelne Kringel ein Eichhornfellchen eintragen sollte, ungefähr 20 Kop., 40 Pf. also. Unterwegs auf dem Glatteis stolperte sein Pferd, fiel nieder und zerbrach einen Teil der Kringel.

Schalugin, zu Tode erschrocken, wollte solche zerbrechliche Ware schnell wieder los werden und den Sack seinem Vollmachtgeber wieder zurückgeben. Letzterer nahm ihn jedoch nicht an und meinte: „Du hast ihn übernommen, folglich bist Du verantwortlich."

Kindertracht der Jukagiren (aus *Mutter Erde*, s. Anm. auf S. 7).

Am Korkodon vertauschte der Alte einen Teil ganz gebliebener Kringel gegen Eichhornfellchen, und die Lamuten fanden den zu zahlenden Preis nicht einmal besonders hoch. Die übriggebliebenen Kringel legte Schalugin samt dem Sacke [31] auf das flache Dach der Blockhütte. Das erfuhren die jukagirischen Kinder am Korkodon, und bald war die „russische Speise", die zerdrückte sowohl als auch die, welche noch ihre runde Form hatte, in den Kindermägen verschwunden. Schalugin aber musste für den ganzen Inhalt des Sackes einstehen, obwohl er nicht die Zahl der Kringel kannte, überhaupt für so große Rechnungen keinen Sinn hat. Seit dieser Affaire sind schon acht Jahre vergangen, jedes Jahr zahlte er seine Schuld mit Fuchsfellen und Booten ab, und im Vorjahr hatte er noch 150 Rubel zu zahlen. So traurig endete der Großhandel des Schmiedemeisters, und aus diesem Grunde sagte sein Schwiegersohn, dass der „Alte" viele Schulden zu zahlen hätte. Schalugin ist der reichste Mann des Geschlechtes, denn er hat viele Arbeitshände: sein Schwiegersohn und Sohn sind die besten Jäger, sie töten im Frühling 100 und noch mehr Rentiere, welche aber zur Ernährung von sechs bis acht

Häusern dienen müssen; sie stellen 100–150 Fallen auf, welche ihnen 10 Rotfüchse und 1–2 Graufüchse bringen. Alljährlich bauen sie einige Boote und Kähne, auch ist Schalugin im Besitz eines Zug- und mehrerer gewöhnlicher Netze. Er hat für dortige Verhältnisse ein sehr reichhaltiges Wirtschafts-Inventar, welches ich mir erlauben werde, hier aufzuzählen. Es besteht nämlich aus 2 kupfernen Teekannen, 8 eisernen Kesseln, 2 Pfannen, einem emaillierten Teller und 2 Teetassen. Er besitzt ferner Schmiedewerkzeuge und endlich – viele Schulden. Nichtsdestoweniger tragen seine Mädchen und Kleinen keine russischen Hemden, sondern nur Lederkleidung. Seine Familie trinkt ein halbes Jahr keinen Tee und raucht an Stelle des mangelnden Tabaks zerschnittene Tabaksbeutel und ebensolche geräucherte Felle. Den Frühling verlebt er, gleich den anderen Jukagiren, halb hungernd. Diejenigen Familien, welche keinen Jäger haben, leben noch im Naturzustand des steinernen und knöchernen Zeitalters. Sie kaufen [32] nichts; Tee und Tabak bekommen sie umsonst von solchen reichen Leuten wie Schalugin. Sie kennen weder russische Hemden noch besitzen sie Teekannen. Einen Kessel, der den verschiedensten Zwecken dient, stellt ihnen Schalugin aus den blechernen Pulverkisten her. Anstatt der Teller und Tassen haben sie Körbchen und Schachteln aus Birkenrinde. Ihre Winterkleidung aus Rentierfellen ist haarlos, so dass sie im Winter gegen Kälte schlecht geschützt sind. Ein elenderes und armseligeres Leben als dasjenige dieser Jukagiren, kann man sich kaum vorstellen, und traurig ist es, dass es Menschen gibt, die sich an den spärlichen Jagderträgnissen dieser Armen bereichern, wie der Fall Schalugin bezeugt.

Die Jukagiren am Flusse Korkodon

Auf dem Jassatschnaja-Fluss sowie auf seinem Nebenfluss Nelemnaja verbrachte ich mehr als fünf Monate, August bis Dezember 1895. Die gesamte jukagirische Bevölkerung dieser Flüsse, zusammen mit einigen jukagirisierten lamutischen Familien, besteht aus 180 Menschen. Aber bei diesem Häuflein haben sich sehr wertvolle Daten für die Ethnologie des Volkes erhalten. Die jukagirische Bevölkerung am Flusse Korkodon nebst den drei lamutischen Familien besteht aus nur 60 Seelen. Am Korkodon-Fluss, der zu der entlegensten Gegend des Bezirkes gehört, haben sich noch mehr Spuren des primitiven Lebens erhalten; dort leben traurige Überreste zweier fast ausgestorbener Geschlechter. Sie haben jetzt gemeinsam mit den Jukagiren des Jassatschnaja-Flusses einen Häuptling und gehören zum Hasengeschlecht (*Uschkanski rod*).

Am 7. August 1896 fuhr ich im eigenen Boot von Werchnekolymsk die Jassatschnaja hinauf und hielt zehn Werst von Werchnekolymsk, dort, wo ein Kolyma-Arm in die Jassatschnaja einmündet, an. Dieser Arm führt den Namen Prorwa und bildet mit der Kolyma und Jassatschnaja ein Delta.

An der Prorwa wurde ich von zwei Korkodoner-Familien erwartet, die zu diesem Zweck im Frühling vom Korkodon nach Werchnekolymsk gegangen waren. Hier standen auch einige *Urassen* der Jassatschnajer Jukagiren, die sich zum Omulfang (Coregonus Omul) hier befanden. An der Mündung [33] der Prorwa lebte ich bis zum 17. August. An diesem Tage begab ich mich mit meinen Begleitern über die Prorwa auf den Kolyma-Fluss.

Es war eine ganze Flottille, aus vielen Kähnen und drei Booten bestehend. Unsere Gesellschaft zählte 22 Personen (10 [34] Männer, 6 Frauen und 6 Kinder). In dem ersten Boote befanden sich außer mir, dem Kosaken Antipin und dem Dolmetscher Alexei Dolganow noch drei Jukagiren, die das Boot leiteten. Die übrigen Männer fuhren in leichten Kähnen voraus. Zwei Boote mit den Kindern, der Wirtschaft und den Zelten wurden von den Frauen gezogen.

Jukagiren an der Jassatschnaja beim Bau meines Fahrzeuges (Karbass) [ME].
Image #1944, American Museum of Natural History Library.

Hinter ihnen liefen 20 Hunde, die öden Ufer belebend. Die Jukagiren lassen ihre Boote nicht von den Hunden ziehen, wie dies unterhalb der Kolyma die Russen und Jakuten tun. Ein guter Strandpfad ist sehr selten, und wo ein Mensch die steilen oder mit der Flora des Urwaldes bedeckten Ufer passieren kann, indem er den Strick über einen Baum wirft oder einen ganzen Hain ausrodet, da würde ein Hund nicht durchdringen können. Der ganze Weg bis zum Nebenfluss des Korkodon, Rassocha, dauerte 20 Tage. Nach meinen Berechnungen legten wir über 400 Werst zurück, so dass auf eine Stunde 3–3½ Werst kamen. Die Entfernung zwischen den Mündungen der Jassatschnaja und des Korkodon schätze ich auf über 300 Werst. Diese ganze Gegend stellt ein noch unerforschtes, unbekanntes Gebiet dar. Die Reisewege der Expeditionen von Billings (1787), der Reisegefährten des Baron Maydell (1870), und von Tscherski (1891) lagen westlich von diesem Gebiete. Letzteres liegt zwischen 168° und 170° östlicher Länge (von Ferro) und zwischen 65,9° und 64,5° nördlicher Breite (Werchnekolymsk als bestimmter Punkt genommen).

Das Bett des Flusses Kolyma, südwärts von der Mündung der Jassatschnaja, d.h. über 1000 Werst vom Ozean, zeichnet sich trotzdem durch seine bedeutende Breite aus, und die Kolyma erscheint noch als großer Fluss mit zahlreichen Nebenflüssen von sehr starkem Lauf, jedoch geringer Tiefe, mit vielen Inseln und Sandbänken. Das Flussbett zieht sich über den nördlichen Abhang einer weiten Hochebene, auf der sich einzelne Bergrücken erheben. Bald hinter der Mündung der Jassatschnaja nach Süden zu erhält das Flusstal das Aussehen einer ziemlich weiten Ebene. Auf dem linken, flachen Ufer, das mit Kies bedeckt ist, sind nur von fern Ausläufer des Bergrückens Ulachan-Tschistaja zu sehen, auf welchem die Flüsse Jassatschnaja und Nelemnaja entspringen. [35] Auf der rechten Seite treten die Berge nach Osten zurück und das hügelige, steile Ufer ist mit Lärchenholz bedeckt. 80 Werst von der Jassatschnaja treten die Berge von Osten zum Fluss heran und bilden hier kuppelartige Gipfel mit waldigen Abhängen, dort kahle Ablagerungsschichten von Kalk- und Sandstein der mannigfaltigsten Formen. Der Bergrücken gegenüber der Mündung der Prorwa führt den Namen Schamankin-Stein. Hier hing auf einem Abhang ein alter, hölzerner jukagirischer Götze, den ich mit mir nahm. Ein Gipfel dieses Bergrückens ist ganz mit weißen Flechten bedeckt und erscheint von fern, von der Sonne beleuchtet, wie mit Schnee bedeckt. Die Jukagiren nennen ihn *Ponchopia*, d.h. „weißer Berg". Südwärts von der Popowa-Mündung besteht das rechte Ufer aus Felswänden von Trachyt. Hier sind die Berge von Westen näher an das Ufer getreten, während sie sich der Mündung des Korkodon von Osten und Westen nähern. Das Flusstal verengt sich und das ganze Gebiet erhält den Charakter eines wirklichen Berglandes. Die Jukagiren besitzen romantische Legenden über Liebesgeschichten der Berggipfel untereinander, wie von lebenden Personen verschiedenen Geschlechts. Gegen die Mündung des Korkodon, am linken Ufer, erhebt sich eine der Form nach an die Jungfrau der Berner-Alpen erinnernde Bergspitze. Es ist auch eine Dame. Die kleinen Aufblähungen an den Seiten unter dem Gipfel sieht die jukagirische Phantasie als Frauenbrüste an. Es ist jedoch nicht die Schweizer-Jungfrau, die sich unter der Decke des ewigen Schnees verbirgt, sondern eine braune Jukagirin, die vielen Buhlern ihre Gunst bezeigt. Nicht umsonst benannten sie die Jukagiren *Tschomo-Tschuwodsä*, d.h. „ein großes Herz, ein weites Herz". An der Mündung des Korkodon, am rechten Ufer, erhebt sich ein Gipfel, *Larajäk* genannt. Dies ist ein Jüngling. Am linken Ufer, näher zur Kolyma, erhebt sich noch ein Gipfel Namens *Kogolgijä* – ebenfalls ein Jüngling. Beide genossen die Gunst *Tschomo-Tschuwodsäs*. In finsteren Nächten passierten sie die Kolyma, und *Tschomo-Tschuwodsä* empfing im Geheimen bald diesen, bald jenen Anbeter. Nun aber gebar sie einen Knaben, und zwar von *Larajäk*. Als *Kogolgijä* von seinem Nebenbuhler erfuhr, geriet er in Wut, lief über den Fluss und warf im Zorne das Kind in [36] denselben. *Tschomo-Tschuwodsä* erfasste eine eiserne *Ninba*[8] und begann den Zornigen zu schlagen. Sein Geschrei ertönte den ganzen Fluss entlang, alle Gipfel

8 *Ninba* bedeutet auf jukagirisch ein hölzernes Zuschneidebrett für Kleidungsstücke.

ober- und unterhalb der Kolyma gerieten in Bewegung, wie durch Erdbeben; sie wollten zu Hilfe eilen, blieben aber vernünftigerweise an ihren Plätzen. Das Kind des „weiten Herzens" wurde vom Wasser fortgetragen. Zehn Werst nördlich vom Korkodon, der Mündung des Flusses Stolbowaja gegenüber, blieb es stehen und wuchs zu einer Felseninsel aus. So lautet die jukagirische Erklärung für den Ursprung der Insel, die, durch Einwirkung des Wassers vom Hauptrücken getrennt, unter dem Einfluss der Verwitterung zerstört wird.

Von der Prorwa bis zum Korkodon war die Richtung des Weges eine südöstliche, mit geringen Abweichungen gegen Ost-Süd-Osten. Der Weg über den Korkodon bis zur Rassocha ging direkt nach Osten. Die Berge dem linken Ufer entlang begannen bald in Hügel überzugehen, der Horizont vergrößerte sich, und längs des rechten Ufers zogen sich Hügel des Zweiges vom Kolyma-Bergrücken hin. Der Fluss Korkodon fließt, soweit ich erfragen konnte, von seinem Ursprung an westwärts, aus dem See Burujan, nördlich von dem Ursprung des Flusses Omolon hervorgehend, welcher südlicher aus dem See Kendengä entspringt. Der obere Lauf des Omolon hat eine nördliche Richtung, und die Fortsetzung des Korkodon in gerader Linie würde den Omolon unter einem rechten Winkel durchschneiden. Auf den Karten jedoch sind die Quellen dieses Flusses nördlich vom Korkodon angegeben. Während sich dort waldige Bergrücken ausbreiten, stellt das Gebiet südlich von ihm, da, wo sich die Quellen des Korkodon und Omolon wirklich befinden, eine weite baumlose Ebene dar, die mit Seen, Gras und Moos bedeckt ist. Wahrscheinlich ist diese Ebene der östliche Teil der umfangreichen Ojmjakonschen Hochebene, auf der die Kolyma und Indigirka aus einem See entspringen. Sowohl der gänzliche Mangel an Wald, als auch der Umstand, dass dort im Sommer reiche Lamuten mit ihren Rentierherden weilen, zeigen die bedeutende [37] Höhe über dem Meeresspiegel an. Noch ein Beweis dafür ist die Tatsache, dass sich der Stanowoj-Bergrücken, nach den Worten der Lamuten, gen Osten (Gishiga) steil, nach der Seite der Ebene aber fast unbemerkbar senkt.

Der ganze südliche Teil des Bezirkes zwischen den Flüssen Jassatschnaja und Korkodon und südlich von diesem ist öde und ganz menschenleer.

Die letzten Jakuten des Kolyma-Bezirks befinden sich am Jassatschnaja-Fluss, nördlich von den jukagirischen Winteraufenthalten. Nur im Winter wandern einige Familien der Indigirka-Lamuten von den westlichen Bergrücken zur Kolyma herüber, und das Stanowoj-Gebirge überschreiten die Gishiga-Lamuten und Korjaken, während die Jassatschnaja- und Korkodon-Jukagiren sich vom Februar ab nach allen Flüsschen zerstreuen. An den Quellen der Jassatschnaja und Nelemnaja und an den Mündungen der Nebenflüsse der Kolyma: Balygytschan, Saimtschan und Bujunda, befinden sich nur 2 oder 3 Jakutenjurten, deren Bewohner vor kurzem eben dorthin einwanderten. Sie kamen aus dem Bezirk Jakutsk mit ihrem Vieh über die Ojmjakonsche Hochebene. Der Sommer des Jahres 1896 war ein kalter. Am 7. August, dem Tage meiner Abreise von Werchnekolymsk, sank die Temperatur des Nachts unter 0°, am Tage stieg sie bis auf 15° C. Aber auch bei dieser niedrigen Temperatur wurden wir von Scharen von Schnaken verfolgt. Am 5. September fiel Schnee, am 9. war die Minimaltemperatur -9°.

Das erste Nachtlager wurde 10 Werst hinter der Prorwa nach Süden zu hergerichtet. Sobald man ans Ufer kam, stellten die Frauen, trotz ihrer Ermüdung, ihre konischen Zelte aus Rentierfellen auf, brachten Holz und machten Feuer. Die Fischfänger warfen ihre Netze aus, von denen wir insgesamt 15 mitgenommen hatten. Fische wurden in so reichem Maße gefangen, dass sie noch für den nächsten Morgen reichten. Meine sorglosen Reisebegleiter nahmen deshalb die Netze fort und fingen am nächsten Abend nichts mehr. So ging es oft. Von den 20 Reisetagen wurden nur an sechsen glückliche Fänge getan, sonst fing man nur 2 bis 3 Fische für die ganze Gesellschaft. [38]

Mein Proviant, der aus einigen Pud (1 Pud = 16,48 kg) Zwieback und Mehl, dem eingesalzenen Fleisch einer Kuh und aus gedörrten Fischen bestand und der für drei Personen auf einige Monate berechnet war, wurde schon auf dem Wege bis zum Korkodon fast verbraucht.

Wir brachen gewöhnlich um 10 Uhr des Morgens auf. Um 3 Uhr tranken wir alle zusammen Tee, um 5 Uhr erhoben wir uns wiederum und hielten erst um 8 Uhr an, um zu übernachten.

Während des ganzen Weges bis zur Mündung der Rassocha begegneten wir keinem einzigen Menschen, wir bemerkten nicht einmal ein Rentier, obgleich Rentierspuren am Ufer zu beobachten waren. Dafür erblickten wir oftmals Bären. Als wir einst abends am Ufer anhielten, warfen sich die Hunde nach dem Walde zu, liefen aber bald hinaus, verfolgt von einem großen Bären und drei kleineren, augenscheinlich der Mutter und zwei Jungen. Als die Bären Menschen und Kähne erblickten, liefen sie eiligst davon. Bären sind sehr nervös und erschrecken vor jeder Überraschung, wie Frauen. Bei der herrschenden Dunkelheit mussten wir leider von einer Verfolgung abstehen.

Zwei jukagirische Jünglinge vom Korkodon [ME]. Image #22227, American Museum of Natural History Library.

Von der Mündung des Korkodon aus fuhr ein Jukagire voran, und an der Mündung der Rassocha wurden wir von einer ganzen Flottille empfangen. Hier war die ganze korkodonische Bevölkerung, die Frauen und Kinder ausgeschlossen. Eine ängstlichere und verschämtere Bevölkerung als diesen Menschenhaufen, der sich in die Flusstäler inmitten der Berge verloren hat, kann man sich kaum vorstellen. Als wir ans

Ufer kamen, trat jeder der Reihe nach an uns heran, bückte [39] sich und nahm vor dem „großen Herrn" die Mütze ab. Sogar die Frauen und Mädchen nahmen ihre verzierten Kopfbedeckungen ab. Die Empfangszeremonie war wahrscheinlich früher repetiert worden, aber auch der Zeremonienmeister wusste nichts davon, dass der Sitte der Kulturvölker, zum Zeichen der Ehrerbietung ihr Haupt zu entblößen, Damen nicht unterworfen sind. Um so mehr waren sie überrascht davon, dass der „große russische Herr" ihnen allen bei der Begrüßung die Hand gedrückt hat, und noch lange werden sie davon erzählen. Es sind wahre Kinder der Natur. Alles Neue überrascht sie und macht sie bestürzt. Sie sind zwar tapfer und behend in der Jagd, aber für ihre Furcht vor den Kulturmenschen haben sie Gründe genug. Nur einmal im Jahre bekommen sie die im November ankommenden jakutischen Händler zu Gesicht, und nur im Winter begegnen sie den Gishiga-Lamuten. Die ganze übrige Zeit sind sie auf die Berge angewiesen, deren Schweigsamkeit sich in ihrem ganzen Wesen und in ihrer Sprache ausprägt. Es ist eine interessante Tatsache, dass es unter den 60 Menschen dort 2 Taubstumme gibt.

Zwei jukagirische Mädchen vom Korkodon (aus *Mutter Erde*, s. Anm. auf S. 7).

Im allgemeinen ist die Lebensweise der korkodonschen Jukagiren derjenigen der jassatschnaschen ähnlich. Den Wechsel von Nahrungsfülle und Hunger betrachten sie als eine normale Erscheinung. Im Frühlinge ziehen sie alle den Korkodon hinauf um nach Rentieren zu jagen, und zu Beginn des Sommers steigen sie wieder den Fluss hinab nach seiner Mündung.

Die Meeresfische gelangen nicht bis zum Korkodon; dort hat man nur noch Flussfische, die aber auch die Gewohnheit haben, zu wandern. Gegen den Winter steigen sie in die [40] Kolyma hinauf, mit ihnen die Korkodoner samt ihren schlechten Netzen. Hier ist der Fischfang auch gemeinschaftlich, aber nicht die Fische werden verteilt, sondern die Fangplätze, und zwar geschieht dies auf folgende Weise: Während am Jassatschnaja-Fluss das zum Fischfang aufgestellte Wehr nur ein [41] Tor mit davor befindlichem Hanfsack besitzt, wird das Wehr hier mit vielen Toren versehen, vor deren jedem sich eine Weidenreuse befindet. Die Verteilung der Reusen geschieht im Verhältnis zur Kopfzahl der Familie. Ich wohnte diesem Fischfang auf dem Fluss Rassocha, 10 Werst von der Mündung, bei. Hier verblieben wir bis zum 18. September; alsdann zog man nach der Mündung des genannten Flusses und richtete am

Das Lager der Jukagiren und mein Zelt am Ufer des Korkodon aus der Vogelperspektive. Mündung der Rassocha und Fischwehr mit Reusen im Korkodon [ME]. Image #11041, American Museum of Natural History Library.

Korkodon ein neues Wehr auf. Die minimale Temperatur war -12°, die höchste bei Tage -2°, doch wateten Männer und Frauen mit bloßen Füßen im eisigen Wasser und arbeiteten am Wehr. Am 29. September waren die extremen Temperaturen -18° bei Nacht, bei Tage -9°. Bei Nacht gefroren die Ufer, schon zeigten sich die ersten Eisschollen, und wir begaben uns den Korkodon hinab, 5 Werst unter die Mündung der Rassocha. Dort befinden sich die Winterhütten der Korkodoner, mit jakutischen Kaminen und Eisfenstern ausgestattet. Zwischen den Balken der Wände und Türen sind überall Spalten, von der niedrigen Decke fällt die Erde herunter, und der Schornstein wird nie geschlossen. Die Tinte gefror bei Nacht, und bei Tage musste man sie am Kamin wärmen. Im Hause ist zwar kalte, aber reine und trockene Luft, frei von dem Dunst, der die Häuser der russischen Kolyma-Bewohner bis zur Unerträglichkeit erfüllt, denn diese bedecken die Schornsteine der Kamine mit Rentierfellen und Lumpen. Aber im Vergleich zu der mir vorher zur Wohnung dienenden *Urassa* war diese Hütte sehr bequem. Hier verblieb ich bis zum 15. November. Ich werde hier das Leben am Fluss Korkodon nicht näher beschreiben, sondern bemerke nur, dass ich das Unglück hatte, Zeuge einer Hungersnot zu sein.

Der Herbstfischfang war schlecht gewesen, so dass schon Mitte Oktober alle Vorräte aufgezehrt waren. Dämme und Netze befanden sich zwar noch im Flusse, jedoch zeigt sich der Flussgeist um diese Zeit schon karg. Der Korkodon friert an einigen Stellen erst Ende Dezember oder Januar zu. Diese interessante Erscheinung erklärt sich nicht nur durch den reißenden Lauf des Flusses, sondern auch durch unterirdische Quellen, die sowohl am Korkodon als auch an den anderen Nebenflüssen des Oberlaufs der Kolyma vorkommen. [42]

Ein jukagirischer Speicher auf Pfählen,
um die Nahrung vor Bären zu schützen [ME].
Image #22175, American Museum of Natural History Library.

Man fing alltäglich nur 6 bis 10 Fische für die ganze Bevölkerung, dazu fiel noch, um das Unglück zu vervollständigen, hoher Schnee; da derselbe im Herbst weich ist, so konnte man nicht zur Jagd ausgehen, und die Jäger mussten, obgleich ich sie mit Pulver versehen hatte, untätig zu Hause bleiben. Ich hatte nur noch einige Pfund Zwieback und etwas Ziegeltee, der ebenfalls zur Neige ging.

Am 1. November sollte ein jakutischer Unternehmer mit Pferden von Werchnekolymsk kommen, um mich mitzunehmen; er langte jedoch erst am 15. November an. Die letzten Tage gab es auch keinen Tee mehr. – Schwer ist es, das Aussehen eines hungernden Menschen, seine entzündeten Augen, den wandernden Blick, die vertrockneten Lippen, zu vergessen. Die Hunde streiften, sich selbst überlassen, hungernd umher. – Am 8. November endlich erschienen zwei Familien Gishiga-Lamuten, und ich kaufte ihnen zwei Rentiere ab, deren Fleisch ich nun mit den Jukagiren teilen konnte. Am nächsten Tage kamen noch vier Familien an; ich lud jetzt alle Hausbesitzer, unter denen auch ein Stammeshäuptling war, zu mir ein und schlug ihnen vor, für die Hungernden, [43] auf deren Territorium sie Eichhörnchen jagen, Rentiere zu spenden. Sie willigten sofort ein, obgleich sie selbst arme Menschen, Besitzer von nur etwa 15 bis 20 Rentieren, waren. Zwei Männer gaben je zwei Tiere, die übrigen je eins. Auf diese Weise war die Krisis für eine Zeit überstanden. Nach einigen Tagen reiste ich ab; wie es nachher geworden, weiß ich nicht. Die Lamuten hatten mir aber versprochen, ihren reichen Stammesgenossen, wenn sie anlangten, meine Bitte betreffs weiterer Spenden zu unterbreiten.

Von den Gishiga-Lamuten, die nach dem Kolyma-Bezirke zur Eichhornjagd kommen, stellte ich eine Liste von 50 Familien zusammen; außer ihnen kamen noch einige Horden Korjaken. Die armen Leute, die Jäger, gehen voran; nach einem Monat oder zwei kommen die Reichen mit Herden von Rentieren, die sie gegen Eichhörnchenfelle umtauschen. Für ein fettes Rentier nimmt man 50 Eichhörnchen, für ein mageres 40, für ein zweijähriges 30 Stück. Wie die Jukagiren behaupten, beginnen die Lamuten vor der Zeit zu jagen, ohne auf sie zu warten. Im Winter treiben erstere die Eichhörnchen auseinander, im Frühling die Rentiere, so dass, wenn die Jukagiren hinausziehen, sie nur die Spuren der Lamuten und der von ihnen verjagten Tiere finden.

Ehe überhaupt jakutische Händler zum Korkodon kamen, erhielten die Jukagiren von den Lamuten umsonst Rentierfelle zur Kleidung; jetzt tauschen die Jakuten alles ein, und die Lamuten haben mit ihren Geschenken aufgehört. Jetzt suchen sie so oft als möglich ihre Aufenthaltsorte vor den Jukagiren zu verbergen, damit letztere bei ihnen nicht betteln; mitunter kam es aber zu Streitigkeiten und Drohungen zwischen beiden Stämmen. – So kam im Frühling des Jahres 1890 der jukagirische Stammeshäuptling mit einigen Jassatschnaer Familien nach dem Korkodon. Hier begegnete er den Korkodon-Jukagiren; weder die einen noch die anderen hatten Glück auf der Jagd. Der Hunger brach aus. Sie gaben den Lamuten schuld, suchten sie auf und verlangten von ihnen Nahrung. Die Lamuten weigerten sich.

Zu dieser Zeit kam von der Kolyma ein jakutischer Stammeshäuptling des Tauschhandels wegen, und die Jukagiren wandten sich an ihn, als Schiedsrichter. „Richte uns", [44] sagten sie. Man sandte Boten in die lamutischen Lager. Die Greise erschienen. Der jakutische Häuptling, der Branntwein brachte, um denselben gegen Füchse einzutauschen, und der für 10 Eichhörnchen nur ¼ Pfund Tee gab, erwies sich nichtsdestoweniger als ein vernünftiger und gerechter Richter. – Der jukagirische Häuptling stellte sich in die Pose eines Bittenden, d. h. er kreuzte die Hände über der Brust und begann eine ganze Litanei herunterzusagen. Die Jukagiren nickten dazu mit den

Am oberen Lauf der Kolyma. Mein Rückzug im Winter von den Korkodoner Jukagiren auf jakutischen Pferden (aus *Mutter Erde,* s. Anm. auf S. 7).

Köpfen, während die Lamuten dieselben in der Überzeugung hängen ließen, dass sie etwas würden geben müssen.

„Ihr seid Leute mit Pferden, ihr seid Leute mit Rentieren", begann der jukagirische Häuptling, sich an die Jakuten und Lamuten wendend, „wir aber sind Fußgänger. Wir haben zwar Hunde, aber trotzdem müssen noch unsere Weiber und Mädchen die Schlitten mit Haus und Kindern ziehen. Das Pferd kann selbst Gras finden, das Rentier Moos; den Hund aber muss man ernähren. Hat der Mensch nichts zu essen, dann leidet auch der Hund Hunger. Unsere Leute gehen nach allen Richtungen auseinander", – dabei deutete er mit ausgespreizten Fingern bildlich die Richtungen an. – „Wir suchen Nahrung, wir suchen Kleidung; nichts ist da; weder Rentiere noch Eichhörnchen, nichts als lamutische Spuren, „leere" lamutische Spuren. Die Wangen sind vom Hungern eingesunken, was werden wir für den nächsten Winter anziehen? Erjagen wir keine Rentiere, so haben wir keine Fellkleidung und müssen erfrieren. Ihr, Reiter (die Berg-Lamuten gebrauchen keine Schlitten, da sie auf Rentieren reiten), seid auf unseren Boden gekommen, Ihr habt Rentier und Eichhorn auseinandergetrieben. Ihr, Reiter, beginnt mit der Jagd, ohne auf uns zu warten, die wir nur auf unsere Füße angewiesen sind. Hätten wir wenigstens zusammen zu gleicher Zeit gejagt. Jetzt gebt uns Fleisch, gebt uns Felle! Du gehst in die Festung (d.h. Srednekolymsk)", redete er den jakutischen Häuptling an, „du siehst unsere Obersten, du richtest die Leute deines Stammes; urteile auch über uns!"

Die Lamuten erwiderten, dass auch sie Untertanen des Zaren seien, dass auch sie Tribut abgeben, und es Erde des [45] Zaren sei, worauf sie jagten. „Wir gehen dorthin auf die Jagd, wo wir etwas zu erjagen hoffen, und wir sind schuldlos daran, wenn der Jagdgeist jemandem sein Wohlwollen entzieht"; sagten sie. – Der jakutische Fürst jedoch entschied, dass sie Rentiere zur Nahrung geben müssten; denn wie könne man Leuten letztere verweigern, wenn sie Hunger leiden; was aber Kleidung anbetrifft, so sollten sie selbst darüber entscheiden, da es noch unbestimmt sei, ob die Jukagiren erfolgreich gejagt hätten, wenn die Lamuten nicht da wären. Letztere gaben je ein Rentier auf jede jukagirische Familie. Das Fleisch reichte freilich nur für einige Tage. Ein armer Korjake, der nur 20 Tiere besaß, blieb, entrüstet über die Handlungsweise der Lamuten, bei den Jukagiren und sagte: „So lange ich noch ein Rentier habe, werdet ihr nicht verhungern!" Die Jukagiren gestatteten jedoch nicht, dass er seine Tiere töte, und halfen sich bis zum Sommer mit Hasen und Rebhühnern durch. Dann erst zog der Korjake nach Gishiga.

Den Rückweg vom Korkodon legte ich zu Pferde zurück. Der Weg zog sich anfangs längs des genannten Flusses und von seiner Mündung an längs der Kolyma hin.

Stellenweise waren beide Ufer von steilen Felswänden begrenzt, und der ganz offene oder mit Oberwasser bedeckte [46] Fluss machte ein Vorwärtskommen fast unmöglich. Überall waren *Naledi*,[9] bedeckt mit tiefem Schnee, der das Zufrieren verhindert hatte und durch den auch die Eisdecke sich nicht verdicken konnte. Über den offenen Stellen des Flusses stand dichter Nebel. Die Pferde, die weiße Decke betretend, sanken bis zum Schenkel in weichen Schneebrei, der augenblicklich an den langbehaarten Beinen der Polarpferde gefror. Hie und da brach das Eis, und die beladenen Pferde mussten aus dem Wasser gezogen werden.

Ich hatte in meiner Begleitung die erfahrensten Führer, den bekannten Schalugin und seinen Sohn Chotingi. Einer von ihnen ging auf Schneeschuhen voraus und prüfte mit langer Lanze die Festigkeit des Eises; der andere, auf einem Pferde reitend, beschaute die Umgebung und zeigte die Richtung. Der Zug folgte nach.

Der ganze Weg bis zur Jassatschnaja dauerte 13 Tage. Nur an der Mündung des Korkodon übernachteten wir in der Wohnung eines Lamuten, der dort seinen Winteraufenthalt hat, die übrigen 12 Nächte brachten wir unter freiem Himmel zu. Die ganze Zeit war die Temperatur -35 bis -45°; es kam die raueste Jahreszeit; die ganze Natur verfiel in todesähnliche Erstarrung, ringsumher herrschte Ruhe und Einsamkeit.

Schon schläft der Bär in seiner Höhle, das Eichhörnchen verlässt nicht mehr sein Nest, der Specht lässt sein eintöniges Hämmern an der Rinde des Lärchenbaumes nicht mehr ertönen und der Hase schlummert unter dem vom Sturme entwurzelten Baume. Auerhahn und Schneehuhn haben sich im Schnee vergraben, aus dem hin und wieder, wenn man auf denselben tritt, ein erschrockenes Huhn unter unseren Füßen hervorfliegt. Die weiße Eule, welche dort überwintert, sitzt, den Kopf unter den Flügeln verborgen, da, während die vierfüßigen Raubtiere zusammengekauert daliegen, die Köpfe in das dicke Fell vergraben. Von dem eisigen Hauche der [47] Natur und dem die Luft erfüllenden Schneestaub[10] erscheinen uns die Bäume wie Greisenhäupter.

Unter diesen Breiten verschwindet die Sonne nicht ganz, zu dieser Zeit aber steht sie während des Tages am Rande des Horizonts, ohne Strahlen, kalt und blassgelb, wie der Boden einer messingenen Pfanne. Sie blendet nicht das Auge und kann ihren eigenen Widerschein nicht verdunkeln. Die blasse Scheibe des Mondes verlässt auch bei Tage nicht das Himmelsgewölbe.

Zum Nachtlager wählten wir Orte, die vor Winden geschützt waren, im Walde, wo man trockenes Holz zur Hand hatte. Einige scharrten mit Spaten den Schnee fort und

9 So nennt man in Ostsibirien das im Winter auf dem Eise der Bergflüsse vorkommende Oberwasser. Die Erscheinung der „Naledi" ist bis jetzt noch nicht hinreichend erklärt.

10 Während sehr niedriger Temperatur fällt der Schnee, anstatt in Flocken, in Staub herunter.

errichteten davon einen kreisartigen Wall, andere fällten Lärchenstämme, von denen man im Zentrum des Walles einen ungeheuren Scheiterhaufen aufrichtete. Zu beiden Seiten des letzteren, längs der brennenden Stämme, werden auf dem Wall Stangen in senkrechter Richtung in den Schnee gesteckt und von außen mit Fellen bedeckt. Unter diesen schrägen Schutzwänden breitet man auf dem Schnee Rentierfelle aus, die nun zum Nachtlager dienen. – Die riesige Flamme des Scheiterhaufens verwandelt allen Schnee ringsumher in Dampf, der an dem erkalteten Gesicht, den Haaren und an der haarigen Kleidung zu Reif wird. – Dichter Nebel umhüllt das Lager, und die Menschen darin, ganz weiß geworden, werden großen Hasen ähnlich. Mit welchem Behagen schlürfte man, am Scheiterhaufen sitzend, den erquickenden heißen Tee, und wie wärmte man sich die Hände an der Tasse! – Das Schlimmste ist das Schlafen in den sogenannten „Polargasthäusern". Aber man gewöhnt sich schließlich an die Kälte, wie an manches andere im Leben. Die meisten Eingeborenen ziehen sich ganz nackt aus und bedecken sich mit einer Decke von Rentier- oder Hasenfellen, die in einem Sack für die Füße endigt. Die Eingeborenen folgen nicht unserem Sprichwort: Kopf kühl, Füße warm! Sie legen sich mit dem Kopf zum Scheiterhaufen, als fürchteten sie, das Gehirn könnte erfrieren. – [48]

Dieses Foto ist in dem Artikel von Jochelson nicht wiedergegeben,
zeigt aber sehr anschaulich das hier beschriebene oder ein ähnliches Nachtlager [EK].
Image #11070, American Museum of Natural History Library.

Nun sind alle eingeschlafen. – Die Flamme des Scheiterhaufens erlosch, nur die Kohlen glimmen noch. Bei meinen schlafenden Gefährten entblößen sich bald bei dem einen, bald bei dem andern der oder jener Teil des nackten Körpers; der Rücken, die Brust usw., aber sie schlafen ruhig weiter. Was mich anbetrifft, so fand ich diese Nachtlager sehr wenig bequem, und lange konnte ich mich ihnen nicht anpassen. Zog ich die Decke ganz über mich, so bekam ich Atemnot; öffnete ich nun eine Ecke der Decke, um nicht zu ersticken, und war kaum wieder eingeschlummert, so spürte ich, wie die Nase vor Frost zu schmerzen anfing. So aufgeweckt, war es mir nicht möglich, die Augen zu öffnen, denn die Augenlider sind zusammengefroren und das Gesicht mit dichter Reifschicht bedeckt, der gelüftete Rand der Decke aber ist hart geworden, wie eine Baumrinde. Aber Not ist der beste Lehrmeister, und so gewöhnte ich mich allmählich an diese Schneelager. Im übrigen geht es in den ledernen *Urassen* der Tungusen und Lamuten im Winter nicht besser zu, was ich während meiner Reise zur Genüge erfahren hatte, da ich mehrere Monate in solchen Wohnungen zubrachte.

Endlich gelangten wir am 28. November in das jukagirische Winterdorf an der Mündung der Jassatschnaja, wo ich im Jahre 1895 einige Monate verlebt hatte. Mit welchem Vergnügen verließ ich des Morgens das letzte Nachtlager auf dem Schnee, und wie froh war ich, als sich tief in der Nacht Rauch und Funken der jukagirischen Herde zeigten!

Es ist schwer, das Wohlbehagen zu beschreiben, das man nach solcher Reise, in menschlicher Wohnung, mag sie auch so schlecht als möglich sein, vor dem lodernden Kaminfeuer empfindet. Nicht weniger glücklich fühlten sich meine alten Freunde, die Jassatschnaja-Jukagiren, die meine Vorräte treu bewachten und eine Bewirtung mit Tee, Tabak und Zwieback mit Sicherheit voraussahen.

ÜBER DIE SPRACHE UND SCHRIFT DER JUKAGIREN

Vortrag gehalten in der Sitzung der Berner geographischen Gesellschaft am 29. Juni 1899[1]

Im Dezember vorigen Jahres (1898) hatte ich die Ehre, hier über die Lebensweise der Jukagiren zu sprechen.[2] Heute habe ich die Absicht, der geehrten Versammlung einiges über Sprache und Bilderschrift der Jukagiren vorzutragen.

Die Jukagiren sind eine kleine im Aussterben begriffene Völkerschaft, deren einzelne Geschlechter, durch große Strecken von einander getrennt, unter andern Völkerschaften leben. Im ganzen zählen sie jetzt noch ungefähr 700 Köpfe.

Wenn Sie einen Blick auf die Karte von Asien, und zwar auf den nordöstlichen Teil, werfen wollen, eben dorthin, wo dieses Volk sein Nomadenleben führt, so werden Sie, bei der Vorstellung, dass die mittlere Jahrestemperatur dort -18° beträgt und im Winter bis auf -70 sinkt, sich eines gewissen Kältegefühls nicht erwehren können.

Die Erforschung eben dieses Volkes war der Hauptgegenstand meiner mir von der K[aiserlichen] Russischen Geographischen Gesellschaft gestellten Aufgabe.[3]

Von den drei Jahren, die ich im äußersten Nordosten Asiens zugebracht habe, lebte und wanderte ich ungefähr zwei Jahre mit einzelnen Geschlechtern dieses Volkes, und erst zu Beginn des dritten Jahres konnte ich ihre Sprache beherrschen. [50]

Sich die Sprache eines Naturvolkes, das keine eigentliche Schrift besitzt, anzueignen, eine Sprache mit Lauten und Redewendungen, die von den unsrigen so weit entfernt sind, ist keine leicht zu lösende Aufgabe. Ich muss noch hinzufügen, dass ich unter den dort lebenden Russen keinen Dolmetscher finden konnte, da keiner derselben die jukagirische Sprache versteht. So musste ich mich mit dem Jakutischen behelfen, das ich während meines vorhergehenden siebenjährigen Aufenthalts in der Provinz Jakutsk erlernt hatte, und das im äußersten Nordosten Sibiriens die Stellung der Verkehrssprache einnimmt, wie das Französische in Europa. Viele Russen dieser Provinz haben sogar ihre Muttersprache vergessen und reden nur noch jakutisch.

Die ersten Nachrichten über die Jukagiren datieren aus der Mitte des 17. Jahrhunderts. Da die Kosaken, die Eroberer des Landes, natürlicherweise kein Interesse für Ethnographie hatten, so erfahren wir aus ihren offiziellen Berichten nur die Namen

---

1 In: *Sitzungsberichte der Geographischen Gesellschaft in Bern*, Bd. 17, 1900: 49–63. [Anm. EK]

2 Vgl. den Vortrag oben. [siehe „Die Jukagiren im äußersten Nordosten Asiens", in diesem Band Anm. EK].

3 Siehe W. Jochelson: Vorläufiger Bericht über ethnographische Forschungen unter den Völkerschaften der Bezirke von Kolymsk und Werchojansk der Provinz Jakutsk. Mitteilungen der Ostsibirischen Abteilung der Kaiserlich Russischen Geographischen Gesellschaft B. XXIX 1898, Nr. 1.

der unterworfenen Völkerschaften und die Quantität der als Tribut einkassierten Zobel- und anderen kostbaren Felle.

Einige Schilderungen über die Lebensweise einzelner Geschlechter der Jukagiren finden wir in den Beschreibungen der großen Polarexpeditionen von Billings 1780, von Baron Wrangel 1820 und von Baron Maydell 1870.

Alle diese Expeditionen verfolgten jedoch hauptsächlich geographische Zwecke und beschäftigten sich nur gelegentlich mit der Völkerbeschreibung; das für letztere gesammelte Material konnte daher zur wissenschaftlichen Klassifizierung der verschiedenen Völkerschaften des äußersten Nordostens nicht gerade viel beitragen.

Deshalb spricht der bekannte Ethnologe Oscar Peschel in seiner Völkerkunde von einigen Stämmen Nordostsibiriens, unter anderen auch von den Jukagiren, als von „Nordasiaten von unbestimmter systematischer Stellung“ und sagt ferner: „Es handelt sich in diesem Abschnitt nicht um die Schilderung einer neuen Gruppe innerhalb der mongolischen Menschenstämme, sondern vielmehr nur darum, das offene Bekenntnis abzulegen, dass unser Lehrgebäude in unfertigem Zustande übergeben werden muss.“

So stand es auch um die Sprache der Jukagiren. Alles was bis jetzt bekannt war, bestand in Notizen von einigen [51] hundert Wörtern und Sprachproben. Diese waren von verschiedenen Reisenden, hauptsächlich von Baron Maydell gesammelt, von dem russischen Akademiker A. Schiefner bearbeitet und in dem Bulletin der Akademie der Wissenschaften zu St. Petersburg im Jahre 1871 veröffentlicht worden.[4]

Auf Grund der Abhandlungen des Akademikers Schiefner versuchte der bekannte Sprachforscher Fr. Müller in Wien in seinem Grundriss der Sprachwissenschaft einige Ausführungen über den Bau der jukagirischen Sprache zu geben.

Leider ist die Transkription und Übersetzung der Sprachprohen von den nicht berufsmäßigen Sammlern meistens so falsch ausgeführt worden, dass die meisten grammatikalischen Schlüsse des Akademikers Schiefner als unrichtig angesehen werden müssen.

Baron Maydell, der letzte Polarreisende, der Notizen über die jukagirische Sprache brachte, erhielt sie am Flusse Anadir in einer russifizierten jukagirischen Familie von einer alten Frau, die ihre Muttersprache noch kannte.

So galt in den letzten Jahren die jukagirische Sprache schon als ausgestorben. Wenn das aber wirklich der Fall gewesen wäre, so hätten die ungenauen Angaben nicht korrigiert und die Sprache nicht weiter erforscht werden können, und es wäre der Ethnologie ein wichtiges Merkmal für die Bestimmung dieses primitiven, dem Untergange geweihten Volkes verloren gegangen.

Glücklicherweise hat sich jetzt erwiesen, dass die Sprache sich nicht nur erhalten hat, sondern dass von ihr sogar zwei selbständige Dialekte gesprochen werden; die oberjukagirische und die Tundra-Mundart. Letztere wurde bis jetzt, von Baron

4 A. Schiefner: Beiträge zur Kenntnis der jukagirischen Sprache. Bull. XVI (1871) p. 373–399; ferner: Über Baron Gerhard von Maydell's jukagirische Sprachproben: Bull. XVII (1871) p. 86–103.

Maydell wie von den früheren Polarreisenden, welche die Tundra westlich von der Kolyma besucht haben, für eine tungusische Mundart angesehen. Aber das von mir gesammelte Material lässt keinen Zweifel mehr, dass wir es mit einer jukagirischen Sprache zu tun haben.

Ich habe auf der ethnographischen Kartenskizze (S. 47) durch Kreuze die gegenwärtige Verbreitung der jukagirischen Geschlechter angegeben, zwischen welche sich andere Völkerschaften, wie Jakuten, Tungusen, Lamuten, Tschuktschen und auch russische Ansiedler an den Mündungen der Flüsse befinden.

Die oberjukagirische Sprache wird an den Flüssen Jassatschnaja, Korkodon und am mittleren Laufe des Omolon gesprochen; die Tundramundart aber von allen in der Tundra zwischen den Flüssen Kolyma und Alaseja wandernden Geschlechtern. Die Reste der jukagirischen Geschlechter am unteren Laufe der Kolyma, des Omolon und der beiden Anjui sind, was die Sprache betrifft, schon gänzlich russifiziert. Zwischen den Flüssen Alaseja und Jana reden die Jukagiren schon tungusisch-lamutische Mundarten. Ja, an der Jana und am Omoloi sind die Jukagiren bereits zum zweiten Mal einem fremden Volk assimiliert worden. Nachdem sie schon die Sprache der Lamuten angenommen, sind sie samt letzteren jakutisiert worden. Sie sprechen jetzt nur noch jakutisch. Anderseits wieder haben die Lamuten an der Jassatschnaja und die Tungusen in der Tundra östlich von der Alaseja die jukagirische Sprache angenommen, im Ganzen sprechen jetzt die oberjukagirische Mundart 200 Personen und die Tundramundart 300 Personen.

Das von mir gesammelte Material über die beiden Mundarten der jukagirischen Sprache besteht aus Verzeichnissen von 7000 Wörtern der einen und 2000 der anderen Mundart, ferner aus über 100 Texten von Märchen, Legenden, Liedern, Erzählungen usw. und Notizen über die Phonetik und Grammatik der Sprache. Die Veröffentlichung dieses Materials hat bereits im Verlage der Akademie der Wissenschaften zu St. Petersburg begonnen.[5]

So lange die Sprachen, welche östlich vom Stanowoigebirge gesprochen werden, wie das Korjakische, das Tschuktschische, Itelm[en]ische, Aleutische, Giljakische usw., noch nicht näher untersucht und definiert sind, können wir nur vermuten, [53] dass sie gemeinsam mit der jukagirischen Sprache eine selbständige Sprachgruppe bilden.

Deshalb will ich vorläufig nur darauf hinweisen, dass das Jukagirische mit allen den Sprachen, die westlich vom Stanowoigebirge gesprochen werden und die zur sogenannten ural-altaischen Gruppe gehören, nichts gemein hat.

Bekanntlich teilt man alle Sprachen nach ihren einfachen, zusammengesetzten oder höher entwickelten Formen in drei morphologische Klassen, erstens in isolie-

5 Eine vorläufige Publikation trägt den Titel: „Proben aus den Materialien zum Studium der jukagirischen Sprache und Folklore, gesammelt während der Jakutskischen Expedition von W. Jochelson. Bulletin de l'Académie Imperiale des Sciences de St. Pétersbourg 1898. Septembre T. IX, No. 2. Demnächst erscheint: W. Jochelson, „Materialien für Sprache und Folklore der Jukagiren. I. Band: Jukagirische Texte." Herausgegeben von der Akademie der Wissenschaften zu St. Petersburg.

rende oder einsilbige Sprachen, dann in kombinierende oder agglutinierende und endlich in flektierende.

In der ersten Klasse fehlt der Prozess der Wortbildung, der Satz besteht unmittelbar aus unveränderten Wurzeln, und nur die bestimmte Ordnung, in der die Wurzeln nach einander ausgesprochen werden, drückt die Sinnbegrenzung und Beziehungsverhältnisse der Begriffe untereinander aus (z. B. das Chinesische).

Die zweite Klasse kennt schon die Wortbildung, aber die Beziehungs- und sinnbegrenzenden Elemente sind, obwohl ihre ursprüngliche selbständige Bedeutung und Lautfülle schon verloren gegangen ist, mit der Wurzel noch nicht eng verbunden, sondern derselben nur angelehnt.

Nur bei den Sprachen der flektierenden Klasse, den semitischen und indogermanischen, finden wir eine echte Worteinheit. Die innige Verschmelzung von Bedeutung und Beziehung vollzieht sich im Laute wie sie im Denken stattfindet, und der Bedeutungslaut, die Wurzel selbst, kann zum Zweck des Beziehungsausdrucks regelmäßig verändert werden.

Die ural-altaische Sprachengruppe, die in Nord- und Mittelasien und in Nord- und Osteuropa verbreitet ist, gehört zu der zweiten Klasse und zerfällt in fünf Zweige, nämlich in den samojedischen, den finnischen (einen Ausläufer dieses Zweiges in Westeuropa besitzen wir in der ungarischen Sprache), den tungusischen Zweig, zu dem die mandschurische Sprache gehört, den mongolischen und turko-tatarischen.

Da ich von den ural-altaischen Sprachen mit der jakutischen, wie ich schon vorher bemerkt habe, vollständig vertraut bin, so will ich diese als Typus zum Vergleich mit der jukagirischen benutzen. Aber ich halte es nicht für überflüssig, zuerst einiges über das jakutische Volk zu sagen. [54]

Die jetzt schon physisch in gewissem Maße mongolisierten Jakuten gehören zum türkischen Zweig, als dessen Urheimat Turkestan betrachtet wird; gegenwärtig aber sind verschiedene türkische Stämme von den grünen Gestaden des Mittelmeers an bis an die eisigen Ufer der Polarflüsse der Provinz Jakutsk verbreitet.

Durch ein mongolisches Volk, die Burjaten, von Süd- nach Nordostsibirien verdrängt, leben die Jakuten jetzt durch tungusische und mongolische Völkerschaften von den anderen türkischen Stämmen weit getrennt.

Nach den Burjaten sind die Jakuten die größte Völkerschaft Ostsibiriens. Ihre Kopfzahl beträgt jetzt mehr als 260 000. Sie sind das einzige türkische Volk, welches nicht dem Islam huldigt und von den Russen zum Christentum bekehrt wurde.

Aber trotz der abgesonderten Lage der Jakuten hat sich ihre Muttersprache so rein bewahrt, dass sie sich vor den anderen türkischen Idiomen durch die größte Altertümlichkeit auszeichnet. Friedrich Müller sagt von ihr mit Recht, sie sei das Sanskrit der türkischen Sprachen.

Nach der Meinung des bekannten ungarischen Gelehrten und Kenners der türkischen Sprachen, Vambery, hätte sich ein Osmanli aus Konstantinopel mit einem Lena-Jakuten leicht verständigen können. Ich selbst hatte mehrmals Gelegenheit zu beobachten, wie Tataren, Kirgisen oder Baschkiren, die als gemeine Verbrecher aus dem europäischen Russland oder aus Südwest-Sibirien in die Provinz Jakutsk verbannt waren, nach einem drei- oder vierwöchentlichen Zusammenleben mit den Jakuten die Sprache der letzteren schon verstehen konnten.

Die Eigentümlichkeiten in der Phonetik und im grammatischen Bau der ural-altaischen Sprachen haben sich in der jakutischen sehr ausgeprägt bewahrt.

Die Sprache ist reich an Vokalen. Der Stamm enthält den Begriff, und alle grammatischen Formen und Beziehungen desselben werden durch Suffixe, d.h. angehängte Silben, ausgedrückt. Die ural-altaischen Sprachen kennen keinen anderen Bildungsprozess als Suffigierung.

Das Bemerkenswerteste in diesen Sprachen ist die sogenannte Vokalharmonie. Letztere besteht darin, dass in jedem Worte nur Vokale einer gewissen Klasse zulässig sind, und da der Vokal der Wurzel nach der Regel unveränderlich bleibt, [55] so müssen sich die Vokale der Suffixe und der zweiten Stammsilbe dem Vokale der ersten Stammsilbe anpassen.

Die acht Vokale der jakutischen Sprache zerfallen in doppelter und sich kreuzender Beziehung in je zwei, also in vier Klassen. Erstens in schwere *a, ä, o, ö* und leichte *y*[6], *i, u, ü*; zweitens in harte *a, o, y, u* und weiche *ä, ö, i, ü*.

In einem und demselben Worte können entweder nur harte oder nur weiche Vokale stehen. Zweitens aber kann nach einem harten Vokal in den folgenden Silben desselben Wortes nicht jeder harte Vokal stehen, sondern da jeder harte Vokal doch auch entweder schwer oder leicht ist, so macht sich weiter das Gesetz geltend, dass auf einen schweren harten Vokal zwar derselbe harte Vokal noch einmal, sonst aber nur ein leichter harter folgen darf, und auf einen leichten harten, wenn geradezu nicht derselbe Vokal wiederum folgt, nur ein schwerer harter. Und so ist es auch mit den weichen Vokalen. Ja noch größer ist die Beschränkung. Es besteht nämlich eine Analogie zwischen den schweren und den leichten Vokalen, vermöge deren je einem schweren Vokal ein bestimmter leichter entspricht und umgekehrt.

Es kann also in zwei unmittelbar aufeinander folgenden Silben

nach	*a*	nur	*a*	oder	*y*	stehen,
»	*o*	»	*o*	»	*u*	»
»	*y*	»	*y*	»	*a*	»
»	*u*	»	*u*	»	*a*	»
»	*ä*	»	*ä*	»	*i*	»
»	*ö*	»	*ö*	»	*ü*	»
»	*i*	»	*i*	»	*ä*	»
»	*ü*	»	*ü*	»	*ä*	»

6 Der jakutische Vokal *y* entspricht dem russischen harten *i*, das im Hintergrund des Mundes ausgesprochen wird.

Folgende Beispiele verdeutlichen diese Regel:

aha-tahúr	*aha-ny*
oho-tohór	*oho-nú,*
dörö-töhör	*dör ö-nü,*
äsä-tahär	*äsä-ni.*

[56]

Ahá bedeutet Vater, *ohó* Kind, *dörö* Nasenriemen[7], *äsä* Bär. *Tahár, tohór, töhör* oder *tähär* ist das Suffix des Komparativs, *ny, nu, nü, ni* das des Akkusativs. Mit Diphthongen und Triphthongen ist die Sache noch komplizierter.

Wenn wir noch hinzufügen, dass im Jakutischen immer die letzte Silbe betont wird, so bekommen wir in lautlicher Beziehung eine sehr wohlklingende Sprache.

Wenden wir uns nun zu der jukagirischen Sprache, so finden wir bei ihr keines der Hauptkennzeichen der ural-altaischen Sprachen.

Sie ist keine ausschließliche Suffixsprache; bei der Wortbildung schließt sie Präfixe, also Vorsilben, nicht aus; z. B. ist *nä* das kooperative Präfix, *ot* das des Konjunktivs, *ngi* das Suffix der dritten Person der Mehrzahl des Präsens und des Präteritums:

Nä-kobäi-ngi = sie gingen zusammen;
ot-kobäi-ngi = sie seien gegangen.

Kobäi ist die Lautgruppe für den Begriff „gehen".

Die jukagirische Sprache ist nicht so reich an Vokalen wie die jakutische und von den Konsonanten spielen die aspirierten eine besondere Rolle.

Die ural-altaische Vokalharmonie fehlt, z. B. *Kóudätmik* – du wirst schlagen; *kóudä* ist die Lautgruppe für den Begriff schlagen, *t* das Zeichen des Futurums, *mik* das Suffix für die zweite Person. Wir sehen hier in einem Worte verschiedene Vokale. Es kommen Veränderungen der Vokale der Wurzel vor, z. B. *Mádo* und *Madā* (= *Modo ā*). Modo ist die Wurzel für „sitzen", *madā* heisst anfangen zu sitzen, d. h. sich setzen, *ā* ist die Wurzel des Verbums „machen"; in Verbindung mit anderen Zeitwörtern bezeichnet *ā* den Anfang einer Tätigkeit. *ā* mit dem Endvokal des Zeitworts bildet stets einen langen Vokal; so haben wir statt *módoá maoā.*

Leider kann ich hier weder auf die Phonetik noch auf mehrere interessante grammatische Formen der jukagirischen Sprache näher eingehen. Ich will nur bemerken, dass die [57] innere, sowie die äußere Entwicklung der Sprache von derjenigen der ural-altaischen ganz verschieden ist.

Bis jetzt hat man für sämtliche Zweige der ural-altaischen Gruppe noch keine gemeinsame Ursprache rekonstruieren können, analog derjenigen, die man für die semitischen und indogermanischen Sprachen ansetzt. Aber wenn es der Fall wäre,

7 Die Jakuten durchbohren, um ihre Stiere, mit denen sie arbeiten, zu bändigen, die Scheidewand der Nase und ziehen einen Ring durch, an welchen ein langer starker Riemen befestigt ist. Dieser Riemen heißt *dörö.*

so könnte man mit Sicherheit sagen, dass die jukagirische Sprache nicht von dieser Ursprache abstammt, und folglich auch das Volk, das jene entwickelt hat, anderer Abstammung als die ural-altaischen Völkerschaften sein muss.

Besonders muss ich auf eine Vorliebe der jukagirischen Sprache für die sogenannte Einverleibung, d. h. die Verschmelzung eines Satzes in ein Wort, aufmerksam machen, welche Eigentümlichkeit auf eine Verwandtschaft der jukagirischen mit den Sprachen der Indianer Amerikas hinweist. Zum Beispiel bedeutet *Túdädsiämódolkoitschúolädsi.* „Ein Märchen von einem allein lebenden Jünglinge" = *Túdäl* (er) + *ädsíä* (allein) + *módol* (sass) + *koi* (Jüngling) + *tschúolädsi* (Märchen).

Was die jetzigen Jukagiren anbetrifft, so ist natürlich die Sprache allein kein zuverlässiges Klassifikationsmittel. Die jetzigen Jukagiren könnten sich in der Urzeit ihre Sprache von einem anderen Volk angeeignet haben, wie z. B. die afrikanischen Neger in Amerika die englische Sprache annahmen. Um so weniger kann in diesem Fall die Sprache zum ethnologischen Merkmal erster Ordnung dienen, als man die modernen Jukagiren ihren physischen Eigenschaften nach nicht mehr von den Tungusen und Lamuten, mit welchen sie vermischt sind, unterscheiden kann.

Doch finden wir in ihrem Typus einige Eigentümlichkeiten, und wenn wir außer der Sprache ihre geistige Kultur im allgemeinen in Betracht ziehen, wie ihre religiösen Vorstellungen, ihre Volksdichtung, ihre Kunst usw., sowie auch ihre Sitten, Familienverhältnisse und soziale Lebensweise, so müssen wir auf eine Verwandtschaft mit den alten Völkerschaften des nordöstlichen Asiens und den Stämmen an der nordwestlichen Küste Amerikas schließen. [58]

II.[8]

Als Beweis für diese Zusammengehörigkeit kann auch die jukagirische Schrift auf Birkenrinde dienen, die den Zeichnungen der Tschuktschen, der Bilderschrift der Eskimos und den Hieroglyphen der nordamerikanischen Indianer ähnlich ist.

Es wird angenommen, dass ein anderes Mittel als die mündliche Sprache, die man ja nur im unmittelbaren Verkehr gebrauchen kann, zum Gedankenaustausch von den primitiven Völkern erst nach der Entwicklung der Sprache erfunden worden ist. Mir scheint es indessen, dass die Keime des schriftlichen und sprachlichen Gedanken- und Gefühlsausdrucks gleichzeitig entstehen konnten. Sogar im Tierleben nehmen wir die Keime einer Schrift wahr. Die Fährte oder Spur leitet den Wolf zum Rentier; letzteres zeigt dem ersteren an, dass es vorübergezogen ist und zugleich auch die Richtung, die es genommen.

8 [Anm. EK: Das zweite Kapitel ist ebenfalls in *Mutter Erde – Technik, Reisen und nützliche Naturbetrachtung in Haus und Familie*, Berlin und Stuttgart: Verlag von W. Spemann, 1899, Bd. 2: 261–263 erschienen, allerdings ohne die letzten acht Zeilen („Und ich kann ...").]

Das, was die Tiere mit ihren Füßen schreiben, hat im Leben des primitiven Jägers eine hohe Bedeutung, und die „Spur“ konnte der Prototypus der Schrift sein.

Die Bedeutung der „Spur“ spiegelt sich bei einem solchen Jägervolk, wie die Jukagiren, auch in der Sprache ab. – In der jukagirischen Sprache hat jedes Zeitwert drei Konjugationen. Eine derselben, von mir die „sichtlich wahrnehmbare“ genannt, drückt eine Handlung aus, auf deren Vollziehung ihre hinterlassenen Spuren hinweisen. Wenn man z. B. aus den Spuren im Walde erfahren hat, dass dort eine bestimmte Person war, wovon man den Seinigen zu Hause erzählen will, so sagt man bei uns: Nach den Spuren zu urteilen, war diese Person im Walde. In der jukagirischen Sprache kann man es mit einem Worte ausdrücken, das sich von der gewöhnlichen Form des Verbums „sein“ nur durch das Suffixum „*läl*“ unterscheidet, so dass wir sehen, wie sogar die Formen der Sprache von der „Spur“ abhängig sind.

Die „Spur“ konnte mithin als Vorbild beim Gebrauch gewisser Zeichen im wechselseitigen Verkehr der Menschen aus der Entfernung dienen. Diese Zeichen aber waren anfangs einfache Abbildungen der von ihnen gedachten Gegenstände oder Begriffe, und die Genauigkeit der Abbildungen war mit der Kunst aufs engste verbunden. – Man kann die jukagirische [59] Schrift einteilen in Bilderschrift, in Zeichnungen ihrer Wanderungswege den Flüssen entlang und in eine Schrift im Liebesbriefwechsel, in dem die Menschen nur schematisch dargestellt sind. Die russische Druckschrift und ihre eigene Bilderschrift bezeichnen die Jukagiren mit ein und demselben Namen – *schorillä* – woraus zu ersehen ist, dass sie ihrer Schrift und den russischen Zeichen dieselbe Bedeutung beilegen.

Eine Probe der jukagirischen Bilderschrift stellt die Zeichnung A dar.

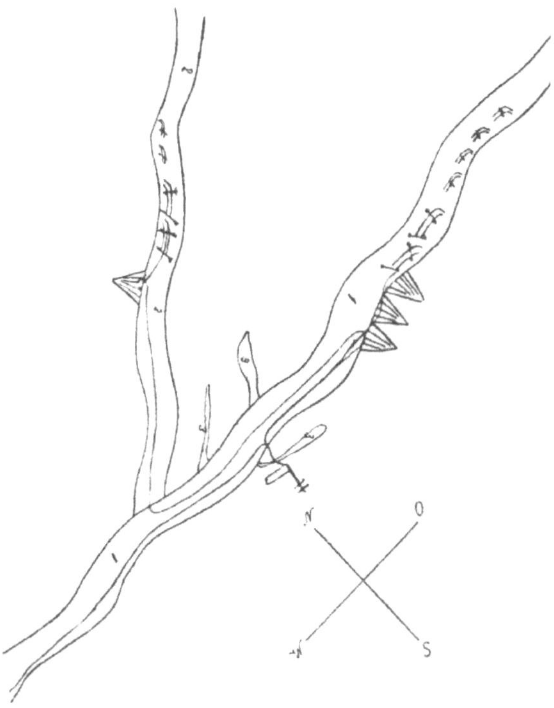

A. Brief in Form einer Karte des Korkodon mit der Rassocha.

An der Mündung des Korkodon sollten wir, d. h. ich und meine Begleiter, eine jukagirische Familie antreffen, fanden aber statt ihrer nur einen Brief auf ein Stück Birkenrinde gezeichnet und an einen Baum gehängt, 1 bedeutet den

Fluss Korkodon, 2 seinen Nebenfluss Rassocha; die mittleren zwischen den angedeuteten Flussufern bezeichnen die Richtungen der zurückgelegten Wege. 3 sind kleine Nebenflüsse des Korkodon. Der weitere Inhalt des Briefes ist folgender: Im Frühling gingen Korkodon-Jukagiren, vier Familien und drei Zelte, von der Mündung des Korkodon den Fluss hinauf. An einem Aufenthaltsort am linken Ufer starb ein Mann; dieses Ereignis ist durch ein Grab mit Kreuz bezeichnet. Oberhalb des Grabes richteten die Jukagiren ihr Lager auf, um sich dort dem Fischfang zu widmen. Nach einiger Zeit wurde das Lager abgebrochen und man verteilte sich nach zwei Richtungen. Zwei [60] Familien (darauf weisen zwei Boote mit Rudern und Steuer hin) mit einem Zelt und zwei Jägern (das zeigen zwei Kähne, je mit einem Doppelruder), die voran fuhren, gingen zurück bis zur Mündung der Rassocha und alsdann letztere hinauf.

Die anderen zwei Familien mit vier Kähnen und zwei Zelten stiegen noch weiter den Korkodon hinauf. Meine Reisegefährten ersahen sofort aus der Zeichnung, welche Familien sich an der Rassocha befanden und welche am Korkodon; denn in ihrem Besitz befand sich die entliehene lederne Zeltdecke derjenigen Familie, die infolgedessen in fremdem Zelte Unterkommen gefunden hatte.

Im Herbst, d. h. zur Zeit des Empfangs dieses Briefes, aber waren wie gewöhnlich alle Familien bereits an der Rassocha versammelt, und jener Brief sollte nur mitteilen, wie und wohin die Korkodon-Jukagiren im Sommer gewandert waren.

So benachrichtigen sich die Jukagiren gegenseitig, wenn sie nach den verschiedenen Flüsschen auseinandergehen. Auf dem Rückweg findet und hinterlässt an der Flussmündung jede Gruppe einen Hinweis darauf, wo irgendeine Familie hinwanderte, wo sie sich zur gegebenen Zeit befinden wird und welche besonderen Ereignisse geschehen sind.

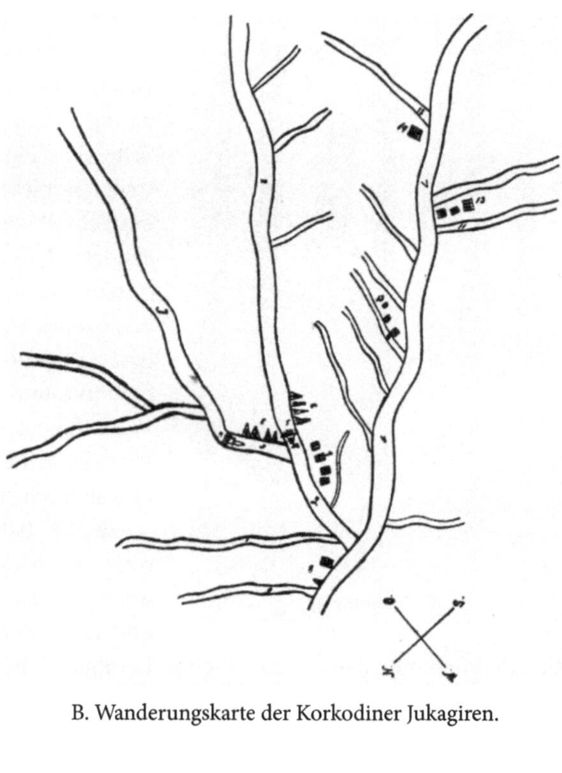

B. Wanderungskarte der Korkodiner Jukagiren.

Die Zeichnung B stellt die Wanderungskarte, das Gebiet der Flüsse dar, an und auf welchen die Korkodoner wandern. 1 bedeutet Kolyma, 2 Korkodon, 3 Rassocha, 4 Herbstwehr in der Rassocha, 5 Herbstwehr im Korkodon, 6 Sommer- und Herbstzelte,

7 Winteraufenthaltsorte der Korkodon-Jukagiren, 8 Zelt und Winteraufenthaltsort des jukagirisierten Lamuten [61] „Schadrin", 9 Fluss Stolbowaja, 10 Fluss Saimtschan, 11 Fluss Balygytschan, 12 Fluss Bujunda, 13 Jakuten-Jurten von Auswanderern aus dem jakutischen Bezirk, 14 Haus des Angestellten der „Amur"-Gesellschaft zur Beförderung von Waren nach der Kolyma über Ola (Hafen am Meer von Ochotsk).

Die Jukagiren geben freilich nur diejenigen Orte auf ihren Karten an, die sie selbst gesehen haben und welche sie gut kennen; indessen bekunden sie in ihren Zeichnungen eine bewusste Vorstellung von den richtigen Verhältnissen in Bezug auf Lage und Entfernung der Flüsse, Seen, Berge eines kleinen, ihnen bekannten Landstrichs zu einander und die Kenntnis der Himmelsrichtungen. Diese Marschrouten-Zeichnungen kann man somit als Keime geographischer Karten ansehen.

Den russischen Staat nennen die Jukagiren *„Pugudanidsched emul"*, was Insel des Sonnenherrn, d.h. des Kaisers, bedeutet. Diese Vorstellung von den Ländern, aus denen das russische Reich zusammengesetzt ist, hat große Ähnlichkeit mit derjenigen der alten Griechen von der bewohnten Erde als von einer Insel.

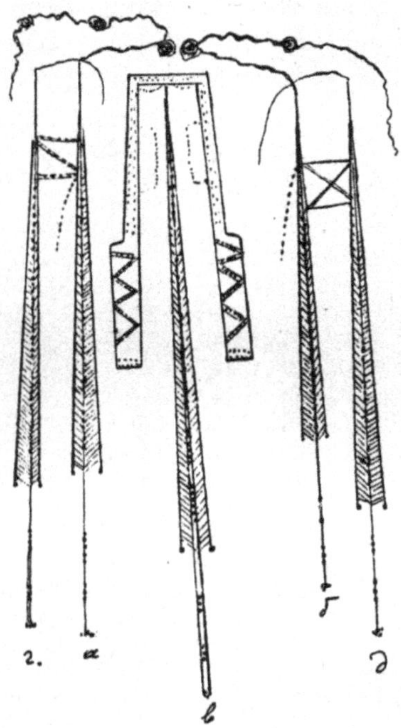

C. Liebesbrief.

Die Zeichnung C stellt einen Liebesbrief dar. Hier bezeichnet jede Figur, die einem zusammengelegten Schirme ähnlich ist, schematisch einen Menschen. So gelten die zwei inneren Linien für die Beine und die zwei äußeren für die Hände, während die Punkte für die Gelenke der Füße und die Teile des Körpers da sind. Durch die punktierte Linie an der Seite (bei Fig. a und c), die den Zopf darstellt, bezeichnet man eine Frau. Der Inhalt des Schreibens, welches b erhalten hat, ist folgender: Die einem Hute ähnliche Figur über b stellt ein unvollendetes, d.h. ein leeres oder verlassenes Haus vor, das will sagen, b ist verreist. [62] Von den zwei vorhandenen Frauenfiguren a und c begibt sich der Gedanke oder Wunsch zu b, der aber eine viel zu bedeutende Person für die den Brief zusammenstellenden und sich selbst darstellenden Mädchen ist. Ihr „Gedanke" hält unterwegs an, entschließt sich nicht, nach dem Bestimmungsort zu gehen, dreht sich eine Zeit lang unschlüssig um sich und kehrt endlich um. Trost suchend begibt sich der Gedanke der c, wenn auch mit einigen Schwankungen, zur Figur d, mit der er sich durch Liebesbande vereinigt, deren Solidität durch zwei Diagonalen, die c und d verbinden, angedeutet wird. Der Gedanke der a begibt sich mit noch größeren Schwankungen zur Figur e, deren Bund aber weniger fest ist. Durch diesen Brief wollen a und c dem verreisten b ihre Liebe gestehen, sowie die Tatsache, dass sie sie nicht zu bekennen wagten, ferner, welche Schicksalswendung aus diesen Verhältnissen hervorgegangen ist.

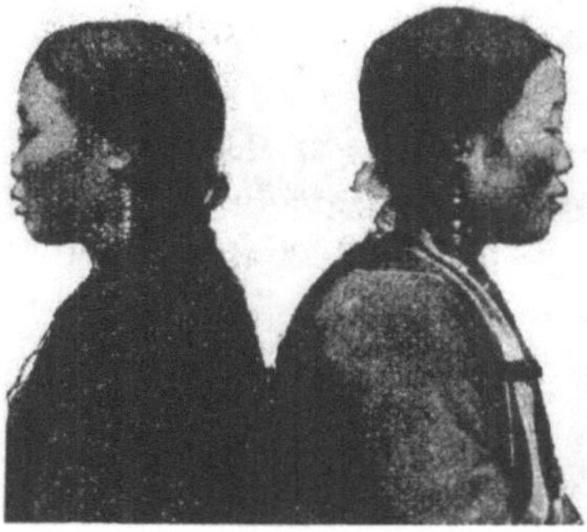

Die Verfasserinnen des Liebesbriefes. Profil [ME], (aus *Mutter Erde*, s. Anm. auf S. 7). Rechts: Image #22277, American Museum of Natural History Library.

Wir haben hier die Abbildung der beiden Mädchen, die gemeinschaftlich, ohne Eifersucht, ihren Liebesbrief geschrieben haben. In Figur C bezeichnet d meinen Dolmetscher, den Jukagiren Dolganoff[9], und c meinen Kosaken Antipin, und da der letztere als Russe und Kosak doch nicht für immer bei den [63] Jukagiren bleiben konnte, so erklärt sich sein nur lose geknüpfter Bund mit dem Jukagirmädchen. Und ich kann gestehen, dass ich selbst der Empfänger des Briefes war. Um einen etwaigen Verdacht abzulehnen muss ich bemerken, dass ich diese Erklärung leider zu spät erhielt, denn ich fand den Birkenrindenbrief erst nach meiner Abreise von den Jukagiren mittels bunter Kattunstreifen an dem Mast meines Bootes befestigt, das mich fortführte.

Alle *Schangarschorille*, d. h. Schrift auf Birkenrinde, werden mittels einer Messerspitze geschrieben, und staunenswert ist es, welche regelmäßige und feine gerade Linien die Jukagiren mit dieser so eigentümlichen Feder ausführen.[10]

9 Dolganoff, ein junger Jukagir vom Fluss Jassatschnaja, begleitete mich 1 ½ Jahre als Dolmetscher. Er sprach jakutisch und lamutisch und machte von den 100–200 russischen Wörtern, die er kannte, sehr geschickt Gebrauch.

10 [Anm. EK: Gustav Krahmer, Generalmajor z. D., beschreibt in seinem Artikel „Über jukagirische Briefe" (in *Globus* 1896 (69), 208–212) ebenfalls detailliert jene Liebesbriefe, wobei er sich auf den Bericht von S. Schargorodskij bezieht (in *Semlewedenie* Heft II und III, 1895, herausgegeben von der Kaiserlichen russischen geographischen Gesellschaft der Freunde der Natur, Anthropologie und Ethnographie. Moskau), der im Jahr 1892 das Gebiet besucht hatte.]

IN POLARGEGENDEN.
I. DAS EISEN-MÄDCHEN (TIMIR-KYSS[1]).[2]

Timir Kyß
(aus *Mutter Erde*, s. Anm. auf S. 7).

Westwärts vom Flusse Alaseja, etwa 130 Werst nördlich von der Fahrstraße, welche die Dörfer Werchojansk und Kolymsk (die entschieden nur infolge eines Irrtums Städte genannt werden) miteinander verbindet, liegt der einsame Weiler Karaktach. Er wird von einigen rings um einen See gelegenen Jurten[3] gebildet und befindet sich schon an der Grenze, über welche hinaus die Wälder nicht mehr reichen. Die elenden, niedrigen Waldungen, wie sie in dem an die Tundra grenzenden Gebiet vorherrschen, die verkümmerte und entartete Lärche und das niedrig wachsende, nahe dem Boden schleichende Gesträuch bieten schlechte Abwehr vor den Winden des Polarmeeres und der Tundra: so werden denn auch zur Winterszeit die Ansiedlungen der Jakuten im nördlichen Grenzgebiet der Viehzucht vollständig mit Schnee verweht. Nur Kaminfunken, die gleichsam aus unterirdischen Gängen hervorzubrechen scheinen, und Weidenzäune mit vor ihnen aufgetürmten Schneewällen bezeugen, dass sich menschliches Leben unter diesen Schneehaufen berge. Jeder Bewohner des an die Tundra angrenzenden Landstriches, der Tundra selbst und der Küste des Polarmeeres kennt nur zu gut die Gefahren eines winterlichen Schneesturmes, wenn der Reisende gezwungen ist, zwei- und dreimal vierundzwanzig Stunden zusammen mit seinen Hunden auf einem und demselben Orte liegen zu bleiben, bis das Ungewitter ausgetobt hat. Es vergeht auch kein Winter, wo nicht da und dort irgendein vom Sturme ereilter Unglücklicher unter der dichten weichen Decke zum ewigen Schlaf gebettet wurde.

In den vom Schnee verwehten Jurten werden beim Geprassel des Kaminfeuers unzählige Berichte von glücklichen und unglücklichen Vorkommnissen dieser Art erzählt. Auch ich habe davon eine Menge vernommen, jedoch der Schlaf der Timir-Kyß (des „Eisen"-Mädchens) in ihrem Schneepalaste übertrifft sie alle und streift

1 Die Jakuten sind Meister im Auffinden allerhand Zunamen. Das Mädchen wurde „das Eisen-Mädchen" genannt, weil sie während neun vollen Tagen weder dem Hunger noch der Kälte erlegen ist.

2 In *Mutter Erde – Technik, Reisen und nützliche Naturbetrachtung in Haus und Familie*, Berlin und Stuttgart: Verlag von W. Spemann. 1899, Bd. 1: 285–288. [Anm. EK]

3 Eine jakutische Wohnhütte.

wahrhaftig an das Gebiet des Wunderbaren. Ich würde dieser Erzählung keinen Glauben geschenkt haben, wenn ich nicht selbst das Mädchen gesehen und ihren Bericht nicht mit den Erzählungen der Augenzeugen, ihrer Stammesgenossen, welche sie unter dem Schnee herausgegraben und mit Messern aus ihrem Eisgrabe herausgemeißelt haben, zu vergleichen Gelegenheit gehabt hätte. Ich glaube, dass diese Begebenheit die Aufmerksamkeit nicht nur wissensbegieriger Leser, sondern auch gelehrter Forscher verdient.

Gegenwärtig ist Timir-Kyß ein blühendes, junges Weib mit rosigem, gesundem und rundem Gesicht. Sie ist verheiratet und Mutter eines Kindes. Aber auch jetzt noch bewahrt ihr Antlitz jenen eigentümlichen Ausdruck, durch welchen sich Menschen unterscheiden, die in ihrem Leben einmal eine schreckliche Katastrophe durchgemacht haben. Timir-Kyß wird oft nachdenklich und in ihren nicht unangenehmen Zügen prägt sich eine gewisse Scheu aus, zuweilen sogar der Ausdruck des Schreckens. Während sie mir ihren Unfall erzählte, bedeckte sie schamhaft ihre Augen mit ihren langen Wimpern und ihre aufgeworfene Oberlippe zuckte nervös. Alles dies erteilte ihrem mongolischen Antlitz einen eigentümlichen Zug von Feinheit und Intelligenz.

Getauft wurde Timir-Kyß auf den Namen Katharina.[4] Ihr gegenwärtiger Zuname ist nach ihrem Mann Kokorin. Den Vater hatte sie schon in früher Jugend verloren und ihre Mutter heiratete zum zweiten Mal. Die Stiefväter sind überall die gleichen. Nachdem der ihrige sich verbindlich gemacht hatte, dem Kaufmann Kononygin eine Fracht aus der Ansiedlung Kellie nach Karaktach zu liefern, schickte er damit, trotz des beginnenden Unwetters, seine siebzehnjährige Stieftochter allein hin.

Das Weitere lasse ich Timir-Kyß selbst erzählen.

„Es war zwischen den Festen des hl. Spiridon und des hl. Nikolaus (30. Oktober und 6. Dezember). Die Sonne erschien nicht mehr am Horizont, nur Zwielicht bildete den kurzen Tag, doch sah man wenigstens etwas. Ich brach mit Tagesanbruch auf. Ich saß auf dem Pferd und schleppte die Narte[5] an einem Riemen nach, welchen ich am Sattelknopf festgemacht hatte (eine andere Art, den Schlitten anzuspannen, kennt man in jenen Gegenden nicht). Karaktach liegt von Kellie etwa sechs Kiöß (60 Werst) weit entfernt – eine tüchtige Tagesreise. Ich hatte im Sinn, unterwegs zu übernachten, da sich in einer Entfernung von 30 Werst eine Ansiedlung befindet: hierauf bis nach Karaktach gibt es keine Menschenwohnungen mehr.

Noch bevor ich das Haus verlassen hatte, fing es ein wenig zu wehen an, während der Reise jedoch erstarkte der Wind und bedeckte den Weg mit Schnee.

Es brach ein Ungewitter los mit Nebel und Schneefall. Man sah nichts vor sich, der Schnee verklebte die Augen. Bald wurde es finster und ich verlor vollständig den Weg, ich wusste gar nicht, wohin mich wenden. Ich hielt an, schnallte den Riemen der

4 Alle Jakuten sind schon jetzt getauft, aber sie halten noch fest an schamanistischer Kultur und Gebräuchen.

5 Schlitten, wie er in Polargegenden gebräuchlich.

Narte vom Sattelknopf los, band das Pferd mit dem Zügel an den Schlitten fest und legte mich nieder. Lange lag ich in der Narte, ohne einschlafen zu können und durchwachte auf diese Art die ganze Nacht bis zum Tagesanbruch. So lange das Pferd bei mir war, verspürte ich keine Furcht – ich war [286] ja nicht allein. Es war angebunden, die ganze Nacht ohne Futter, hungrig und dem Winde bloßgestellt – es zitterte vor Kälte gleich mir. Als es Tag zu werden anfing, band ich den Riemen des Schlittens an den Sattel und wollte das Pferd besteigen, doch ungeduldig und zitternd wie es war, riß es sich los und sprengte samt der Narte davon. Ich lief nach, konnte es aber des tiefen Schnees wegen nicht mehr ereilen. Im Schneesturm schwand es mir bald aus dem Gesicht. Ich ging seiner Spur nach, doch auch diese verlor sich gar bald – der Schnee hatte sie in kürzester Zeit verweht. Dieser Unfall begegnete mir auf dem See Elberek. Da fing ich nun an, auf diesem See herumzugehen und den Weg und die Pferdespuren zu suchen. Ich schritt vorwärts, kehrte zurück – nichts war zu finden. Den ganzen Tag und die ganze Nacht bin ich auf dem Eise herumgewandert, habe immer gesucht und wurde schwach. Steckte ich meinen Fuß in den Schnee, so konnte ich ihn nicht wieder hervorziehen, weil mir schon die Kraft dazu fehlte. Ich konnte nicht mehr weiter, ich ließ mich nieder am Ufer des Sees unter einem Baum. Kaum hatte ich mich niedergelegt, so schlief ich sofort ein. Wie lange ich geschlafen habe, weiß ich nicht.

Jakuten mit Narte (Schlitten) (aus *Mutter Erde,* s. Anm. auf S. 7).

Als ich aufwachte, konnte ich kaum atmen und es war mir unmöglich, ein Glied zu rühren, ich war vollständig vom Schnee verweht worden. Ich lag auf der rechten Seite, konnte mich aber nicht umdrehen. Ich fing zu weinen an. Endlich gelang es mir den linken Arm frei zu machen und mit der Hand vom Gesicht den Schnee wegzuwischen. Derselbe war nass, er taute wegen der Körperwärme auf. Hierauf streckte ich die Hand nach oben und bohrte die Finger in den Schnee ein. Der Zeigefinger drang durch, ich fühlte sogleich einen kalten Luftzug und fing leichter zu atmen an. Es war aber finster – tiefe Nacht ringsum und der Sturm heulte im Dunkeln weiter.

Nachdem es ein wenig zu tagen anfing, erblickte ich über mir das mit dem Finger durchbohrte Loch. Ein schwaches Licht drang durch dasselbe, aber der Himmel war nicht sichtbar. Nebel und Sturm dauerten fort. Der Schnee verwehte immer mein Fensterchen und ich öffnete es immer mit dem Finger. Ich lag und weinte. Ich fühlte weder Hunger noch Kälte – nur der Durst plagte mich. Mit der befreiten linken Hand nahm ich Schnee in den Mund, dieser stillte jedoch meinen Durst nicht. So lag ich da und weinte und dachte mir: wenn nur jemand mich auffände – aber wie wird man mich auffinden, entdecken können!?

Jakuten und ihre Jurte [ME].
Image #1993, American Museum of Natural History Library.

Ob ich geschlafen habe, und wie lange während der ganzen Zeit, weiß ich nicht. Ich war halbweg gefühllos, aber ich sah, wenn es tagte. Mehrere Mal wechselten Tag und Nacht ab. Wieviel Mal, könnte ich nicht angeben. Ich fühlte keine Kälte, ich war warm. Am dritten Tage, wenn ich nicht irrte, hörte der Sturm auf. Ich erblickte einen Strich Himmel und nachts sah ich die Sterne, die Öffnung wurde nicht mehr vom Schnee verweht. So lag ich denn da und merkte auf, ob ich nicht etwas höre, ob nicht jemand gehe oder fahre – ringsum war alles still, nur der Wind rauschte und erfrorene Bäume knarrten. Endlich – ich weiß nicht recht, an welchem Tage – vernahm ich über mir ein unbestimmtes Geräusch und hierauf Schritte. Wie froh war ich darob! Ich fing zu schreien an: ‚Hier bin ich, hier, unter dem Schnee, lebendig!' Meine Stimme ist zwar geschwächt – dachte ich –, dennoch wird sie vernommen werden. Trotzdem entfernten sich die Schritte und ihr Geräusch verstummte bald. Alles wurde wieder still. Mich überkam von neuem die Angst und ich fing wieder zu weinen an. Nach einiger Zeit vernahm ich wieder das Knistern des Schnees unter Tritten – unter vielen Tritten sogar – ich hörte Stimmen, und zwar menschliche Stimmen. Am Fensterchen fuhr ein roter *Shawl* vorbei – ich schrie auf: Hier bin ich, noch am Leben! Da schrie man auch oben: Hier liegt sie, hier! – O wie froh war ich, ich wartete, ich rief: Geht nicht fort, verlasst mich nicht! Da vernahm ich, dass man den Schnee auseinander zu scharren begann und auf einmal erblickte ich Himmel, Menschen, und zwar Stammesgenossen. Es waren ihrer drei, [287] einer mit einem roten *Shawl.* Sie befreiten mich vom Schnee, aber ich konnte mich trotzdem nicht bewegen. Ich lag in einem Eistrog, der sich unter mir aus aufgetautem und später eingefrorenem Schnee gebildet hatte. Die verfrorene, fast zu Eis gewordene Kleidung war hart wie Baumrinde. Hände und Füße waren steif, die Haare klebten am Eise. Um mich zu befreien, musste man behutsam mit Messern das Eis um mich herum abmeißeln.

‚Wenn Ihr Tee habt, so gebt mir!' sagte ich, ‚wenn ich auch sterbe, will ich Euch doch meine Rettung zu gut halten!'[6]

Man legte mich auf den Schlitten, wickelte mich in ein warmes Gewand ein und führte mich nach Hause. Die Reise ging in gestrecktem Galopp – das Haus war 20 Werst weit entfernt. Unterwegs betrachtete ich alles und sah alles.

Zu Hause angelangt, zerschnitt man meine Kleidung und nahm sie mir ab – dennoch blieben Arme und Beine steif, ich konnte sie nicht strecken. Die rechte Hand war an die Brust angedrückt, beide Knie gebeugt, das eine höher als das andere. So wickelte man mich in eine Decke aus Hasenfell und in Rentierfelle ein. Hierauf gab man mir Tee mit ‚lebendigem Blute' zu trinken. Man führte in die Jurte ein Kalb, machte einen Einschnitt in sein Ohr und hielt eine Tasse darunter. (Man sagt nämlich, dass ohne lebendiges Blut ein Mensch nicht zu retten sei.)

Sobald ich getrunken hatte, wurde es mir hell vor den Augen. Früher sah ich die Leute nur wie durch einen Nebel, jetzt vollkommen deutlich. Tags darauf konnte ich die Glieder ein wenig mehr strecken, aber erst am fünften Tage konnte ich mit der rechten Hand das Kreuz ungehindert machen. Erst am zehnten Tage verließ ich das Lager und konnte herumgehen. Vorher fiel ich jedesmal um, wenn ich aufstand. Die ersten Tage gab man mir nur Tee mit Blut zu trinken und sehr wenig zu essen, und zwar kleingeschnittenes, aber hartes Kuhfleisch. Am vierten Tage erlaubte man mir zu rauchen und es wurde mir gar leicht ums Herz.

Nach und nach genas ich und wurde vollständig gesund. Lange Zeit hernach noch fürchtete ich mich, die Jurte zu verlassen. Und jetzt noch gehe ich beim schlimmen Wetter nirgends hin, mag es auch in der Nähe sein. So trug sich dies alles zu!"

Es sei mir gestattet, als Ergänzung dieser Erzählung der Timir-Kyß noch diejenige eines der drei Jakuten, die sie aufgefunden haben, hinzuzufügen.

6 Die Jakuten glauben an die Möglichkeit der Einwirkung der abgeschiedenen Geister auf die Lebenden.

„Ein Kaufmann langte in Karaktach an. Er sagte uns, morgen in der Frühe wird ein Mädchen mit der Fracht kommen. Aber der folgende Tag verging, es wurde Abend und kein Mädchen erschien. Ein Sturm brach los. Wir sagten uns: das Mädchen wird sich verirrt haben, man muss Leute hinschicken. Wir sandten zwei Männer aus. Sie fanden auf dem See den Schlitten mit dem Pferde – vom Mädchen keine Spur. Sie suchten dasselbe, konnten es aber nicht finden. Sie glaubten es tot und dachten nicht mehr es lebendig aufzufinden. Acht Tage lang suchte man es. Am letzten Tage gingen drei Männer aus, ich war unter ihnen. Wir trafen [288] einen mächtigen Schneewall an und bestiegen denselben. Wir standen auf ihm und hörten irgendwo einen Menschen weinen. Wir nahmen unsere Wintermützen, die uns die Ohren verdeckten, ab und fingen an aufmerksam zu lauschen. Das Weinen kam wie von irgendwo weit her, von welcher Seite jedoch, konnte man nicht bestimmen. Wir gingen in einer Richtung hin, die Stimme verlor sich und man hörte nichts mehr. Wir kehrten wieder auf den Schneewall zurück und vernahmen von neuem das Weinen.

Wir versuchten eine andere Richtung, dann noch eine, dreimal gingen wir so hin und zurück, überall verlor sich die Stimme. Darauf verließen wir den Wall nicht mehr, wir nahmen unsere Mützen ab, spitzten die Ohren, lauschten, legten uns nieder und suchten auf dem Schnee. Auf einmal erblickten wir ein rundes umfrorenes Loch, wie ein Silberrubel groß. Wir schauten hinein, sahen aber anfänglich nichts, nur eine Stimme vernahmen wir. ‚Ich lebe noch, ich bin hier.' – ‚Lebst Du noch?' fragten wir. ‚Ja, ich lebe noch, aber ich bin nahe am Sterben.' Die Öffnung erweiterte sich nach innen, gleich dem Geschirr, in das die Kaufleute Schnaps gießen.

Wir gruben hierauf und hauten sie aus. Ihre Hände waren unbedeckt, das Haupt entblößt. Wir fanden weder Handschuhe noch Mütze – sie mußte dieselben schon früher verloren haben.

Erst nachdem wir sie herausgenommen hatten," fügte noch der Erzähler hinzu, „bemerkte ich, dass über der Stelle, wo sie gelegen hatte, der Zweig einer Lärche, die da wuchs, mit Schneeflaum bedeckt und grau war. Ebenso geschieht es gewöhnlich über dem Zugloch des Winterlagers eines Bären. Auch von seinem Atem wächst auf dem Baum ein weißer Bart. Wir hatten dies früher übersehen und nicht beachtet. Es ist aber leicht zu begreifen: Der Mensch tut wie der Bär, beide atmen ja!"

Es fragt sich nun, wie es geschehen konnte, dass das Mädchen weder Hungers starb noch erfroren ist.

Man nimmt allgemein als sicher an, dass in Polargegenden der Verbrennungsprozess, der Stoffwechsel im menschlichen Organismus infolge der Einatmung von kalter Luft energischer vor sich gehe als in unserem Klima. Deshalb müsse man dort dem Organismus viel Brennmaterial in Gestalt von fetter Kost zuführen.

In der Tat verhält sich die Sache etwas anders. Es muss zugegeben werden, dass der Bewohner der Polargegenden viel essen kann und fette Speisen gern hat, aber er vermag auch andererseits bei stärkster Kälte 2 bis 3 Tage auf seinen Jagdzügen ohne alle Nahrung auszuhalten, ohne dabei seine Geistesfrische zu verlieren, gleichsam als wenn die Kälte in derselben Weise seinen magern Organismus beeinflussen würde, wie der Alkohol den Magen des Menschen, in kleinen Dosen die Verdauung befördernd, in großen die Ernährungsprozesse verlangsamend.

Wir kennen die Physiologie und die Hygiene der Kulturmenschen in gemäßigten Breiten, wir besitzen aber noch keine Grundlage, um eine vergleichende Physiologie der Bewohner verschiedener Breitengrade aufzubauen. Darum erscheint das Mädchen, welches ohne jegliche Nahrung im Frost (es mag wohl warm sein unter dem Schnee, gleichwohl war dort die Temperatur unter Null) volle neunmal vierundzwanzig Stunden zugebracht hat und dessen ungeachtet leben geblieben ist, als ein Phänomen, das die Aufmerksamkeit der Gelehrtenwelt wohl verdient.

W. Jochelson.

*

Der von Herrn Dr. med. Jochelson hier berichtete Fall erscheint uns so interessant und in seinen Konsequenzen von solcher Tragweite zu sein, dass wir unsere Leser bitten, uns freundlichst Nachrichten über eventuelle Beobachtung gleich- oder ähnlichartiger Fälle zukommen lassen zu wollen, über die wir dann eingehend in „Mutter Erde“ berichten würden.

Die Redaktion.

IN POLARGEGENDEN.
II. EIN „TANNER" IN DER TUNDRA[1]

Man nennt ihn Nikolaus Sleptzoff. Er verblieb in der Tundra 17 Tage lang ohne Nahrung. Dies geschah jedoch wider seinen Willen, Sleptzoff war somit eine Art unfreiwilligen „Tanners".

Wenn auch Fälle freiwilligen Fastens einiger bekannter „Hungerkünstler" etwas länger ausfielen, so muss man nicht vergessen, dass die uns bekannt gewordenen Versuche ein wissenschaftliches Ziel vor Augen hatten und unter Kontrolle von Ärzten und günstigen Bedingungen nach vorhergegangener Vorbereitung und bei gehobener Stimmung der Patienten vorgenommen wurden.

In unserem Falle dagegen spielte sich der Einzelkampf zwischen Tod und Leben in nackter, menschenleerer, mit Schnee bedeckter Tundra weit von jeder menschlichen Wohnung ab.

Es unterliegt keinem Zweifel, dass dieser Fall seiner Zeit keinem Kulturmenschen bekannt geworden war, wie denn auch manches andere, was sich in jenen öden, weit abgelegenen Gegenden des äußersten Nordosten Sibiriens zuträgt, seinem Wissen entrückt ist. [304]

Russische Blockhäuser in Ost-Sibirien [ME].
Image #11046, American Museum of Natural History Library.

1 In *Mutter Erde – Technik, Reisen und nützliche Naturbetrachtung in Haus und Familie*, Berlin und Stuttgart: Verlag von W. Spemann, 1899, Bd. 1: 303–308, 325–328. [Anm. EK]

Ich erfuhr davon bei nachstehender Gelegenheit. Zwanzig Werst trennten mich noch von der Station Salgyter, welcher der Jakute Sleptzoff als Essaul[2] vorstand.[3] Er war zwar kein Kosakenleutnant, aber die dortigen Russen legen, man weiß nicht warum, jedem Vorsteher einer Station auf jenen wenig befahrenen Polarwegen den Namen „Essaul" bei. Salgyter liegt 210 Werst weit von Srednekolymsk. Wir waren im Januar 1895. An diesem Tage hätte ich einen Weg von 80 Werst machen sollen. Die Gegend war waldig mit zugefrorenen Seen besät. Der Schnee lag tief auf dem Boden und die abgetriebenen, zu Tode müden Rentiere, welche augenscheinlich schon öfter diesen Winter den weiten Weg zwischen den zwei Stationen gemacht hatten, bewegten kaum ihre langen, dünnen, schön geformten Beine, welche sie aber auf wunderlich ungereimte Weise auseinanderwarfen. Mein Zug bestand aus acht Schlitten, von denen jeder von einem Paar Rentiere gezogen wurde. Diejenigen, welche an meinen Schlitten angespannt waren, gingen angebunden an den Hinterteil der vor mir fahrenden Narte eines Fuhrmanns, auf jakutisch „*Serdit*" genannt, was aber auf russisch „grimmig" bedeutet. Diejenigen, welche die Narten mit dem Gepäck und dem Mundvorrat zogen, waren an die Schlitten des Dolmetsch und eines andern *Serdit* (Fuhrmanns) angebunden. Die Kälte war auch ungemein grimmig, sie erreichte 50° C. unter Null. Darum zog ich es vor, mich gleich einem Ballen Gepäck passiv zu verhalten, statt die Ehre zu haben, bei so strenger Kälte die eleganten, aber wie die Esel eigensinnigen und dummen und dazu noch wilden Tiere zu lenken. Die Schönheit der Form scheint sich in der Natur leicht mit der Armut des Verstandes zu vertragen. Übrigens sind diese Tiere ziemlich wehrlos dem Menschen gegenüber. Sie schreiten vorwärts, ihre Beine auseinander werfend, so lange sie noch ein bißchen Kraft besitzen, denn der lange Treibstock des Fuhrmanns schont auch die am meisten empfindlichen Körperteile des Zugtieres nicht. Sind aber die Kräfte wirklich zu Ende, so protestiert das Rentier auf einmal in einer sehr entschiedenen Weise, indem es das in seiner Lage einzig Mögliche macht, nämlich sich auf den Schnee wirft und durch keine Schläge sich belehren lässt, dass es unaufhörlich den Menschen und sein Gepäck ziehen müsse. Solche Rentiere befreit man vom Zugriemen und lässt sie liegen. Auf dem Rückwege finden sie dann die Fuhrleute etwas erholt, wenn der nordische Wolf die gute Gelegenheit nicht benutzt hat.

Auf diese Art hatten wir schon drei Rentiere liegen gelassen und die Narten mit dem Gepäck wurden nur von je einem gezogen. Dass dieser Umstand zur Beschleunigung unserer Reise wenig beitrug, versteht sich von selbst.

Wir mussten oft stillhalten um hier Rentiere zu wechseln, damit die Einspänner nicht zu sehr ermüdet werden und dort niedergesunkene zum Gehen zu bewegen.

Es gibt wenig Umstände in unserem Leben, die so geeignet wären, den Menschen Geduld zu lehren, wie eine solche Nordreise. Wir verließen das Nachtlager gegen 8

2 Name für den Grad eines Leutnants der Kosaken.

3 Das Portrait brachten wir als Typenbild auf Seite 262 (in *Mutter Erde*, Bd. 1, 1899 [EK]).

Uhr morgens, Mitternacht war schon nahe und die Stationsjurte war noch nicht sichtbar. Es erhob sich ein starker Wind. Wind und Kälte sind in jenen Gegenden gefährliche Gespanen für den Reisenden. Kein Pelz schützt ihn vor ihnen, den einzigen Schutz gewährt ihm die Bewegung. In tiefem Schnee herumzuwaten gelingt es ohne Mühe dem mageren Tungusen in seinem leichten Kaftan; der unerfahrene, mit vielen Pelzen beschwerte Europäer jedoch bringt es nicht zu stande.

Ich brauche nicht zu bemerken, dass bei einer solchen Kälte meine Hände und Füße, die vor allen andern Körperteilen der Wirkung des Frostes am meisten ausgesetzt sind, steif wurden. Die Wimpern froren jeden Augenblick zusammen, so dass es mir unmöglich war, die Augen offen zu behalten. Auf dem Schnurrbart bildeten sich aus dem gefrierenden Atem wahre Stalaktiten, die den Mund verdeckten. Der Kinnbart wurde zu einem Gletscher. Oft war ich genötigt, bald die eine, bald die andere Hand, ohne Rücksicht darauf, dass sie mir erfrieren könnten, von den Pelzhandschuhen zu befreien, um die Augenwimpern aufzutauen. Dies nützte mir sehr wenig, denn in der Ferne sah man doch gar nichts. Die Nacht war finster. Ein dichter Nebel, gebildet vom schweren und schnellen Atmen der zu Tode ermüdeten Rentiere, umgab die ganze Karawane. Der Weg führte durch den Urwald, wo der Schnee lind und locker bleibt, unser Zug konnte sich somit nur ungemein langsam, gleich einer Schildkröte, vorwärts bewegen. Die Schlitten stießen oftmals an die bereiften Stämme der grauen Lärchen an, die uns zur Strafe, dass wir ihre Ruhe störten, mit Schneeflocken, welche auf ihren Ästen lagerten, dicht bestreuten. Der Polarwald weckt zur Winterszeit im Menschen durch sein Grabesschweigen und seine todesähnliche Öde das Gefühl des Grauens und des Schreckens.

Da, plötzlich bekam meine Narte einen heftigen Stoß und ich wurde gewahr, dass sie hielt. Bald darauf wurde alles wieder still. Mit Mühe nur taute ich meine Wimpern auf und erblickte, dass ich mich mit meinem Schlitten allein im Wald befand. Derselbe rannte an einen abgehauenen Stamm an, der Zugriemen riss und die auf diese Weise befreiten Rentiere folgten der vorangehenden Narte, an welche sie angebunden waren. Gerade von diesem Ort zog sich ein Abhang gegen einen See hin, und die Karawane, in welcher mein Schlitten der letzte war, glitschte ziemlich schnell hinab. Mein Rufen wurde nicht vernommen, denn meine Leute waren schon weit. [305] Es blieb mir nichts anderes übrig, als mich zu fügen und geduldig zu warten, bis der voranfahrende *Serdit*, die Furcht, in eine Salzsäule umgewandelt zu werden, überwindend, sich umkehren und erblicken werde, dass meine Rentiere nartenlos seien. Ich wartete somit. Zu Fuß zu gehen war schwierig und gefährlich, man konnte die Spuren der Karawane übersehen und sich vollständig verirren. Um die Füße ein wenig zu erwärmen, wollte ich auf einem und demselben Platz herumstampfen, sobald ich aber die Narte verließ, sank ich bis an die Hüften in den lockeren Schnee.

Die Zeit des Wartens und Frierens erschien mir sehr lang, in solchen Augenblicken wird jede Sekunde zur Ewigkeit. Endlich kehrte der *Serdit* zurück und fluchte

Tungusinnen [ME].
Image #22192, American Museum of Natural History Library.

über die Rentiere in allen Tonarten, meinen Vorwürfen auf diese Weise zuvorzukommen suchend.

„Wann werden wir denn endlich an die Jurte gelangen?" fragte ich ungeduldig.

„Bald, bald; sie ist nicht mehr weit!" war die beschwichtigende Antwort des Fuhrmanns.

Wir ließen uns auf den See hinab und ich erblickte wirklich etwas wie Funken, die aus dem Kamin geflogen kamen; sogar eine Jurte wurde sichtbar auf einer Anhöhe. Leider aber stellten sich bald die Funken als unbewegliche Sterne auf dunklem Grunde des mondlosen Firmaments heraus, und die Jurte war nichts anderes als ein Geschöpf meiner Einbildung. Durch den Nebel hindurch, der immer die große Kälte begleitet, erscheinen die Sterne rötlich und entsprechend der Bewegung desselben werden sie bald sichtbar, bald verschwinden sie, gleich dem Funkenspiel über einem Schornstein.

Rentier mit Narte [ME].
Image #11077, American Museum of Natural History Library.

Dem ungeachtet wurde ich noch manchmal diesen Abend betrogen infolge ähnlicher Illusion oder Luftspiegelung. Ich hörte endlich auf, meinen eigenen Augen zu trauen, und als nach langer Fahrt wirkliche Funken sichtbar wurden, bemühte ich mich, mir einzureden, dass es Sterne seien, bis sich die Karawane der Jurte genähert hatte und ich sah, wie aus dem niedrigen Schornsteine eine Flammenzunge emporstieg und seinen oberen Rand, der aus vom Rauch geschwärzten, aber auf irgendeine wunderbare Weise vom Feuer verschonten Stangen gebaut war, beleckte.

Vor der Jurte stand gedrängt eine Gruppe von Menschen, welche der Station angehörten. Es waren Jakuten und Tungusen, von denen letztere gewöhnlich den Dienst der Rentierkutscher verrichten. Wie leicht zu begreifen ist, sprang ich behend aus der Narte heraus und so weit es mir mein Reiseanzug erlaubte, eilte ich zu der engen, niedrigen, schiefstehenden und mit einem Rentierfell bedeckten Türe der Jurte. Ein Jakutenknabe, der augenscheinlich die Dienste eines Portiers versah, hob diese Türfalle auf, und da es mir schwer war, in die dadurch entstandene Öffnung einzudringen, so verhalf man mir dazu in der Weise, dass mich dienstfertige *Serditen* in das Innere der Jurte hineinstießen. Zum Glück konnte ich mich noch zur Zeit beugen, um nicht mit dem Kopf an den niedrigen Querpfosten anzustoßen.

Es hält schwer, jenes behagliche Gefühl zu beschreiben, welches man nach sechzehnstündiger Fahrt in grimmiger Kälte beim Anblick des offenen, blendenden Kaminfeuers empfindet. Ich brauchte nicht wenig Zeit, um mein Gesicht von der dasselbe bedeckenden Eishülle zu befreien, und machte die Erfahrung, dass der Haarwuchs am Gesicht im Polarklima nicht nur eine überflüssige, sondern auch unangenehme Zierde sei. Er schützt fast gar nicht vor Kälte und verursacht auf dem Reif nur Beschwerden. Der *Shawl* und die Ränder meiner Kleidung waren an den Bart angefroren, und es fehlte wenig, dass mir derselbe gänzlich ausgerissen worden wäre, wenn ich nicht den Jüngling, der mir beim Auskleiden nur allzu eifrig half, aufgehalten hätte. Dies war ein Sohn des *Essaulen* Sleptzoff, des abwesenden Eigentümers der Jurte.

Auf dem Herde brodelte in Teekannen das Wasser. Auf dem Tische standen Teller mit Schnitten gefrorener roher Fische und andere auch gefrorene aus Milch zubereitete Speisen. Es ist merkwürdig, dass man nach Genuß kalter Speisen dennoch Wärme im Innern empfindet. In Erwartung des belebenden Getränkes, nämlich des Tees, leitete ich ein Gespräch mit dem jungen Gastgeber ein, um mich einigermaßen für das lange Schweigen während der Reise zu entschädigen. Ich erfuhr, dass er erst am Vorabend meiner Ankunft nach Hanse zurückgekehrt war. Sein Vater hatte für ihn irgendwo, weit von dort, eine Braut ausgewählt. Der Jüngling musste den „Kalym" (Kaufschilling für die Braut, der bei den Jakuten in Pferden oder Hornvieh bezahlt wird), seinem Schwiegervater bringen, und nachdem er sich seiner Mission entledigt und die Rechte eines Ehemannes [306] erworben hatte, kehrte er nach Haus zurück, mit Zurücklassung seiner Frau, die im väterlichen Hause bis zum künftigen Herbst verbleiben sollte.

Tschuktschen und ihr Zelt [ME].
Image #11027, American Museum of Natural History Library.

Mich empörte der gleichgültige Ton, mit welchem der junge Mann mir die Geschichte seiner Heirat und der gleich nachher erfolgten Trennung von seiner Frau erzählte. Sollte bei einem Neuvermählten das Begehren, bei seiner jungen Frau zu bleiben, nicht etwas Selbstverständliches sein? Gelüstete es ihn denn nicht nach den Freuden und Genüssen der Flitterwochen? Dies waren natürlich dem Geiste unserer Vorstellungen von Liebe und Ehe angepasste Betrachtungen, und ich stellte an ihn die Frage:

„Wie konntest Du denn Deine junge Frau verlassen? Hast Du keine Langeweile?"

„Nein", antwortete er in demselben melancholisch gleichgültigen Tone, „sollte ich mich langweilen, so werde ich ein Pferd besteigen und hinreiten. Übrigens naht jetzt die Zeit der Stürme, der Weg führt durch die Tundra, da könnte ich mich verirren und zu Grunde gehen. Einmal irrte ja mein Vater siebzehn Tage lang herum, und man fand ihn vor Hunger sterbend."

„Wieso?"

„Er verirrte sich einfach, die Zughunde sind ihm mit der Narte fortgesprungen, und er blieb allein."

Mir kam mein vorheriger Unfall mit den Rentieren, welche sich von meiner Narte losgerissen und mich im Walde allein gelassen hatten, in den Sinn, und ich sah ein, dass ich noch sehr glücklich davongekommen war.

Mit dem Vater des Jünglings selbst traf ich erst nach einem halben Jahr zusammmen. Nikolaus Sleptzoff ist noch ein stark gebauter Greis von dem wenig sympathischen Aussehen eines jakutischen Händlers mit gerunzeltem, aber ausdrucksvollem und verständigem Gesicht mit harten Zügen. Diese Härte war jedoch nur eine Folge vom Fehlen des rechten Auges, das er schon in der Kindheit verloren. Auch die Katastrophe, die er durchgemacht, hatte Spuren auf seinem Antlitz zurücklassen müssen.

Um der eigenen Einbildungskraft keinen Spielraum in der Darlegung eines wirklichen Begebnisses zu lassen, will ich lieber Sleptzoff selbst erzählend einführen:[4]

„Dies trug sich zu im Jahre, in welchem der Gouverneur der Provinz Jakutsk den Bezirk Kolymsk mit seinem Besuche beehrt hatte.[5] Ich weilte damals bei den Tungusen, nicht weit von den Quellen des Flusses Schondra auf dem Gebirge Moresistas.[6] Noch 9 Tage blieben bis zum Frühlingsfest des heiligen Nikolaus (9./21. Mai). Ich beabsichtigte von den Tungusen nach Hanse auf die Station Andalach zurückzukehren. Sie liegt 20 Werst weit entfernt von dem Gebirge Alaseja und bildet die erste Station auf der Straße nach Osten. Die zweite auf derselben Straße liegt 80 Werst weiter entfernt und heißt Salgyter. Zu jener Zeit wohnte ich in Andalach. Mein Gepäck bestand aus 900 Wyporotki (Felle von einem Monat alten und noch jüngeren Rentieren), ein paar hundert Polarfüchsen und anderen Pelzwaren, die ich bei den Tschuktschen und Tungusen auf Tee, Tabak und dergleichen umgetauscht hatte. Ich nahm bei den Tungusen zwei Führer mit. Mein eigenes Gespann bestand aus neun Hunden. Das Gepäck führten die Tungusen auf fünf mit Rentieren bespannten Narten, sie besaßen

4 Ich halte es für passend, die folgende Erzählung und die darin vorkommenden Gespräche in möglichst wortgetreuer Übersetzung wiederzugeben.

5 1883. Bis jetzt ist dies der einzige Gouverneur (General Tschernjajeff), der den Mut gehabt hatte, einen Besuch dieses Landes zu wagen, um es ein wenig kennen zu lernen. In den Augen der Eingeborenen war das ein epochemachendes Ereignis, so dass sie jetzt daran verschiedene Begebenheiten in ihrem Leben, wie an eine Zeitrechnung, anknüpfen. Es ist dies bei den Eingeborenen das *ab urbe condita* der Römer.

6 „More" bedeutet in der russischen Sprache „Meer", in jenen Gegenden wird von den Russen mit diesem Worte auch die Tundra genannt. „Sistas" bedeutet im Jakutischen „steiniges Gebirge". „Moresistas" gebrauchen die Jakuten zur Bezeichnung jenes steinigen Gebirgszuges, dessen lange Achse auf der Diagonale zwischen dem unteren Flussgebiete der Alaseja und dem mittleren der Indigirka verläuft.

außerdem für sich zwei Narten, so dass der ganze Zug aus acht Narten, neun Hunden und neun Rentieren, von denen zwei Reserve waren und frei gingen, bestand. Die Tungusen spannen nämlich in der Tundra an die Gepäcknarten nur je ein Rentier an. Wir fuhren auf diese Weise eine Nacht und zwei Tage lang und erreichten die Grenze der [307] Wälder. Die Tungusen erklärten mir, dass sie jetzt umkehren wollen. Nicht weit von hier gegen Süden – sagten sie – läuft die große Straße, an welcher Du in einer Tagesreise die ersten jakutischen Bewohner treffen wirst. Geradeaus auf diesem Wege wirst Du sie erreichen, und wirst dort Deine Leute (Angestellte) finden.

Wir nahmen zusammen das Mittagsmahl auf dem Schnee ein und tranken Tee. Die Tungusen luden meine Waren auf dem Schnee ab und kehrten zurück. Alle Warenballen sollten hier so lange liegen bleiben, bis ich um dieselben meine Arbeiter geschickt haben würde. So blieb ich denn allein. Gemäß der Weisung der Tungusen begab ich mich auf meinem Hundeschlitten gegen Süden. Weg war keiner da; ich reiste einen Tag und eine Nacht, konnte aber die große Straße nicht finden. An dem Ort, wo mich die Tungusen verlassen hatten, zog sich der Wald in der Form einer Landzunge in die Tundra hinein. Südlich und westlich breitete sich wieder die Tundra aus. Ich erkannte, dass ich mich verirrt hatte. Ich ließ die Hunde allein und ging zu Fuß den Weg zu suchen, wobei ich sehr zu schwitzen anfing. Der helle Widerschein der Schneegefilde blendete mein einziges Auge, Schweißtropfen gelangten hinein und es wurde mir dunkel, so dass ich wie durch einen Nebel sah. Ich kehrte zu meinen Hunden zurück.

Es war vollkommen hell, beim Sonnenaufgang jedoch (welcher dort in jenem Monate 1½ Stunden nach dem Sonnenuntergang erfolgt), entstand ein Schneesturm, der alles in Dunkel einhüllte. Kaum konnte ich die Schweife des letzten Paares der an die Narte angespannten Hunde sehen. Ich war gezwungen anzuhalten, um das Ende des Schneesturms abzuwarten. So bin ich 24 Stunden lang liegen geblieben; ich bedeckte die Narte mit dem *Tordoch*[7] und verbarg mich unter demselben. Vorher gab ich den Hunden zu fressen, nahm selbst auch eine Mahlzeit aus Rentierzungen und -Fett, legte mich unter dem *Tordoch* nieder und schlief ein. Ich schlief aber unruhig, wachte oft auf, um unter der Decke hinauszuschauen. Es schneite fortwährend. Die Narte, die Hunde, der *Tordoch* – alles wurde verweht. Endlich ließ der Sturm nach und da gewahrte ich, dass ich gar nichts sah, dass ich blind geworden war.[8] Es fiel mir ein, dass, wenn ich in diesem Zustande vorwärts fahre, ich nicht imstande sein werde, meine Landsleute aufzufinden. Ich hatte Furcht, vorwärts zu reisen. Die Hunde standen gegen Süden gekehrt, ich wendete sie nach Norden. Ich überlegte nämlich, dass sie allein den Rückweg finden und zu den Tungusen oder Tschuktschen gelangen werden.

7 *Tordoch* nennt man einige zusammengenähte geräucherte Rentierleder, womit man das Gerippe der Wohnungen und auch die Narten mit ihrem Gepäck bedeckt.

8 Reisenden in den Alpen sind die Fälle der Schneeblindheit wohlbekannt. Viel stärker noch treten sie zur Frühlingszeit in der Tundra auf, wenn die Sonne, die fast den Horizont nicht verlässt, mit ihrem glänzenden Licht die grenzenlose weiße Fläche beleuchtet und der Widerschein der Strahlen die Augen des Reisenden bis zur Blindheit blendet.

Ich begab mich also auf den Rückweg, wobei ich zumeist zu Fuß ging, denn der Schnee war tief und noch weich, die Hunde aber vollständig ermattet. Lange reiste ich auf diese Weise. Plötzlich hielten die Hunde an. Ich fing nun an hin und her zu gehen, um die Ursache dieses Anhaltens herauszufinden und fühlte mit den Füßen unter dem Schnee – denn ich sah gar nichts – die vorher zurückgelassenen Warenballen heraus. Augenscheinlich bin ich auf denselben Ort zurückgekehrt, wo mich die Tungusen verlassen hatten.

Ich packte hier alles aus meiner Narte aus, ließ darin nur einige Nahrungsmittel für mich und Futter, in Fischen bestehend, für die Hunde und ließ letztere wieder laufen, ohne sie zu lenken.

Jukagirischer Zughund [ME].
Image #1943, American Museum of Natural History Library.

Wie lange ich auf diese Weise gefahren bin, kann ich nicht sagen. Plötzlich fingen die Hunde geradaus zu rennen an, hierauf nach links und blieben dann stehen, indem sie sich in einen Haufen zusammen ballten und den Schnee mit ihren Füßen scharrten. Ich blieb in der Narte sitzen und wartete. Endlich vernahm ich gleichsam das Bellen eines Weißfuchses in seinem unterirdischen Lager und schloss daraus, dass die Hunde ihn in seine Grube hineingejagt hatten. Sehen konnte ich natürlich nichts. Ich verließ die Narte und bemühte mich, die Zugriemen der Hunde zu entwirren. In diesem Augenblicke fingen sie alle auf einmal zu bellen an, entkamen mir aus den Händen und einige Minuten hierauf hörte ich ihr Bellen schon weit seitwärts. Sie flohen davon, die Narte mit sich fortschleifend, und ich blieb allein mit dem *Prikol*[9] in der Hand. Dies trug sich zu, wenn ich nicht irre, zur Tageszeit 5 Tage vor dem Frühlingsfeste des hl. Nikolaus (9.–21. Mai). Im Vorbeifliegen versetzte mir die Narte einen Schlag auf das Knie, so dass ich auf den Schnee fiel und mich darin versenkte, weil er zu weich war und meine Last nicht tragen konnte.

Ich hatte eine *Kukaschka* mit *Kamleika*[10] an. Unter diesen Kleidern trug ich eine warme Jacke, in deren Taschen sich Tabakreste befanden, mit denen ich Tschuktschen und Tungusen beschenkte. Selbst hatte ich bis zu jener Zeit noch nicht geraucht. Mich

9 *Prikol* heißt ein dicker Birkenstock, dessen unteres Ende mit einem spitz zulaufenden Eisen beschlagen ist. Er dient sowohl um den Lauf der Narte zu hemmen, als auch die Hunde anzutreiben.

10 *Kukaschka* ist ein hemdartig zugeschnittenes Oberkleid aus Rentierfellen und *Kamleika* ein Überwurf von demselben Schnitt aus geräuchertem weichen Rentierleder, das vor Winden schützt.

auf meinen Stab (*Prikol*) stützend, schritt ich vorwärts, bald in den Schnee sinkend, bald mich erhebend. In welcher Richtung ich ging, weiß ich nicht; ich suchte meine Hunde, ich rief sie, schrie – vernahm aber gar keinen Laut.

Auf diese Weise strich ich mehrere Tage herum und hatte keine Ahnung von der Richtung. Ich unterschied den Tag von der Nacht, das Tageslicht [308] blendete mir die Augen und sie taten mir weh. Sobald ich müde war, legte ich mich auf den Schnee nieder und schlief vor Ermattung ein; lange konnte ich jedoch nicht schlafen, ich erhob mich und begann immer von neuem herumzuirren, den *Prikol* als Stab gebrauchend. In den ersten Tagen dieses Herumirrens fühlte ich starken Hunger, mein Mundvorrat war jedoch auf der Narte geblieben. Hierauf hatte ich Durst; ringsherum lag Schnee; ich entnahm meiner Tasche Tabakreste, legte sie in den Mund, kaute dieselben und spuckte sie dann heraus, um sofort mit dem Schnee den Durst zu stillen. Ohne zuvor den Tabak gekaut zu haben, verwandelte sich der Schnee in meinem Mund in Eis und taute nicht auf. Erst am zweiten Tag nach dem hl. Nikolaus fing er aufzutauen an, von da an verging er im Mund ohne Hilfe des Tabaks. [325]

Zum Glück wehten zu jener Zeit keine starken Winde, wie dies sonst gewöhnlich in der Tundra geschieht; die Luft wurde wärmer und die Sonne fing bei Tage stärker zu brennen an. Ich grub unter dem Schnee einen Weidenzweig aus, machte daraus einen Ring, worin ich einen Schneeball befestigte, band denselben an dem Riemen des *Prikol* fest und steckte letzteren in den Schnee. Darunter breitete ich meinen *Shawl* aus und legte darauf mein Schnupftuch, welches das vom Ringe herabträufelnde Wasser auffing. So hatte ich zu trinken.

Nach Verfluss von neuen zwei Tagen taute der Schnee noch stärker auf, das Wasser sammelte sich in den Vertiefungen, ich konnte meines Ringes entbehren. Ich hörte auch auf, den Tabak zu kauen, fing aber zu rauchen an.

Meine Kräfte nahmen ab. Am vierten oder fünften Tage nach dem heiligen Nikolaus bemerkte ich, dass ich vollständig kraftlos geworden war, ich war nicht mehr imstande vorwärts zu gehen. Ich suchte einen Hügel, auf dem ein Haufen Steine lag und ließ mich auf letztere nieder. Augenscheinlich stand hier früher ein Zelt der Tschuktschen; dieselben befestigen nämlich die unteren Ränder ihrer Zelte mit schweren Steinen. Ich dachte mir dabei, wenn ich auf einer Anhöhe sterben werde, so wird man mich leichter auffinden und beerdigen können – meine Gebeine werden nicht verloren gehen.

Wenngleich auch die Sonne schon einen Kreis auf dem Horizonte beschrieb, so konnte ich doch den Mittag von der Nacht unterscheiden. Zur Tageszeit hatte ich große Schmerzen beim Öffnen der Augen.

Unter dem Hügel lag ein kleiner See, auf dessen Eis sich Schneewasser ansammelte, das Eis war jedoch von den Ufern schon durch einen schmalen Streifen freien Wassers getrennt. Etwa zwanzig Mal an einem Tag begab ich mich, mich auf den *Prikol* stützend, zum See hinunter und trank am Ufer knieend das Wasser. Der Durst quälte mich sehr. Auf dem Hügel schlief ich vor Schwäche oft ein. Mein Schlaf war aber unruhig. Sobald ich einzuschlafen begann, schien es mir, dass man mich rufe, meinen Namen nenne, dass ich die Stimmen meiner Frau und meiner Kinder höre – da sprang ich auf, fand aber Niemanden.

Vier Tage lang blieb ich auf dem Haufen Steine liegen; am fünften fand mich ein Tunguse, der in dieser Gegend ein wildes Rentier verfolgte, durch reinen Zufall auf.

Leute, die man, wie ich später erfahren habe, nach mir ausgeschickt hatte, konnten mich nicht finden. Ich habe schon vorher bemerkt, dass meine Arbeiter mich in einer der Tundra am nächsten liegenden Jakutenwohnung erwarteten. Nach zwei Tagen vergeblichen Wartens begaben sie sich auf die Suche zu den Tungusen und erfuhren, dass ich dieselben schon längst verlassen hatte. Sie fuhren nun fort, mich zu suchen und fanden in der Gegend der oberen Strömung des Flusses Schondra meine Hunde mit der Narte. Zwei von ihnen waren schon tot, die übrigen lagen unbeweglich in einem Knäuel in ihre Zugriemen verwickelt. Nicht weit von den Hunden fanden sie auch meine Spuren. Es scheint, dass ich mich mehrere Mal während meines Umherirrens ihnen genähert hatte, doch kein einziges Mal bis zu ihnen gelangt war.

Nachdem der Tunguse sich mir genähert hatte, frug er auf jakutisch:

„Was für ein Mensch wärest Du?"

Ich erteilte keine Antwort. So oft hatte ich mich schon getäuscht, indem ich zu hören glaubte, man rufe mich. Ich blieb somit liegen und rührte mich nicht. Früher, wenn ich antwortete und erkannte, [326] dass mich niemand rief, litt ich ungemein und weinte.

Ein tungusisches Lager an der Waldgrenze [ME].
Image #1975, American Museum of Natural History Library.

Der Tunguse fragte wieder:

„Bist Du ein lebendiger oder ein toter Mensch?“

Auf diese Frage hob ich schweigend den Kopf und sah gleichsam einen Schatten vor mir.

„Ich bin lebend“, antwortete ich.

„Und wer wärest Du?“ war die neue Frage.

Ich nannte mich. Dieser Tunguse, mit dem Namen Johann und mit dem Zunamen *Motlorchoi* (jukagirisches Wort = mager) diente einstens bei mir als *Serdit*, er erkannte mich und fing zu weinen an.

„Wie wirst Du denn jetzt zum Leben kommen?“ sagte er.

„Ich werde nicht mehr zum Leben kommen“, antwortete ich, nichtsdestoweniger bin ich froh, dass man mich fand, und dass sich meine Gebeine nicht verlieren werden.“

Der Tunguse sprach wieder:

„Ich werde zu meinem Rentier gehen und es herbeiholen.“

„Wo sind Deine Leute?“ frug ich, „sind sie weit oder nahe?“

„Wo meine Leute sind, weiß ich nicht, ich verfolgte eine Rentierspur und entfernte mich von ihnen. Mögen sie weit oder nahe sein, ich werde sie schon auffinden, habe Du keinen Kummer.“

„Wir wollen zusammen gehen zu Deinem Rentier“, sagte ich hierauf.

„Wie willst Du denn jetzt gehen“, war seine Antwort. „Du bist ja nicht imstande, einen Schritt zu tun. Ich will schon allein gehen. Ich werde es herbeiführen. Bleib Du nur da, ich werde Dich nicht verlassen.“

Er beteuerte unter größten Schwüren, dass er mich nicht verlassen werde und zurückkehren wolle. Er setzte sich nieder, wollte rauchen, schüttelte seinen Tabaksbeutel und rief aus:

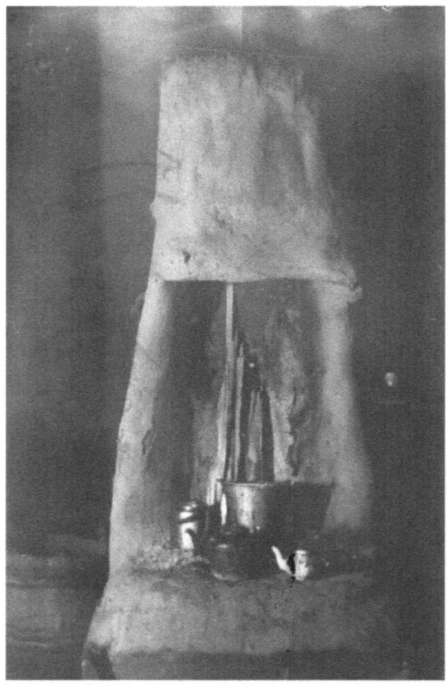

Jakuten-Herd [ME].
Image #11043, American Museum of Natural History Library.

„Ah, kein Tabak!“

„Ich habe Tabak“, sagte ich.

Ich hob den Überwurf auf und wollte aus der Jackentasche Tabak nehmen, konnte es aber nicht zustande bringen wegen allzugroßer Schwäche.

Der Tunguse tat es selbst, rauchte ein wenig, ging zum See, um den Durst zu löschen und wollte sich entfernen. Ich sagte zu ihm:

„Wir wollen zusammen gehen.“

„Gut“, antwortete er mir, „zuvor musst Du aber Deine Oberkleider ausziehen und dann wollen wir gehen.“

Er nahm mir das Leder- und das Pelzhemd ab, legte es sich auf den Arm, den *Shawl* nahm er auch zu sich. Gestützt auf den *Prikol,* schritt ich etwa zwei Klafter vorwärts und fiel vor Schwäche nieder. Der Tunguse entledigte sich seines Kaftans (eine lange Oberjacke), breitete ihn auf den Schnee aus, machte aus meinem Gewand ein Kopfkissen und sagte:

„Leg Dich nieder, ruhe Dich aus, wir wollen ein wenig plaudern."

Hier erzählte er mir, wie er, nachdem er mich auf dem Hügel liegend erblickt hatte, die früher gesehenen Spuren von meinem Stab für diejenigen einer Tschuktschenlanze nahm und als er noch dazu Spuren jakutischer Beschuhung auf dem Schnee sah, daraus den Schluß zog, ein Tschuktsche habe einen Jakuten erschlagen. Er habe da sein ermattetes Rentier zurückgelassen und sei zum Hügel zu Fuß gegangen.

„Nun werde ich das Rentier holen gehen", fügte er hinzu.

„Nein, gehe nicht ohne mich", bat ich ihn.

„Ich werde Dich ja nicht verlassen", beteuerte er. „Würde ich Dich allein lassen und Du stürbest, so müsste ich mich ja vor Gott und dem Zaren verantworten."

Ich wollte immer noch meine Zustimmung nicht geben; ich kannte ihn zwar gut und traute ihm vollkommen, aber ich hatte Furcht, wieder allein zu bleiben.

Er zündete noch einmal seine Pfeife an und machte Miene, aufzubrechen. Er hob sein Jagdmesser auf, um es umzulegen, legte es aber wieder auf den Schnee und sagte:

„Wozu denn auch, ich werde ja bald wiederkommen."

Er wollte auch sein Feuerzeug zu sich nehmen, ließ es aber auch bleiben mit derselben Bemerkung:

„Wozu denn, ich werde bald wiederkommen."

Auch das Jagdgewehr wollte er mitnehmen, ließ es aber liegen.

„Nehme ich es mit", sagte er dabei, „und erblicke einen Vogel, so werde ich mich aufhalten, lieber mag es dableiben, desto eher werde ich zurückkommen."

Da schöpfte ich vollkommenes Zutrauen zu ihm und sagte:

„So gehe denn."

Ich nahm das Jagdgewehr und umarmte es, gleich einem teuren Pfande.

Meine tschuktschischen Fuhrleute, ihre Rentiere vor der Abfahrt sammelnd (aus *Mutter Erde,* s. Anm. auf S. 7).

Der Tunguse kehrte mit dem Rentier bald zurück und ich vernahm, wie er sein Messer zu wetzen anfing.

„Wozu wetzest Du das Messer?“ fragte ich.

„Ich will das Rentier schlachten.“

„Tue das nicht“, bat ich ihn. [327]

„Du stirbst ja vor Hunger, wie willst Du denn ohne Speise bleiben? Obschon das Rentier mager ist, wir wollen es dennoch schlachten.“

„Nein, schlachte es nicht“, bat ich ihn wieder, „was werden wir denn beide hier ohne Zugtier machen? Führe Du mich lieber nach der *Urassa* ab, zu Deinen Stammgenossen.“

Er ging und schnitt beim Rentier die äußersten Spitzen des Geweihs[11] ab.

„Verbinde Du ihm das Geweih“, sagte ich ihm.

„Nicht nötig“, antwortete er, „es wird darob nicht umkommen.“

Der Tunguse schnitt den Knorpel fein, wie Tabak, und reichte ihn mir zum Essen. Nachdem ich es getan, wurde mir lichter in den Augen. Er setzte mich hierauf auf die Narte und fuhr ab. Die Narte war schmal, klein, eine von jenen, auf denen man wie auf dem Pferde sitzt. Ich legte mich darauf nieder und der Tunguse befestigte mich mit einem Riemen, damit ich nicht herunterfalle. Selbst schritt er zu Fuß. Auf dem Wege erblickte er ein Rebhuhn, entfernte sich, um es zu schießen, fehlte es aber. Wir fuhren weiter. Auf einer ebenen Stelle hielt er plötzlich still.

„Warum hältst Du still?“ fragte ich ihn.

„Meine Fußbekleidung ist schlecht geworden“, antwortete er, „ich will die Sohle ändern“.

Plötzlich hörte ich etwas, als ob das Rentier zu Boden fiele.

„Was bedeutet das?“ fragte ich.

„Ich habe es geschlachtet“, antwortete der Tunguse, „sollen denn etwa zwei Menschen zu Grunde gehen wegen einem Rentier?“

Er nahm dem geschlachteten Tiere das Fell ab, schlitzte ihm den Bauch auf, machte aus dem ersten Magen eine Tasse, füllte sie mit Blut und gab mir zu trinken. Ich tat es. Hernach schnitt er ein Stück Leber ab, schnitt es auch fein und gab es mir zu essen. Ich nahm es. Da sagte er:

„Jetzt will ich meine Stammgenossen aufsuchen, und Du bleibe hier. Werde ich sie finden oder nicht, morgen um diese Zeit kehre ich zurück.“

Jetzt hielt ich ihn nicht mehr zurück. Wir waren ja beide ohne Zugtier geblieben, möge er somit seine Genossen finden.

11 Das Rentier wirft zur Frühlingszeit sein Geweih ab, und die neuen Sprossen sind weich wie Knorpel. Die Tungusen beteuern, dass sie sehr gut schmecken; während einer Hungersnot werden sie abgeschnitten und als Nahrung gebraucht. Für das Rentier jedoch ist diese Operation nicht ungefährlich – es kann nämlich verbluten, denn zur Zeit des Wachstums des Geweihs ist die Blutzufuhr darin groß.

Der Tunguse schnitt die Füße des Rentiers ab, ein Schienbein nahm er mit sich, die übrigen ließ er zurück. Die Leber wickelte er in das Fell eines Unterschenkels ein, legte sie in den Bauch des Rentiers und sagte:

„Wenn Du essen willst, so nimm die Leber und zerbröckele sie. Das Blut kannst Du auch trinken, nur esse kein Fleisch, sonst wirst Du sterben, und trinke kein Wasser, sonst wirst Du auch sterben."

Er legte mir das dem Rentier entnommene Fell zurecht und entfernte sich. Kaum war ich aber bis zu diesem Fell gekrochen, so kamen Tungusen, die mich zu suchen ausgegangen waren, mit Rentieren an. Mit ihnen war auch Motlorchoi zurückgekehrt. Sie machten Tee, gaben mir zu trinken, auch Zucker gaben sie mir und Zwieback aus Weizenbrot. Alle diese Tungusen waren meine Schuldner. Sie banden zwei Narten zusammen, setzten mich darauf und immer mich stützend, gelangten sie auf diese Weise zu ihrer *Urassa*, die etwa eine halbe Werst von dem Orte entfernt war, wo ich vor Hunger sterbend lag. Hier gaben sie mir feingeschnittenen Rentierbraten. Ich aß. Hierauf fingen sie an, mich auszukleiden. Meine Füße waren geschwollen, die Zehen steif und man musste meine Fußbekleidung aufschneiden. Das Gesicht war auch geschwollen.

Nachdem sie mich ausgezogen hatten, legten sie mich nieder und bedeckten mich mit einer Pelzdecke.

Ich schlief bald ein, man ließ mich jedoch nicht lange schlafen. Man weckte mich und führte mich, nur mit einem Hemd bekleidet, hinaus. Draußen wurde ein Rentier eingefangen, die Tungusen schnitten ihm am Hals die Haut auf und öffneten die *ängüs-mäji* (jakutischer Ausdruck für Halsschlagader), sie unterbanden dieselbe mit einem Darmfaden und nachdem sie mir das zugebundene Ende in den Mund gesteckt hatten, nahmen sie den Faden weg. Das warme Blut des noch lebenden Tieres spritzte mir direkt in den Magen. Hierauf schlitzten sie dem Tiere den Bauch auf, setzten mich mit den Füßen hinein und bedeckten mich mit dem Bauchfell. Alles, was mit mir vorging, sah ich noch schlecht mit meinem Auge, man hat es mir später erzählt. Ich blieb lange im Innern des Rentieres sitzen, bis ich ganz mit Schweiß bedeckt wurde. Da nahm man mich heraus, trug mich in die *Urassa* zurück, legte mich auf ein Lager aus Tierfellen und bedeckte mich wieder mit einer Decke. Ich schlief nochmals ein. Abends weckte man mich zum zweiten Mal und wusch mich ganz mit lauem Wasser ab. Nachdem dies geschehen war, verschwand meine Blindheit und ich sah wieder.

Ich tastete an mir herum und fand nur Haut und Knochen, Fleisch und Fett waren verschwunden. Die Haut war [328] dünn wie Papier, aber ich war nicht mehr geschwollen.

Ich fühlte mich besser, konnte mich ausrichten, aber herumzugehen war ich noch nicht imstande. Im Innern der *Urassa* stellte man für mich ein besonderes Zelt her. Hierauf bekam ich wieder Tee zu trinken und kleingeschnittenen Rostbraten zu essen. Hunger hatte ich keinen, aber immer Durst. Man gab mir jedoch wenig Tee zu trinken. Nach dem Essen bekam ich starkes Magen- und Bauchweh und wurde ernstlich krank. Man beschloss den Arara[12] zu holen. Er sei ein erfahrener Mann.

Am dritten Tage kamen sie mit ihm an. Er meinte:

„Ihr habt ihm unnötigerweise Tee zu trinken und Zwieback und Fleisch zu essen gegeben. Ihr hättet ihn nur mit lebendem Blute tränken sollen. Vor dem Hineinsehen in den Bauch des Rentieres soll man einem solchen Menschen außer Blut gar nichts anderes geben."

Arara brachte jakutische geschmolzene Butter aus Kuhmilch bereitet mit sich. Davon gab man mir einen Esslöffel im Wasser. Danach salbte man mich mit dieser Butter vollständig ein.

Ein bis zwei Tage darauf fing sich meine Haut zu schälen an. Sieben Tage lang gab man mir warmen Tee zu trinken und Rostbraten zu essen.

Man führte mich auch täglich auf kurze Zeit ins Freie, schützte mich aber vor der Sonne. Erst nach Verlauf einer Woche reichte man mir gekochtes Fleisch.

Meine Besserung schritt schnell vorwärts, ich verblieb jedoch bei den Tungusen in der Tundra bis zur Mitte des Sommers. Erst da kamen meine Verwandten auf Pferden, mich zu holen und wir ritten über Sümpfe heimwärts."

Im März des Jahres 1897 fuhr ich über die Tundra nahe jener Stelle, wo Sleptzoff gehungert hatte. Mit vielen von denjenigen, die diesen nordischen Tanner auf die oben beschriebene Weise ausnährten, sowie auch mit dem Tschuktschen Arara machte ich dort Bekanntschaft, und sie alle haben die Erzählung des Sleptzoff bestätigt. Es ist mir nur nicht gelungen, jenen edlen Tungusen, Johann Motlorchoi, aufzufinden, der sein möglicherweise einziges Rentier aufgeopfert hatte, um seinen alten Arbeitgeber vom Hungertod zu retten.

12 Der reichste und angesehenste Tschuktsche in der westlichen Tundra; er haust noch mehr gegen Westen an dem Nebenfluss der Indigirka Jertschen.

IN POLARGEGENDEN.
III. DIE BLATTERN IM ÄUSSERSTEN NORDEN.[1]

Die Erklärung für den Untergang der Naturvölker durch ihre Berührung mit der europäischen Kultur ist eine äußerst komplizierte. Abgesehen von der Ausbeutung der Naturmenschen durch die Kultureindringlinge, von der Aufnahme alkoholischer Getränke, ferner davon, dass die Zivilisation neue Bedürfnisse in ihnen erweckt, ohne neue Quellen zu deren Befriedigung zu eröffnen, sind noch andere Ursachen für ihr Zurückweichen in das Reich der Schatten vorhanden. Diese Ursachen bestehen in einer besonderen Empfänglichkeit der Naturvölker für die mit der Kultur hereingebrachten Infektionskrankheiten wie: die Blattern, Masern und Syphilis. In diesem Aufsatz will ich nun ein lebendiges Bild der unlängst noch in der Gegend der Kolyma wütenden Blattern-Epidemie, durch welche in einigen Ortschaften die Hälfte ihrer Bewohner zu Grunde ging, entwerfen.

Die dortige Lebensweise, das raue Klima und die Hilflosigkeit dieser an den Rand des Kontinents verdrängten Menschen verleihen der Epidemie eine tragische Bedeutung. Wie überhaupt Europäer die Blattern den Völkerschaften Afrikas und Amerikas gebracht haben, so ist diese Seuche von den Russen durch ganz Sibirien, bis zu der östlichen Küste Asiens verbreitet worden, und fand hie und da bei den wenig widerstandsfähigen Naturmenschen einen günstigen Boden zu ihrer Verbreitung. Die letzte Blattern-Epidemie wütete dort in den Jahren 1885 und 86: sie wurde von russischen Kaufleuten und Kosaken aus Jakutsk eingeschleppt und durchschritt, zwei Parallelstreifen bildend, das Land. An den Ufern des Eismeeres hat sie ⅔ der Tschuktschen dahingerafft und die Gegend von Nishnikolymsk verheert; sowie im Süden vom Waldesrande die jakutischen Ansiedelungen verwüstet. Die zwischen den Tschuktschen und Jakuten, d. h. zwischen der Meeresküste und den Wäldern, herumstreifenden Geschlechter der Tungusen und Jukagiren sind von dem Besuche des schrecklichen Gastes „aus dem russischen Lande“ verschont geblieben. – Noch im Jahre 1897 sah ich auf meinen Wanderungen sehr oft ganz verlassene Jurten, deren frühere Bewohner teils ausgestorben, teils nach dem Ableben einiger Mitglieder geflüchtet waren. Die Jakuten hegen vor diesen Jurten eine so abergläubische Furcht, dass nicht nur ein Bewohnen derselben ausgeschlossen ist, sondern auch ihre Umgebung gemieden wird.

Ja, das war eine schreckliche Zeit! Noch beim Anhören der Schilderungen aus derselben sträuben sich einem die Haare auf dem Kopfe.

1 In *Mutter Erde – Technik, Reisen und nützliche Naturbetrachtung in Haus und Familie*, Berlin und Stuttgart: Verlag von W. Spemann, 1899, Bd. 1: 364–366, 385–388. [Anm. EK]

Eben diese Erzählungen will ich nun, wie ich sie von den Leuten, die das furchtbare Jahr überlebt haben, hörte, hier wiedergeben. – Es war Anfang März des Jahres 1897; ich hielt auf meiner Reise in der jakutischen Ansiedelung Bissitach an; letztere besteht aus zwei Jurten, liegt unweit der Waldgrenze und ist die letzte westliche, jakutische Wohnstätte im Bezirk von Kolymsk. Von diesem Punkt bis zur Indigirka hin stößt man weder auf jakutische, noch auf andere ständige Wohnungen mehr.

Eine Gruppe Tschuktschen vom Jertschen (Nebenfluss der Indirka) [ME].
Image #22155, American Museum of Natural History Library.

Ich war im Begriff, den öden Gebirgsrücken zwischen Alaseja und Indigirka zu überschreiten, um zu den westlichsten Tschuktschen, die an dem Nebenfluss der Indigirka, Jertschen, leben, zu gelangen. Der Weg über das Gebirge bis zu meinem Ziel hin hatte eine Ausdehnung von 250 Werst, und war das Übersteigen desselben ohne erfahrenen Führer ein sehr gefahrvolles Unternehmen, denn nichts ist leichter, als sich in dieser gebirgigen Tundra zu verirren. Die fortwährend über dieselben wehenden Winde verwischen jede Wegspur, sie versetzen Schneeberge von Ort zu Ort, die Gestalt der Berge, Hügel, Ebenen unaufhörlich verändernd, so dass der Reisende alle Vorstellung von Richtungen verliert. Aus diesem Grunde versah ich mich mit erprobten Führern, und außerdem gesellten sich noch mehrere andere Leute dazu. Da waren Tschuktschen – Fuhrleute mit Rentieren, tungusische Wegführer, alaseische Jukagiren, und endlich Lamuten von der Indigirka, die sich uns unterwegs unter dem Vorwand, uns Gesellschaft zu leisten, anschlossen; dabei hatten sie aber die begreifbare Berechnung, dass sowohl die Tschuktschen bei der Verteilung des Fleisches, als auch der „russische Herr" bei der Tee-, Zucker- und Zwieback-Verteilung an den Aufenthaltsorten sie nicht davon ausschließen würden. Das waren schmarotzerhafte Reisegefährten. Schon seit zwei Tagen herrschte ein furchtbarer Wirbelsturm und wir mussten in der *Jurta* das Eintreten der Windstille abwarten. Auf den *Oronen*[2] der wenig geräumigen *Jurta* hatten die vornehmen Leute ihren Platz eingenommen, mir wurde der mittlere *Oron*, der vornehmste Platz, angewiesen. Eine der Seitenbänke teilte mein Kosak freundschaftlich mit einem reichen Tschuktschen, der 3900 Rentiere besaß: diejenigen, welche auf den Bänken nicht [365] mehr Platz gefunden hatten, saßen auf ihren, auf dem gefrorenen Erdboden der *Jurta* ausgebreiteten Rentierfellen so eng aneinandergedrängt, dass einige in dieser Position schlafend die Nacht zubringen mussten. Die Besitzer der *Jurta* hingegen wurden auf einen *Eckoron* hinter dem Herde gedrängt. In der gegenüberliegenden Ecke, nahe der Tür, war eine Kuh angebunden, die erst am vergangenen Abend Mutterfreuden erlebt hatte; damit das Kalb nicht erfriere, hatte man die hohe Wöchnerin aus dem Stall nach der *Jurta* gebracht. Sie fühlte sich in der letzteren wie zu Hause, kaute, brüllte und verrichtete alle übrigen Lebensbedürfnisse, ohne die mindeste Rücksicht auf die anderen Mitbewohner zu nehmen.

Das muntere, rötliche Kälbchen mit den langen Eselsohren, das sich noch nicht ganz sicher auf seinen langen dünnen Beinen fühlte, beleckte zutraulich die nahe der Tür sich befindenden Personen. Auf dem Erdboden, dicht vor dem Herd, lag auf seinem ihm soeben abgezogenen Fell ein mit Blut bedecktes Rentier, das der reiche Tschuktsche am Nachmittag geschlachtet hatte. Ein armer Jakute von der benachbarten *Jurta* erfüllte mit großem Eifer die Pflichten eines Koches, indem er mit einer Axt Stück um Stück von dem Rumpf abhieb und sie mit den Haaren, dem geronnenen Blut und samt dem Schmutz in zwei auf dem Herd befindliche Kessel warf. Das vornehme Publikum unterhielt sich inzwischen, in der angenehmen Erwartung eines guten Schmauses, in verschiedenen Dialekten; da hörte man tschuktschische, lamutische und jukagirische Laute. Zeitweise wurde die Unterhaltung allgemein, und dann verdrängte die jakutische Sprache, die dort die international-diplomatische Rolle spielt, wie in Europa die französische Sprache, alle andern Mundarten. Sogar die noch halbwilden Tschuktschen, die erst vor einigen Jahrzehnten vom Osten her bis zu der Indigirka gekommen waren, hatten sich schon die jakutische Sprache angeeignet.

Der Wind heulte, die Nacht brach herein.

Der Schein der hellen Flamme des Herdes vibrierte in der als Fenster dienenden Eisscholle, die, wie die ganze *Jurta,* vom Schnee vollständig bedeckt war. Das harzige, ästige Lärchenholz, das in dem Herd brannte, zischte und knatterte. Die Hausfrau, die der Gäste wegen über ihre lederne, mit Fett beschmutzte Kleidung ein Kattunhemd angelegt hatte, schürte das Feuer und sagte dabei etwas unruhig: „Es soll etwas Schlimmes bedeuten, dass das Feuer so geschwätzig ist, ja es ist ein böses Zeichen! So trug es sich zu, ehe die ‚große Krankheit' zu uns kam!" – „Schwätze nicht, Weib", ermahnte

2 Schlafbänke.

sie der Mann! Da trat der 12-jährige Sohn hinzu und der Vater sagte ihm: „Nähere Dich nicht dem Feuer, Baibal!“[3] Mir war es nach den Dokumenten bekannt, dass der Name des Knaben nicht Baibal, sondern Uiban[4] lautete. Ich fragte deshalb den Wirt: „Wozu benennst Du Deinen Knaben mit einem anderen Namen?“ Darauf erzählte er mir, dass „Baibal“ der Name eines an den Blattern gestorbenen Verwandten sei, dessen Seele nun in dem Knaben fortlebe. Diese Tatsache sei ihnen folgenderweise bekannt geworden: „Als der Knabe zu sprechen begann, soll er folgendes gesagt haben: Wir waren viele Leute in Djargatach, alle sind wir gestorben, und nur auf einem Pferde sind wir dahingeritten!“ – So sprach aus dem Knaben die Seele des am See Djargatach samt den anderen Jakuten verstorbenen Verwandten Baibal. Bei der Beerdigung der Toten wurde wirklich nur ein Pferd getötet,[5] und so mussten alle die armen, abgeschiedenen Seelen auf einer Pferdeseele ihre weite Reise ins Schattenreich antreten. Diese Erzählung veranlasste mich zu verschiedenen Fragen über die erwähnte Epidemie, woraus mir mehrere von den Anwesenden ihre Erlebnisse aus der schrecklichen Zeit erzählten und ihre Meinung über die Ursachen der Seuche äußerten. [366]

Es wäre irrig anzunehmen, dass nur die Kulturvölker danach streben, für jede ihnen begegnende Erscheinung eine Erklärung zu finden, denn auch bei den Naturvölkern begegnen wir demselben Streben.

Jedoch suchen und finden sie für Erscheinungen keine Ursachen, sondern Urheber. Vor dem Eintritt der Russen in das Polarland war die Krankheit dort gänzlich unbekannt, und da sie erst nach der Ankunft der Russen dort auftrat, so musste sie mit ersteren in einem gewissen Zusammenhang stehen. Sie finden die Ursachen für Krankheits- und Todeserscheinungen in dem Glauben an „böse Geister“, die an dem „Schatten“ der Menschen zehren und schrieben die Art der Krankheit der Natur des Geistes zu.

Jedes Volk hat nach ihrer Meinung ihm anhaftende Geister, und so ist der Geist der Blattern mit den Russen zu ihnen gekommen. Die Schamanen, die die einheimischen Krankheiten mit Erfolg zu behandeln verstehen, indem sie durch Beschwörung die bösen Geister aus den Kranken entfernen, haben sich diesem fremdländischen, einem starken Volke eigenen Geist gegenüber ganz ohnmächtig erwiesen. Die größten Schamanen haben mit ihm zu kämpfen versucht und sind selbst seiner Macht erlegen und hierdurch erklären sie sich auch die furchtbare Ausbreitung der Krankheit. Man kann sich wohl vorstellen, welche Furcht, welches Entsetzen sie hervorrief.

Um den gefürchteten Geist nicht zu reizen, nennen sie die Krankheit „Mutterblattern“ oder einfach „sie“, und ist es verboten auf sie zu schimpfen. Auf den Wegen werden an die Bäume gute Fuchs-, Hermelin- und Zobelfelle für den Geist gehängt, und da sie wissen, wie sehr die Russen Pelzgeschenke lieben, so nehmen sie an, dass ihre Geister denselben Geschmack haben. Es gibt jedoch noch andere Chancen, um

3 Paul.

4 Johann.

5 Religiöse Sitte, bei dem Tode eines Jakuten auch sein Pferd zu töten.

sich dieses grausigen Gastes zu entledigen. Da der Geist aus einem dicht bevölkerten, mit bequemen Fahrstraßen ausgestatteten Lande hergekommen ist, so kann er sich in einem so wüsten, unwirtlichen, in dem die menschlichen Wohnstätten auf 10–100 Werst von einander getrennt liegen, nicht leicht zurechtfinden. Aus diesem Grund verwandelt er sich nun in ein schönes, russisches Mädchen in rotem Kleide, das eine *Jurta* aufsucht, in der nur Kinder anwesend sind, aus denen es nun mit Geschenken und Liebkosungen zu erforschen sucht, wo sich rings umher Ansiedelungen befinden. Findet er keine Wohnung, so verwandelt er sich in einen Raben, der alsdann von der Spitze eines Baumes aus Umschau hält, wo Rauch von den Herden aufsteigt, oder der mit scharfen Ohren das leiseste Geräusch einer menschlichen Stimme zu erlauschen sucht.

Kaum verbreitete sich die Nachricht von dem Auftreten der Krankheit, so wurde jede Verbindung zwischen den einzelnen Ansiedelungen sofort eingestallt, so dass eine Quarantäne, ähnlich der europäischen, entstände. Außerdem verbieten die Jakuten jeden starkes Geräusch verursachenden Gebrauch der Axt und anderer Instrumente, sowie allzu lautes Sprechen. – Die Wege verwehen, und das vom Schrecken ergriffene Land verfällt in Schweigen und Erstarrung.

Jakutischer Schamane im Zauberanzug [ME].
Image #11001 (links), #1971 (rechts), American Museum of Natural History Library.

Gebirgige Tundra (aus *Mutter Erde*, s. Anm. auf S. 7).

Ich will nun, nach dieser kleinen Erläuterung, mit den einzelnen Erzählungen der Anwesenden beginnen.

„Uns hat ‚sie' verschont", antwortete auf meine Frage ein Tundra-Tunguse des Geschlechts Betil. „Warum hat sie gerade euch verschont", fragte ich, um ihn zu einer Erklärung anzuregen.

„Zwei von unseren jungen Leuten sahen bei der Besichtigung der Weißfuchsfallen aus einer derselben menschliche Füße ragen, und als sie die Falle öffneten, fanden sie darin ein schönes russisches Mädchen in roter Kleidung mit fast abgefrorenen Gliedmaßen und dem Sterben nahe; sie bat flehentlich, man möge sie in eine Wohnung führen, damit sie sich stärke und erwärme. Die Tungusen taten also, und beim Abschied von ihnen sprach das wiedergenesene Mädchen: „Ich bin der Geist der Blattern, zum Dank dafür, dass ihr mich gerettet habt, werde ich keinen eurer Geschlechtsgenossen berühren!" – „Sie hat Wort gehalten", schloss der Tunguse, „keiner der Unsrigen starb." – Ein Tundra-Lamute, von dem Geschlecht Chodoi-djil, sagte, dass auch bei ihnen die Krankheit keinen Eingang gefunden habe, da das „russische Teufelsmädchen" sie nicht habe auffinden können. [385]

„Es war ein Sommer in der Tundra", erzählte er, „wir wussten nicht, dass die Tschuktschen sterben. Mein Bruder ritt auf einem Rentier zur Jagd. Unterwegs sah er auf einem Hügel ein Tschuktschenzelt; neben diesem zwei Frauen sitzend und in ihrer Nähe weidete eine Herde Rentiere unter Aufsicht eines Jünglings. Das machte ihn staunen, denn die Tschuktschen der West-Tundra verweilen im Sommer stets an der Meeresküste. „Was habt ihr", schrie er aus der Ferne. „Bei uns ist es nicht gut", antwortete eine der Frauen, „viele Leute sterben. Wir sind von der Küste fortgewandert, nachdem unsere Männer und Alten gestorben und wir allein nur zurückgeblieben sind." Als mein Bruder das vernahm, wollte er, ohne sich ihnen zu nähern, seinen Weg fortsetzen. „Was, Du wirst nicht Tee trinken", sagte eine der Frauen. „Nein", erwiderte er, ich gehe weiter." „Wir werden zu euch kommen", meinte dieselbe Frau. „Allein wir werden nicht willkommen sein", fügte die zweite Frau hinzu, „wir sollten nicht gehen." Mein Bruder aber entfernte sich, ohne zu antworten. Jedoch die erste Sprecherin rief ihm hartnäckig nach: „An welchem Orte sitzet ihr?"

„Dort, in jener Richtung, wo die Sonne untergeht, am zweiten See von hier, dort sitzen wir", sprach mein Bruder, auf die entgegengesetzte Richtung von unserem

Lager zeigend. Nach dieser Richtung ritt er nun, bis das Tschuktschenlager seinen Blicken entschwunden war, dann machte er kehrt, das Rentier zur Eile antreibend. In unserem Lager angekommen, sprach er: „Schnell, macht euch zum Abwandern fertig!" – „Was ist geschehen", fragten wir. „Schnell, sonst kommt ‚sie' zu uns, die Tschuktschen bringen ‚sie'. Blitzschnell waren nun die Zelte auseinandergenommen, die Rentiere zusammengetrieben, unsere Habe aus die Narten gepackt und wir gingen auf und davon. Nacheinander machten wir fünf große Tagesmärsche nach Osten zu, dann hielten wir an.

So entgingen wir dem „russischen Teufel".

Ein Jukagir vom ersten Alasei-Geschlecht erzählte, dass bei ihnen, am Fluss Tschukotschja, viele Menschen der Seuche erlagen, und dass sie von den Bewohnern der Kolyma zu ihnen gekommen war. „Ich selbst", sprach er, „war damals bei den Jukagiren an der Mündung des Omolon.[6] Als der erste Jukagir gestorben war, kam der Arzt von Srednekolymsk,[7] befahl die Kleider des Verstorbenen zu verbrennen, bespritzte uns mit einer Flüssigkeit, ließ viel Branntwein zum Trinken zurück und entfernte sich wieder. Sobald er fort war, brach die Krankheit aus: nur Wostjakow und ich blieben gesund und pflegten, uns mir Branntwein stärkend, die Kranken. Wir waren stets betrunken." (Daran erinnerte er sich mit großem Behagen.) „Viel Leute starben, mehr als die Hälfte", fuhr er fort; „die Särge zu verfertigen, die Gräber zu graben und die Toten zu bestatten, das alles ging über unsere Kräfte. Wir warfen alle zusammen in eine sonst zur Aufbewahrung der Fische dienende Eisgrube und überschütteten sie mit Erde."

Der Tschuktsche Omran erzählte: „Es befand sich in der Tundra ein großes Tschuktschenlager. Einst kam in dasselbe ein Russe auf weißem Pferde, übernachtete und setzte am andern Morgen seine Reise fort. Darauf erkrankten fast alle." – „Lieber wollen wir selbst sterben, durch unsern Tod,[8] ehe wir uns dem russischen Teufel hingeben", riefen die Tschuktschen aus. Sie setzten sich hierauf auf den Boden in einem Kreise um eine alte hysterische Frau, die sie mit einem großen Messer bewaffnet hatten. Sie begannen sie zu reizen, und die Alte stach darauf blindlings auf die Umsitzenden los.[9] Viele wurden so durch sie getötet, andere entliefen der Alten, kamen in andere Tschuktschenlager und brachten die Krankheit dorthin."

Nun begann der Jukagirenhäuptling des zweiten Alasei-Geschlechts mit der Erzählung seiner Erlebnisse: er ist ein armer Mann, der sich meistens zu den Tschuktschen hält, unter denen er viele Freunde hat, die ihn mit Nahrungsmitteln unterstützen.

6 Ein russisiziertes Jukagirgeschlecht, bei denen von 70 Personen 33 an der Seuche starben.

7 In Srednekolymsk soll ein Kreisarzt sein: seit 8 Jahren jedoch ist der ganze Kreis ohne Arzt, da keiner dort hingehen will. Selbst seine Anwesenheit kann bei den großen Entfernungen und schlechten Wegen nur der Stadtbevölkerung, die ans Personen besteht, von Nutzen sein.

8 Bei den Tschuktschen herrscht noch jetzt die Sitte, dass alte Leute auf ihren Wunsch von ihren Kindern getötet werden.

9 In den Polargegenden ist unter den Frauen eine besondere Form der Hysterie unter dem Namen „Emerjak" sehr verbreitet.

Als die Krankheit ausbrach, befand er sich im Lager des reichen Tschuktschen Ararra unweit der Indigirka. „Es kam ein Tschuktsche von der Meeresküste", so sprach er, „zu mir und sagte: ‚Dein Freund Amlerkot sagt zu Dir: ich sterbe, ich sterbe, komme, mich zu beerdigen!' Ich beeilte mich, zu ihm zu gelangen, und als ich nach Tagesmärschen ankam, war er tot. Ich habe ihn begraben.[10] Der Tschuktsche, der mich geholt hatte, starb auch, ich begrub ihn ebenfalls. Ein Tschuktsche aus einem benachbarten Lager war mir dabei behilflich. Dann sagte er: ‚Ich gehe nach meinem Hause zu sehen.' Er fand die Seinigen, bis auf eine Frau, tot. Er rief mich, und wir bestatteten die Toten. Als wir in das erste Lager zurückkehrten, waren auch dort alle der Krankheit erlegen, nur ein Mädchen war am Leben geblieben.

Jakutische Rentierwirtschaft an der Lena [ME].
Image #1987, American Museum of Natural History Library.

Wir machten uns nach einem anderen Lager auf und fanden auch dort nur Tote.

Im dritten Lager – dasselbe Bild. Alle Toten zu bestatten, war uns unmöglich; wir wickelten sie in Rentierfelle und ließen sie auf den Hügeln liegen. So wanderten wir von Lager zu Lager, überall Sterbende und Tote findend.

Viele der Tschuktschen flohen nach Osten.

Die Rentiere der Verstorbenen blieben ohne Hirten und zerstreuten sich nach allen Richtungen. In den Zelten und um sie herum lag die Habe der Toten. Schließlich erkrankte auch ich.

10 Im allgemeinen verbrennen die Tschuktschen ihre Toten. Die an der Indigirka wohnenden haben in den letzten Jahren schon die Sitte des Beerdigens von ihren Nachbarn angenommen.

Noch erinnere ich mich des schrecklichen Schreiens der sterbenden Tschuktschen. Als ich wieder gesundete, hatte die Krankheit ausgewütet.

Jetzt kamen Verwandte der Verstorbenen vom Osten her, sammelten die Rentiere und schleppten sie samt den Habseligkeiten davon. Wer zuerst kam, [387] erbeutete am meisten. Die Lamuten trieben viele Rentiere mit sich nach Westen. Von den zahlreichen Tschuktschen, die früher hier waren, sind nur noch wenige vorhanden, und darum ist es armen Leuten jetzt sehr schwer, Rentiere und Speise zu erhalten", endete der Häuptling.

Diese, sowie die vorstehenden mit größter Einfachheit und Schlichtheit vorgetragenen Erzählungen geben wohl schon ein klares Bild der damaligen Schreckenszeit, aber die Leidensgeschichte eines jakutischen Mädchens aus der Zeit der Epidemie, mit welcher ich die Reihe meiner Schilderungen beschließen will, übertrifft an Tragik alles Vorhergegangene. Das betreffende Mädchen, namens Alyxa, war damals 10 Jahre alt und wohnte nicht weit von Bissitach. Ihr Vater, ein reicher Jakute, ist Starosta (Ältester), namens Moxogol, was in der jakutischen Sprache „Falke" bedeutet. Kurze Zeit vor Ausdruck der Epidemie Witwer geworden, heiratete er bald darauf eine junge, reiche Jakutin und baute eine große, neue *Jurta*. Zu Beginn des Winters kamen die Verwandten seiner Frau samt ihren Viehherden, für welche ihnen, einer Mißernte wegen, das Futter fehlte, zu ihm.

Sie waren die Reichsten ihres Geschlechts; auch zwei durchreisende Jakuten hielten sich zur gleichen Zeit in der *Jurta* auf. Eines Abends kam ein jakutischer Händler von der Indigirka her und legte sich, ohne die ihm vorgesetzte Speise zu berühren, nieder. Im Schlafe begann er zu phantasieren. Der Wirt rief mit Schrecken aus: „Sie spricht aus ihm." Am anderen Morgen verschlimmerte sich sein Zustand, und am zweiten Tage fühlten sich fast alle krank, nur der Wirt und seine Frau, die kleine Tochter und sein Arbeiter blieben gesund.

Bei den Menschen verschiedener Kulturstufen zeigen sich zur Zeit der Gefahr dieselben entgegengesetzten Charakterzüge. Bei dem einen ruft gemeinsame Gefahr das Gefühl der Selbstverleugnung und Selbstaufopferung, während sie bei einem anderen nur egoistisches, grausames Fühlen hervorbringt, welches darin gipfelt, sich selbst zu retten, und geschehe es selbst durch den Untergang eines Nebenmenschen, ja sogar seines Angehörigen. Zu dieser letzten Kategorie konnte man Moxogol und seine Frau zählen. Sie verließen mit ihrem Arbeiter die neue *Jurta* und siedelten nach ihrer ehemaligen, jetzt zu einem Viehstalle umgewandelten Wohnung über. Alle Verbindung zwischen den beiden Jurten abbrechend, so dass es dem zehnjährigen Kinde allein oblag, die Kranken zu pflegen. Jeden Morgen wurde Fleisch, Fisch, Tee und gespaltenes Holz im Hofe niedergelegt, die das Kind holte, Feuer machte und die Speisen für die Kranken bereitete.

Ich muss hier darauf hinweisen, dass, während sich bei uns die Erkrankungen an Blattern hauptsächlich auf das Kindesalter beschränken, die Epidemie in den Polarländern gegen alle Altersstufen wütet. Bei allen Erkrankten in der *Jurta* nahm die

Krankheit einen schlimmen Verlauf. Der erste Verstorbene war der jakutische Händler. Das kleine Mädchen eilte auf den Hof und gab dort unter Schreien und Weinen von dem Geschehenen Kunde. Moxogol befahl seinem Arbeiter, auf dem Felde in größerer Entfernung von der *Jurta* eine Grube zu graben, dann ein Pferd zu satteln und es auf dem Hofe festzuhalten. [388] An dem Sattel wurde hierauf ein sehr langer Riemen befestigt, der in eine Schlinge endigte. Letztere musste die Kleine nun um den Toten in der *Jurta* werfen. Das Pferd zog an und schleppte so den Leichnam von der Bank herunter, zur Tür hinaus auf eine vor derselben bereitstehende Narte, auf welcher ihn die Kleine mit dem Riemen festband. Jetzt trieb der Arbeiter das Pferd an, und immer in weiter Entfernung von der Last gehend, beförderte er sie nach dem Feld, wo das Kind den Toten mit eigener Hand in sein Grab werfen musste.

Dieser Vorgang machte auf die Kranken in der *Jurta* einen grauenerregenden Eindruck. Der ältere Bruder der Wirtin, dessen Körper ganz mit Blatterngeschwüren bedeckt war, und der schon den Tod nahen fühlte, konnte sich nicht mit dem Gedanken abfinden, dass auch ihn, den reichen und vornehmen Jakuten, solche elende Bestattung erwarte. Er befahl daher dem Mädchen, seine Feiertagskleidung zu holen und kleidete sich mit ihrer Hilfe an. Sein Anzug war seiner Kostbarkeit wegen im ganzen Bezirk bekannt; er bestand aus einem wertvollen Fuchspelz, aus dem er einen silbernen Gurt trug, aus einer Zobelmütze mit Biberbesatz und aus kostbaren Pelzstiefeln. Um den Kopf band er ein seidenes Tuch. So angekleidet, schleppte er sich mit Hilfe des Mädchens aus dem Hause hinaus, legte sich auf eine im Hof stehende Narte und sagte: „Lieber sterbe ich hier!“ Am folgenden Morgen fand man ihn tot. Das arme Kind, selbst schon fiebernd, benachrichtigte wiederum ihre Angehörigen, und als sie den Leichnam zur Fortschaffung auf der Narte befestigt hatte, sprach der Arbeiter zu ihr: „Gehe zurück in die *Jurta,* ich werde ihn allein wegbringen;“ das Mädchen aber blieb stehen und sah ihnen nach. Da bemerkte sie, dass er, vor der Grube angekommen, den Toten seiner Kleider entledigte und ihn dann in die Grube stieß. Hierauf ging er mit den Sachen zum See, wusch sie in dem Wasserloch und entfernte sich mit denselben auf dem verwehten Weg von der *Jurta.*

Der arme Arbeiter, der stets nur Sachen von Vieh- oder Rentierleder getragen, konnte der Versuchung, Pelzkleidung zu erlangen, nicht widerstehen. Einige Zeit später fand man ihn tot in einer verlassenen *Jurta.* Am Tage nach dem Tode ihres Onkels konnte Alyxa die *Jurta* nicht mehr verlassen. So blieb der Herd kalt und es verbreitete sich in der *Jurta* eisige Temperatur, gleich derjenigen im Freien. Das Wasser in den Teekannen gefror, so dass das arme Kind, infolge des Fiebers vor Durst verschmachtend, ihn nicht stillen konnte. Sie verlor das Bewusstsein. Wie lange sie in diesem Zustand zugebracht, weiß sie auch heute nicht zu sagen, als sie aus der Bewusstlosigkeit wieder zu sich kam, sah sie ringsum nur vom Frost erstarrte Leichen. Ihre Kleidung klebte durch die Pockenwunden fest am Körper. Sie strengte ihre letzten Kräfte an und kroch auf Händen und Füßen aus der grausigen *Jurta* bis in den Hof, wo sie durch Weinen Lebenszeichen gab. Die Eltern heizten einen alten Stall, in welchen sie hineinkroch. Ihr junger, kräftiger Körper überwand die Krankheit schnell. Erst als ihre Wunden ganz vernarbt waren, ließen sie die Eltern zu sich in die *Jurta.* Die in dem neuen Wohnhaus verbliebenen Toten lagen dort noch einige Monate frosterstarrt da. Als die von dem Schrecken der Seuche ganz besinnungslos gewordenen Jakuten wieder zu sich kamen, begannen sie die vielen in den verschiedenen verstreuten Jurten liegenden Leichname zu beerdigen. – Das Mädchen, das jetzt abgesondert von seinen Eltern lebt, trägt auf seinem Gesicht deutlich die unverwischbaren Spuren der Schreckenszeit zur Schau, und auch in ihrem Herzen wird, trotz der vielen Jahre, die seither vergangen sind, die Erinnerung an das grauenvolle Erlebte nicht weichen. — Alles Gehörte hatte mich so bedrückt, dass ich nach einer schlaflosen Nacht froh war, am Morgen die jakutische *Jurta* verlassen zu können, um meine Reise fortzusetzen.

IN POLARGEGENDEN.
IV. DIE AUSSÄTZIGEN IM ÄUSSERSTEN NORDOSTEN.[1]

Wer hat noch nicht von der mutigen Engländerin, Miss Marsden, gehört, die im Jahre 1890 eine Reise in die Provinz Jakutsk unternahm und durch ihre Erzählungen und Schilderungen über die elende Lage der jakutischen Aussätzigen des Bezirks „Wiljuisk" das Interesse der gebildeten Welt für dieselbe erregte.

Es bildete sich in Petersburg ein Komitee, das noch jetzt besteht, und man brachte in kurzer Zeit 40 000 Rubel zusammen, die zur Errichtung eines Krankenhauses für Aussätzige im Bezirke Wiljuisk dienten.

Jetzt hat es sich gezeigt, dass der Aussatz kein Privilegium des letzteren ist, denn auch jenseits des Polarkreises existieren Lepraherde. Offizielle Berichte vom Anfang dieses Jahrhunderts sprechen schon von dem Vorhandensein solcher Kranken im Bezirk Kolymsk.

Selbstverständlich haben diese Elenden dasselbe Recht an Teilnahme wie diejenigen von Wiljuisk.

Die Lepra ist eine Krankheit, die nicht von bestimmten Breitengraden abhängig ist. Wie wir sie im heißen Klima finden, so kommt sie auch an vielen Orten des gemäßigten Europas und im kalten Sibirien vor.

Bei den Medizinern herrschte früher die Meinung, dass der Aussatz nicht ansteckend sei; erst in neuerer Zeit wurde die Lepra als Infektionskrankheit erkannt, und die gefundenen Bazillen zeigten Ähnlichkeit mit denjenigen der Tuberkulose. Diese Meinung hatten augenscheinlich auch schon die alten Hebräer, welche ihre Aussätzigen in die Wüste vertrieben, sowie auch die jetzigen unkultivierten Jakuten und Burjaten, die ihre von der Lepra Befallenen von den Gesunden absondern und sie weit von menschlichen Wohnungen entfernt ansiedeln. Trotzdem habe ich einige Fälle von Zusammenleben Gesunder und Kranker beobachtet, bei denen sich kein Nachteil für die Gesunden zeigte. Andererseits könnte man nach den von mir gesammelten genealogischen Daten über die Kranken mehr auf eine gewisse Erblichkeit als auf Ansteckung schließen.

So wie sich die Lepra im südlichen Teil der Provinz Jakutsk auf die Ebene von Wiljuisk konzentriert hat, so traf sie auch jenseits des Polarkreises hauptsächlich die Bewohner des seereichen und morastigen Gebietes vom Bezirk Kolymsk, deren Nahrung größtenteils aus Fischen besteht.

---

1 In *Mutter Erde – Technik, Reisen und nützliche Naturbetrachtung in Haus und Familie*, Berlin und Stuttgart: Verlag von W. Spemann, 1899, Bd. 2: 471–473, 487–490. [Anm. EK]

Unterwegs mit den Jakuten im Sommer (aus *Mutter Erde,* s. Anm. auf S. 7).

Bei den Bergjakuten des Bezirks Werchojansk, deren Hauptnahrung Fleisch ist, kommt die Lepra nicht vor, und auch im Bezirk Kolymsk werden von ihr nur die mehr ansässigen[2] Jakuten befallen, während die anderen Eingeborenen, die nomadisierenden Rentierzüchter und herumstreifenden Jäger verschont bleiben.

Man kann sich kaum ein elenderes, schmutzigeres und antihygienischeres Leben wie das der meisten Jakuten vorstellen, welches von ihrer Armut, Kulturlosigkeit und den klimatischen Verhältnissen bedingt ist.

Im Sommer und Herbst wird der Vorrat an Fischen für den Winter in Gruben gelegt, die mit Baumrinde und Erde, worüber noch Kuhdünger kommt, bedeckt werden.

Die nach und nach verfaulenden Fische, welche ganz das Aussehen von solchen verlieren, werden zu einem übelriechenden Brei. Zu Beginn des Winters, wenn diese Masse den Gärungsprozess durchgemacht hat, wird sie aus den Gruben herausgenommen und zum Gefrieren in dicken Schichten ausgebreitet.

Jede solche gefrorene Platte hat ein Gewicht von 35–40 kg und heißt „Kolymsja". Vor dem Gebrauch wird dann je nach Bedarf mit der Axt ein Stück abgehauen und zum Auftauen nach der Jurta gebracht. Während des Kochens verbreitet sich in derselben ein sehr scharfer, ätzender Geruch, der, die Luft verpestend, das Atmen sehr erschwert. Wenn ich in einer Jurta, in der gerade solche Fische gekocht und gegessen wurden, übernachten musste, so war es mir unmöglich zu schlafen, und fühlte am Morgen heftige Schmerzen in der Nase, als wäre deren Schleimhaut durch Überreizung sehr angeschwollen. Glücklicherweise bedecken die Jakuten ihre Schornsteine nicht, so dass die furchtbare Kälte den Pestgeruch, der sich an die Wände, Kleider etc. festsetzt, mäßigt, bis man wieder zum Kochen schreitet. Ich habe beobachtet, dass Jukagiren und Lamuten sich vor dieser Speise ekeln und selbst nicht den Geruch derselben ertragen können.

Die Jakuten essen auch das zersetzte Fleisch der von ihnen im Sommer erlegten Rentiere und Vögel.

2 Gewöhnlich wechseln die Jakuten ihre Wohnung nur zweimal im Jahr, nämlich zu Beginn des Winters und des Sommers.

Sie verschmähen auch nicht das Fleisch von durch verschiedene Seuchen gefallenem Hornvieh und Pferden.

Obwohl der Sommer kurz ist und die Nächte kalt sind, so machen sich doch starke Ausdünstungen der Moräste, auf denen die Jakuten wohnen, fühlbar. [472]

Während der Zeit, da ich den Bezirk Kolymsk nach verschiedenen Richtungen durchstreifte, hatte ich mehrmals Gelegenheit, jakutische Aussätzige zu sehen, und ist es interessant zu beobachten, wie die gesunden Jakuten mit den Syphilitikern aus einer Schüssel essen und auf gemeinschaftlichem Bette schlafen, während sie jede Berührung mit den Leprakranken fürchten und verabscheuen. Die Jakuten erkennen die „Lepra" schon im ersten Stadium, denn nach ihrer Meinung wird das Blut solcher Kranken „schwarz" und die Haut unempfindlich gegen Kälte oder Wärme. Einem derartigen Kranken errichtet man im Wald, entfernt von anderen menschlichen Wohnungen, eine Jurta, die man mit einem Zaun umgibt, den niemand überschreiten darf. Zweimal wöchentlich wird Nahrung und gespaltenes Holz für ihn vor dem Zaun niedergelegt. Es kommt häufig vor, dass 2–3 Kranke zusammen solche Jurta bewohnen, und zwar in dem Fall, wenn bei einem Aussätzigen die Krankheit bereits so vorgeschritten ist, dass er nicht mehr selbst für seine Bedürfnisse sorgen kann.

So leben diese elenden, vom Tode schon gezeichneten Einsiedler 5–10 Jahre lang, in denen sie gänzlich verfallen. Haare und Lider gehen aus, einzelne Gelenke der Extremitäten verfaulen und fallen ab, die Stimme wird heiser, Nerven und Muskeln werden gelähmt, die Haut schwillt an und bedeckt sich mit Wunden. Nur schwer ist es, den entsetzlichen Anblick eines solchen Unglücklichen, der bei Lebzeiten schon verfault, zu vergessen. Besonders leben noch drei derselben in meiner Erinnerung.

Ich übernachtete einst bei einem reichen Jakuten und Stammeshäuptling Sleptzoff und erfuhr zu meinem Erstaunen, dass vor drei Jahren sein älterer Sohn von der Lepra befallen und zwei Werst von seiner bisherigen Wohnung angesiedelt worden sei. Ich äußerte dem Vater meinen Wunsch, seinen Sohn zu besuchen, worüber die Jakuten sehr verwundert waren.

Die Mutter des Kranken ging voraus, um ihn auf meinen Besuch vorzubereiten. Man gab mir zwei Reitpferde, für mich und den Kosaken und zwei Wegführer, die aber nur bis zum Sichtbarwerden der Jurta mitgingen.

Da der Kranke von seinen reichen Angehörigen und nicht von der Gemeinde (*Naßleg*) erhalten wurde, und er sich schon im vorgerückten Stadium der Krankheit befand, so machte man bei ihm eine Ausnahme und beförderte die Lebensmittel für ihn direkt in die Jurta, wobei man folgende Vorsichtsmaßregeln beobachtete. Seine Jurta hatte zwei Türen, von denen nur eine für ihn zum Ausgang auf einen kleinen umzäunten Raum bestimmt war. Die zweite Tür diente zum Ein- und Ausgang für die ihm die Lebensmittel bringende Mutter. Durch die Mitte der Jurta war ein niedriger Zaun gezogen, den der Kranke nicht übersteigen durfte.

Als wir durch die falsche Tür in die Hütte eintreten wollten, eilte die Mutter herbei und zeigte uns den richtigen Eingang. Schon beim Öffnen der Tür schlug uns ein fauliger Geruch entgegen; jenseits der Scheidewand erblickten wir eine schwankende Gestalt in weißem Leichengewand, welche sich vor einem russischen Heiligenbild[3] beugte. Im ersten Augenblick machte der Kranke auf mich nur den Eindruck eines frommen Einsiedlers in seiner Klause; aber bald sah ich seine farblosen, angeschwollenen Hände, die mit den der Krankheit eigenen Wunden bedeckt und an denen schon einige Finger oder Phalangen abgefault waren; das fast schwarz gewordene Gesicht, in welchem die Krankheit an Nase, Mund und Augenlidern schon große Zerstörungen angerichtet hatte. Seine anbetende Stellung vor dem Heiligenbild hatte er wahrscheinlich zu meiner „des russischen Herrn Ehrung" eingenommen. Nach meiner Begrüßung setzte er sich und sagte, dass ihm das lange Stehen unmöglich sei. Seine Stimme war so heiser, dass ich ihn nicht verstehen konnte, und die Mutter mir seine Äußerungen wiederholen mußte.

„Freust Du Dich, wenn man Dich besucht", fragte ich ihn.

„Sehr, sehr", antwortete er, „wenn ich höre, dass man mir Holz durch die Türe wirft, oder die Mutter mir Nahrung bringt, wird mir wohl zu Mute, denn sonst bin ich immer allein, immer allein!"

Als ich nach einiger Zeit die Tür der Jurta wieder hinter mir zu machte, hatte ich das unheimliche Gefühl, als schlösse ich den Deckel eines Sarges. „Weshalb trägt er ein weißes Gewand?" fragte ich die alte Mutter. „Er ist ein Verlorener, die Schamanen haben [473] über diese Krankheit keine Gewalt. Jetzt bleibt ihm nur übrig, zu Gott zu beten und sich zum Tode vorzubereiten. Er kann plötzlich und einsam sterben, so stirbt er doch in weißem Gewande, das ist jetzt unsere Sitte!"

Als ich abreiste, konnte ich, in der Narta sitzend, den ganzen Tag das gespenstige Bild des Kranken nicht loswerden. Ein anderes Mal kam ich auf folgende Weise mit Aussätzigen in Berührung. Ich fuhr von Werchnekolymsk nach Srednekolymsk. Aus der jakutischen Ansiedelung „Deringköl" teilten mir die Bewohner mit, dass 20 Werst abwärts von meinem Weg ein Aussätziger gestorben sei und seine Stammesgenossen sich versammelt hatten, um ihn zu beerdigen. Ich beschloss, bei der Beerdigung anwesend zu sein. Ungefähr noch 3 Werst von der Jurta des Toten entfernt, sah ich im Wald einen mächtigen Scheiterhaufen aufgerichtet, um den herum viele Jakuten beschäftigt waren. Einige spalteten mit Äxten[4] Stämme zu Brettern für einen Sarg, andere bereiteten eine Grube vor, indem sie die gefrorene Erde allmählich mit brennendem Holz erwärmten und dann die Erde heraushackten. Von den Jakuten erfuhr ich, dass der Verstorbene sich nicht allein, sondern in Gesellschaft seiner ebenfalls erkrankten 13-jährigen Tochter befunden hatte. Seit seinem Tode waren schon 12 Tage verflossen, während dem die Tochter mit der Leiche zusammengeblieben war, da es so vieler Zeit bedurfte, ehe die zerstreut wohnenden Stammesgenossen sich versammeln konnten,

3 Die Jakuten sind schon alle getauft, ohne jedoch das Christentum zu begreifen, und dem Schamanismus noch ganz ergeben.

4 In jenen Gegenden ist die Säge noch nicht eingeführt, und die Bearbeitung des Holzes geschieht nur mittels der Axt.

um die Betreffenden zu wählen, welche die Beerdigung vollziehen sollten. Unter letzteren befand sich auch der Stammeshäuptling. Auf meinen Wunsch führte er mich mit noch einem Jakuten nach der Jurta der Kranken. Ungefähr hundert Schritte vor dem Zaun der ersteren hielten die Jakuten an und ließen mich mit meinem Kosaken vorausgehen, während sie laut den Namen des Mädchens riefen, damit es mir entgegenkomme. Hierauf geriet die, mehr einem Schneehaufen als einer Behausung ähnliche Jurta durch das Öffnen der Türe in Bewegung, und es zeigte sich ein eigenartiger Kopf, der aber bald wieder verschwand. Die Tür fiel so heftig zu, dass der Schneehaufen erzitterte. Das Erscheinen außergewöhnlicher Menschen hatte bei dem Mädchen Furcht hervorgerufen, weshalb sie sich zu verbergen suchte. Nachdem aber die Jakuten wiederholt nach ihr geschrieen und ihr zu kommen befohlen hatten, wiederholte sich der Vorgang von vorhin, und es kroch eine kleine, in schmutzige Lederlumpen gehüllte Figur heraus, die mit den kleinen geschwollenen Händen die Augen vor dem Tageslichte schützte. Es war schwer, ihr Alter und Geschlecht zu bestimmen; nach dem Wuchs zu urteilen, konnte man meinen, es sei ein Kind oder ein Zwerg.

Ein aussätziges Mädchen in abgesonderter Hütte (aus *Mutter Erde*, s. Anm. auf S. 7).

„Ulachan tojon“ (der große Herr), sagte der Stammeshäuptling, „will deine Jurta sehen, führe ihn hinein!“

Das Gesicht der Kranken hatte, der Lähmung der Muskeln wegen, seinen Ausdruck nicht verändern können, es blieb unbeweglich. Nur in den Augen, die noch einen Funken von Leben und Verstand zeigten, drückte sich Befremden, sogar Schrecken aus, denn noch niemals seit ihrer Absonderung hatte ein Mensch diese Jurta betreten. Um ihre Scheu zu besiegen, gab ich ihr sogleich die für sie mitgebrachten

Geschenke, in Zucker, Tee und Zwieback bestehend, und war sie sehr erstaunt, dass ich ihr dieses unmittelbar in die Hände legte. Ihre Freude über die Gaben war so groß, dass sie sofort zur Jurta lief, deren Türe sie weit öffnete. [487]

Das Innere der Hütte bot ein wirkliches Schreckensbild dar. Auf dem Herd brannten drei Scheite Holz, starken Rauch in dem Raum verbreitend, und unsere Köpfe berührten die niedrige, ganz schwarz geräucherte Decke. Eine Wandbank, mit Fetzen von Rentierfellen bedeckt, war die Schlafstätte des Mädchens. Auf einer anderen Wandbank lagen ein Stück halbverfaultes Pferdefleisch, ein Messer, sowie ein Stück Eis[5] und ein kleiner, eiserner Kessel. Die dritte Wandbank war durch einen Vorhang von Rentierleder verhüllt. Als das Mädchen denselben auf meinen Wunsch zurückzog, erblickte ich den ebenfalls noch in zerlumpte Lederkleidung gehüllten, gefrorenen Leichnam mit ganz schwarzem, lippen- und naselosem Gesicht.

Ein jakutischer Fischer seinen Kahn von einem See in den anderen tragend [ME].
Image #11012, American Museum of Natural History Library.

Die Nordjakuten lassen die Leichen im Winter vor der Bestattung gänzlich gefrieren, indem sie dieselben durch einen Vorhang von der Jurta absondern, die Wand, an welcher der Körper liegt, durchbohren, so dass die Kälte direkt auf ihn strömt und ihn sehr schnell gefrieren macht; natürlich herrscht in der Hütte selbst auch keine allzugroße Wärme.

Ich habe zwar das Innere der Jurta mittels Magnesium-Licht aufgenommen, was bei der dort herrschenden Enge seine Schwierigkeit hatte, jedoch ist mir leider die

5 In diesen Gegenden hat man in allen Wohnungen anstatt Wasser, Eis, welches man beim Gebrauch auf dem Feuer auflöst.

Platte mit anderen ebenso wertvollen im darauffolgenden Sommer auf meiner Reise zu Wasser verdorben, als mein Boot beim Aufstoßen auf einen Stein sank.

Das Mädchen sah, in einem Winkel kauernd, mit großer Verwunderung der Aufnahme zu, und will ich hier einfügen, dass die Eingeborenen im allgemeinen, die zum ersten Mal einen photographischen Apparat sahen, mich nicht nur für einen großen russischen Gelehrten, sondern auch für einen russischen Schamanen hielten, der die merkwürdige Kunst verstand, die Schatten von Personen und Dingen auf „weißem Steine" (d.h. Glas) festzuhalten und dann auf Papier zu übertragen. Aber wie ich einen Toten, der doch keinen Schatten mehr hat, aufnehmen konnte, war ihnen unverständlich. Während des ersten Teiles meiner Reise wurden mir bei der Aufnahme von Personen viele Hindernisse entgegengestellt.

„Hast Du keine Furcht, mit dem Toten allein zu bleiben?" fragte ich das Mädchen.

„Nein," antwortete sie mit heiserer Stimme, an einem gefrorenen Zwieback kauend.

Als ich zu dem Scheiterhaufen zurückkehrte, war der kistenartige Sarg, dessen Bretter mit Holznägeln aneinandergefügt waren, bereits fertig. Man lud ihn auf eine Narta, welche die zwei beherztesten Jakuten nach der Jurta führten. Ich folgte, um der Abholung beizuwohnen; dieselbe geschah auf folgende Weise. Der Sarg blieb im Hofe, die schmale Narta hingegen wurde von der Kranken hineingezogen, und mit vieler Mühe schleppte sie den Leichnam auf den Schlitten, den die Außenstehenden an einem Riemen in den Hof zogen. Dort musste das Mädchen den Toten auf eine ausgebreitete Lederdecke befördern und in dieselbe einhüllen. Dann erst fassten die Jakuten mit Fausthandschuhen den Leichnam an und legten ihn in den Sarg, den sie mit Holznägeln verschlossen. Mich versetzte das gleichgültige Aussehen des Mädchens während dieses Aktes in Erstaunen. – Die Jakuten warfen ihre Fausthandschuhe fort, die die Kleine mit großer Freude aufhob, und zogen mit der Narta zum Scheiterhaufen. – Das Mädchen blieb allein zurück.

Die Beerdigung wurde, da die Jakuten augenscheinlich große Eile hatten, sehr schnell vollzogen. Nachdem man den Sarg in eine nur wenig tiefe Grube gesenkt hatte und ihn mit gefrorenen Erdschollen bedeckte, zerbrach man die Narta, die einzelnen Stücke auf den Hügel werfend; das sollte eine Art Opfer sein, damit der Schatten der Narta dem des Wirtes folge. Gleich nach der Beerdigung wurden die Pferde gesammelt, und wir machten uns auf den Rückweg. Vorher aber mussten wir noch einem religiösen Gebrauch Rechnung tragen, indem wir, um den Schatten [488] des Verstorbenen und die bösen Geister, welche seinen Tod herbeigeführt hatten, hinter uns zu bannen, durch einen niedrigen, quer über dem Wege aufgeschichteten Scheiterhaufen schritten.

Als wir vor der jakutischen Jurta anlangten, eilten die alten Weiber herbei, und wir mussten auf ihre Veranlassung, ungeachtet unserer Beteuerungen, dass wir schon durch einen Scheiterhaufen gegangen, uns vor unserem Eintritt in die Jurta nochmals durch Feuer reinigen.

Ich habe zwar öfters noch Gelegenheit gehabt, mit Aussätzigen zusammenzutreffen, will jedoch nur noch einen Fall erwähnen, der mich wegen seiner tragischen Eigenartigkeit tief berührte. Ich übernachtete im April des Jahres 1890 in einer Jurta der jakutischen Ansiedlung „Salgyter", 90 Werst nordwestlich von Srednekolymsk gelegen. Am Morgen, kurz vor meiner Abreise, betrat der Stamm-Älteste in Begleitung von zwei anderen Jakuten die Jurta. Nach der landesüblichen Begrüßung begann er in ehrerbietigem Tone:

„Wir haben eine Bitte an Dich Tojon." [6]

Das feierliche Auftreten zeigte, dass es sich nicht um die gewöhnliche Bitte armer Jakuten nach Tabak oder anderen Kleinigkeiten handelte. „Was verlangst Du?" fragte ich.

„Die Sache liegt so, Tojon," begann mit der den meisten Jakuten eigenen Beredsamkeit der Häuptling, „wir haben einen Aussätzigen, den wir jenseits, am rechten Ufer der Kolyma angesiedelt haben. Wir besorgen alles für ihn, Speise und Kleidung jedoch, will er nicht in seiner Absonderung bleiben, hat schon mehrmals seine Wohnung verlassen und ist in unsere Ansiedelung gekommen. Niemand will ihn einlassen, selbst seine Frau nicht. Er hat ein kleines Kind, das er anstecken kann. Auch jetzt ist er wiedergekommen und hat sich im Wald, unweit meiner Jurta auf dem Schnee niedergelassen. Uns, seinen Ältesten verweigert er den Gehorsam, will sich nicht unseren Anordnungen und alten Gebräuchen fügen. Wir wissen nicht, was mit ihm beginnen. „Befiehl Du ihm, Tojon, dass er fortgehe!"

Ich muss bemerken, dass die Eingeborenen überhaupt eine falsche Vorstellung von der Größe meiner Macht hatten. Da sie durch die Verwaltungsbeamten von dem Kommen eines Abgesandten der geographischen Gesellschaft, der sie beschreiben, messen und aufnehmen sollte, unterrichtet waren, hielten sie mich auch für machtvoll genug, ihre Klagen und Bitten anzuhören und zu erfüllen. Selbstverständlich hatte ich weder die Macht, noch die Absicht, dem Aussätzigen zu befehlen. Da ich ihn jedoch gern sehen und seine Gründe näher kennen lernen wollte, so bat ich, dass man mich zu ihm führe. Mich interessierte der Kranke besonders wegen dieser Auflehnung gegen die Bestimmungen der Ältesten, denn wenn auch die weniger als die Jakuten kultivierten Eingeborenen, die Jukagiren, Korjaken und die eigensinnigen Tschuktschen auf die Befehle und Anordnungen ihrer Ältesten nur sehr wenig achteten, so herrschte bei den Jakuten dagegen eine ziemlich vorgeschrittene, gesellschaftliche Organisation, und sie selbst waren ein schon ganz diszipliniertes Volk.

Die Stelle, wo sich der Leprakranke niedergelassen hatte, befand sich 2 Werst von meiner Jurta entfernt. Der Älteste bestieg eins der beiden vor meiner Narta befestigten Pferde und führte mich hin. Als seine Jurta schon ungefähr 100 m hinter uns lag, hielt er an. Es herrschten 20 Grad Kälte, eine dort für warm [489] angesehene und dem Frühlinge ganz angemessene Temperatur.

6 Herr, Oberster, Ältester, Beamter.

Von der Stelle aus, wo wir anhielten, sah ich in geringer Entfernung am Rande des Waldes auf einem kleinen mit Schnee bedeckten Flecken verschiedene, zerstreut umherliegende Gegenstände, die ich erst beim Nähertreten erkennen konnte. Zur linken Hand befanden sich Überreste eines erloschenen Scheiterhaufens. Ein eiserner Kessel hing, an einer Stange befestigt, darüber; unweit davon lagen warme Pelzschuhe und verschiedene Lumpen, neben einer hölzernen Tasse und einem beinernen Löffel. Rechts von mir stand ein kleiner Schlitten, auf dem sich ein großes Stück rohes Rentierfleisch und ein großes, jakutisches Messer befanden. In der Mitte des Platzes lag auf einem Rentierfell, in ebensolcher abgenutzter, zerschlissener Kleidung eine menschliche Figur ausgestreckt auf dem Bauch.

„Das ist er," sagte der Häuptling, „bei der nächtlichen Kälte sitzt er vor dem Scheiterhaufen und den warmen Tag benutzt er zum Schlafen."

In einer gewissen Entfernung von dem Kranken blieben die Jakuten stehen und begannen ihn durch Rufe zu wecken. Als ich näher zu ihm trat, war er bereits wach, wusste aber noch nicht, was um ihn vorging.

„Stehe auf," schrie der Häuptling, „da ist der Tojon gekommen, er sagt, Du sollest fortgehen!"

Der Kranke, dessen Namen mir entfallen ist, erhob sich schnell und begann seine Begrüßung, die nach jakutischem Gebrauch in mehrmaligem Nicken mit dem Kopf bestand, was bei uns als Zeichen der Bejahung gilt. Nach seinen Bewegungen zu urteilen, war er noch ein junger und kräftiger Mann, mit wirrem Haar und einem vom Schmutz und dem Rauch des Scheiterhaufens ganz geschwärzten Gesicht, demjenigen eines Kaminfegers gleichend.

„Weshalb willst Du nicht an dem Dir angewiesenen Orte bleiben, fühlst Du Dich denn hier besser?" fragte ich ihn.

Der Kranke warf einen Seitenblick auf meine Begleiter und sagte nach einigen Augenblicken der Unschlüssigkeit mit starker, gesunder Stimme:

„Sie sagen, ich sei krank, ich bin aber gesund ..."

„Es ist nicht wahr," warf hier der Staroste ein, sein Blut ist schwarz, gegen Kälte ist er unempfindlich, und es fehlen ihm auch schon einige Gelenke an den Fingern!"

„Nein," fuhr der Kranke fort, „ich bin ganz gesund. Man hat mich ohne Grund auf die steinige Seite des Flusses versetzt, 15 Koeß (150 Werst) von hier entfernt. Meiner Frau hat man befohlen, mich nicht aufzunehmen, mein Kind darf ich nicht sehen, Speise wird mir nicht regelmäßig gebracht und im Sommer, wenn der offene Fluss mich von der linken Seite ganz scheidet, bin ich auf einem Felsen hilflos und verlassen, deshalb will ich nicht dort sein!"

„Es ist nicht wahr", unterbrach ihn der Älteste, „wir stellen ihm stets frische Speise zu. Wir selbst essen verfaulte Fische, für ihn aber verschaffen wir nur frische Fische und frisches Fleisch. Was seine Frau anbetrifft, so will sie selbst ihn nicht sehen!"

Die letzte Äußerung schien den Unglücklichen augenscheinlich tief zu berühren, denn er schrie zornig: „Ich will ja nicht meine Frau, sondern nur mein Kind sehen!"

Um dem Wortstreit ein Ende zu machen, da ich ja nicht in der Eigenschaft eines Richters hier war, befahl ich meinem Kosaken, meinem Gepäck das magische Mittel für Friedensstiftung, die üblichen Geschenke: Tee, Zucker, Zwieback und Tabak, zu entnehmen. Aller Kummer und alles Elend waren dem Kranken beim Anblick dieser wertvollen Dinge entschwunden. Da er nicht wusste, wie er seine Freude und Dankbarkeit ausdrücken sollte, machte er mit seinen nur schwer beweglichen Händen wiederholt das Zeichen des Kreuzes. Die unweit davon stehenden Jakuten sahen mit großem Neid, wie der Aussätzige seinen Tabaksbeutel füllte. Die sibirischen Eingeborenen im allgemeinen, zu denen die Russen den Tabak gebracht haben, sind jetzt so leidenschaftliche Raucher geworden, dass sie eher Hunger leiden, als den Tabak entbehren können. Gerade in diesem Jahr hatten die Kaufleute, welche nur einmal jährlich Waren von Jakutsk herbefördern können, so wenig Tabak mitgebracht, dass die herumstreifenden, gewissenlosen Händler für nur ein Blatt Tabak ein Eichhorn- oder Hermelinfellchen forderten, so dass den armen Leuten das Erlangen von Tabak sehr erschwert war.

Ein Aussätziger im Wald vor dem Scheiterhaufen [ME].
Image #1953, American Museum of Natural History Library.

Ich war sehr froh, durch meine Gaben bei dem Elenden eine heitere Laune hervorgerufen zu haben und näherte mich ihm, um ihn besser betrachten zu können. Da bemerkte ich sowohl auf dem Gesicht wie auf der offenen, ebenfalls geschwärzten Brust die kleinen, farblosen Bläschen, aus denen sich später die zerfressenden Leprawunden entwickeln; dem zweiten Finger der rechten Hand fehlten schon zwei Phalangen, und von dem mittleren Finger der linken Hand war schon der Nagel abgefallen. Als ich ihn bat, einen Arm zu entblößen, sah ich auf demselben zwei für die [490] Lepra charakteristische, runde Wunden mit weißlichen, vertrockneten Rändern.

„Du bist ja wirklich nicht gesund," sagte ich zu ihm, „wäre es nicht besser für Dich, in Deiner Jurta als hier im Walde zu sitzen?"

Ich versprach ihm, wenn ich meine für den Sommer beabsichtigte Fahrt auf dem Fluss ausführe, ihn zu besuchen und Arzneien sowie Geschenke mitzubringen.

„Gut," sagte der gefügig gewordene Kranke, „ich werde gehen; aber vorher sollen sie mir mein Kind zeigen, ich will es sehen!"

„Aber wenn Du es liebst, sollst Du es weder berühren noch küssen!" meinte ich.

„Nein, nein," erwiderte er, „ich will weiter nichts, als es aus der Entfernung sehen!"

Nach einer Beratung mit dem Häuptling kam man überein, ihm diesen Wunsch zu erfüllen. Nach der Regelung dieser Angelegenheit bat ich ihn, sich auf sein Rentierfell niederzulassen und nahm das hier vorliegende Bild von ihm und seiner Umgebung auf.

Leider war es mir nicht möglich, dem Unglücklichen mein Versprechen zu halten, da meine jakutischen Bootführer entweder wirklich nicht wussten, wo sich seine Jurta befand, oder es mich nur glauben machten, weil sie mich nicht zu ihm führen wollten. Ein Jahr später erfuhr ich, dass er sich schon im vorgeschrittenen Stadium der Hilflosigkeit befand.

Wie wünschenswert wäre es, für die Elenden und Verlassenen auch dieses Bezirks ein gemeinsames Asyl zu schaffen.

Der erste jakutische Pope Korjakin ein lamutisches Paar in einem Blockhaus der Festung Unjuisk trauend (aus *Mutter Erde*, s. Anm. auf S. 7).

ÜBER ASIATISCHE UND AMERIKANISCHE ELEMENTE IN DEN MYTHEN DER KORJAKEN.

Von Waldemar Jochelson, St. Petersburg.
XIV. Amerikanistenkongress, Stuttgart 1904[1]

Die Forschungen der North Pacific-Expedition, die vom Präsidenten des American Museum of Natural History in New York, Mr. Jesup, ausgerüstet wurde, um vergleichende Studien über die Völkerschaften der amerikanischen und asiatischen Küsten des nördlichen Teiles des Pazifischen Ozeans vorzunehmen, gründeten sich auf die Annahme des Leiters dieser Expedition, Prof. F. Boas, dass in allen Zeiten gewisse Beziehungen zwischen den Typen und Kulturen der betreffenden Volksstämme existierten, und dass folglich, um die Geschichte der Eingeborenen Amerikas zu begreifen, eine allseitige Erforschung einiger Völkerschaften Asiens notwendig wäre.

Diese Voraussetzungen sind in der Tat von den Forschungsergebnissen der genannten Expedition in vielfacher Beziehung bestätigt worden.

Es wäre vorläufig noch verfrüht, irgendeinen bestimmten Schluss in bezug auf das gegenseitige Verhältnis der Typen der Volksstämme der asiatisch-amerikanischen Küsten des Stillen Ozeans zu ziehen, da das von der Expedition gesammelte anthropologische Material noch der Bearbeitung harrt. Was aber die Kulturen der genannten Stämme anbelangt, so zeigt schon das bis jetzt bearbeitete ethnologische Material mit genügender Deutlichkeit den engen Zusammenhang sowohl zwischen der materiellen als auch der geistigen Kulturen der Bewohner des Nordwestens Amerikas einerseits und der Eingeborenen des äußersten Nordosten Asiens andererseits.

Die vorliegende Abhandlung hat sich eine beschränkte [120] Aufgabe gestellt: es soll hier die geistige Kultur – und zwar nur die mythologischen Ideen eines der sogenannten paläoasiatischen Volksstämme, der Korjaken – mit den Sagen der Bewohner des Nordwestens von Amerika verglichen werden.

Ich habe meine Erforschung der Korjaken im Auftrage der Jesupschen Expedition in den Jahren 1900–1901 durchgeführt und das gesammelte Material zunächst in Bezug auf Religion und Mythologie der Bearbeitung unterzogen. Die Ergebnisse meiner Forschungen erscheinen demnächst in den Memoiren der Expedition. Über den Inhalt derselben soll hier nur kurz Mitteilung gemacht werden.

Sowohl in der materiellen wie in der geistigen Kultur der paläoasiatischen Völkerschaften überhaupt treten uns drei Elemente entgegen: das Ural-Altaische, das Eskimoische und das Indianische. Das gleiche finden wir auch in der korjakischen Kultur wieder, nur dass das indianische Element hier prädominiert. Besonders trifft dies hin-

1 In *Verhandlungen des XIV. Amerikanistenkongress*, Stuttgart 1904 (1906): 119–127. [Anm. EK]

sichtlich der korjakischen Mythen zu, deren allgemeine Form und Inhalt auf die nahe Verwandtschaft mit den indianischen Mythenzyklen hinweist.

Indem ich die demnächst im Druck erscheinenden 139 korjakischen Sagen analysierte, schied ich 122 Episoden oder Erzählungen, die häufiger als die andern anzutreffen sind, aus. Von diesen begegnet man 101 oder 83 % in den Mythen der Indianer Nordamerikas, 34 oder 29 % in den Sagen der Eskimos, und nur 22 oder 18 % in den Traditionen und Märchen der Mongolo-Türken oder der allen Welt überhaupt.

Bei der Vergleichung der korjakischen Sagenelemente mit denjenigen der Mongolo-Türken habe ich hauptsächlich auf die Sagen der den Korjaken geographisch nächsten mongolo-türkischen Völker, der Burjaten und Jakuten, Bezug genommen, dabei allerdings auch einige in der alten Welt überhaupt verbreitete Sagenelemente nicht außer acht gelassen.

Der [Die] mongolo-türkische Folklore unterscheidet sich von dem Nordpazifischen Sagenkreis sowohl in seiner äußeren Form als auch durch seinen Ideeninhalt. Die Form weist hin auf eine höhere Kulturstufe derjenigen Völker, welche die mongolo-türkischen Sagen hervorgebracht haben; der Inhalt hingegen zeigt, dass diese Sagen unter anderen historischen Ereignissen und sozialen Bedingungen entstanden sind und auf einem ganz andern [121] Gebiete ihre Verbreitung fanden als die amerikanisch-asiatischen Mythen des pazifischen Kreises.

Während die Mythen der Korjaken, gleich den Sagen der amerikanischen Küste des Stillen Ozeans, sich durch primitive Einfachheit der Form und Kürze auszeichnen – sie bestehen aus aufeinanderfolgenden Episoden, welche trocken gehaltene Erzählungen über egoistische und manchmal unmotivierte Handlungen der Helden enthalten, mangelt es den mongolo-türkischen Sagen nicht an hübschen Naturbeschreibungen, die den Hintergrund für Handlungen bilden, und an einer reichen Auswahl von Epitheten, poetischen Gleichnissen und Metaphern, die Gegenstände und Personen charakterisieren; auch werden die Handlungen der mongolo-türkischen Helden nicht selten durch edle Motive zu erklären gesucht.

Selbst die Olonchó, d. h. die heroischen Sagen der Jakuten – eines türkischen Stammes, der von den Mongolen in die nordöstliche Polarregion Asiens zurückgedrängt wurde, sind stellenweise voll künstlerischer Schönheiten und poetischen Fluges, was als Zeichen ihrer südlichen Herkunft anzusehen ist.

Indem wir uns dem Inhalt der korjakischen Mythen zuwenden, müssen wir sagen, dass bereits die Rentierzucht der Korjaken, die als eine Errungenschaft der asiatischen Kultur zu betrachten ist, fremdartige Elemente in die Sagen des pazifischen Mythenkreises einführen musste, obschon zu bemerken ist, dass das Rentier der korjakischen Sagen hauptsächlich als Symbol des Reichtums des Helden figuriert, während das geflügelte Ross der mongolo-türkischen Sagen als Berater und Gehilfe des Helden erscheint. Das Ross kündet ihm die bevorstehenden Gefahren an, zeigt ihm den Weg und nimmt tätigen Anteil an Kämpfen und Schlachten. Das epische Ross ist leicht wie der Wind, geschwind wie ein Pfeil, und, bedeckt mit blutigem Schweiße, hebt es seinen Herrn in die zahllosen Himmelreiche, lässt sich mit ihm in die unterirdischen Welten hinab, oder zerschlägt im Nu die eisernen Wände der feindlichen Schlösser. Mit dergleichen Eigenschaften stattete die arme Phantasie der Korjaken das Rentier ihrer Sagen nicht aus.

Zu den mongolo-türkischen Elementen in den korjakischen Mythen zähle ich ferner die Episoden von Blutopfern, die in Asien mit der Viehzucht in Zusammenhang stehen. Zwar finden [122] wir bei den Indianern Nordamerikas, östlich vom Felsengebirge, namentlich bei den Irokesen und Sioux, Hundeopfer, aber bei den Indianern der pazifischen Küste, also bei denjenigen Indianern, deren Mythologie hauptsächlich dem Korjakischen verwandt ist, ist ein Opfer von Haustieren, d. h. von Hunden, nicht anzutreffen.

Von den übrigen asiatischen Elementen in der korjakischen Mythologie wollen wir hier auf Episoden mit wundertätigen eisernen oder silbernen Gegenständen, wie Schlitten, Kähnen, Schneeschuhen, Zeltpfeilern oder eisernen und silbernen Geweihen usw., welche in den amerikanischen Sagen nicht anzutreffen sind, hinweisen. In den letzteren figurieren oft kupferne Gegenstände, meistens kupferne Platten, welche aber hauptsäch[lich] als Symbole des Reichtums der Helden hingestellt werden. Die feurigen Seen und brennenden Berge, denen die Helden auf ihren Wanderungen begegnen, und die vielköpfigen Ungeheuer mögen auch zu den Schöpfungen der asiatischen Phantasie gezählt werden.

Die Episoden über Mädchen, deren Eltern sie vor Freiern in abgesonderten Zelten verborgen halten, oder in wunderbarer Weise in Verzierungen oder irgendwelche andere Gegenstände verstecken, erscheinen ebenfalls als asiatisches Element. Desgleichen gehört der Passus einer korjakischen Sage von einem viele Jahre hindurch hockenden Recken zum Mythenkreis der alten Welt.

In einzelnen korjakischen Sagen finden wir ganze Episoden aus mongolo-türkischen Sagen, wie komplette Erzählungen aus den Sagen über Gesser. So zum Beispiel besteht die korjakische Sage über den Helden namens Bärenohr und seine zwei Freunde fast gänzlich aus Episoden der mongolo-türkischen Sagen.

Nichtsdestoweniger ist die Zahl der asiatischen Elemente in der korjakischen Mythologie ziemlich begrenzt. Dabei aber ist die folgende Tatsache bemerkenswert. Unter den 101 Episoden aus den korjakischen Mythen, die den indianischen gemeinsam sind, finden wir zwölf, die sowohl den amerikanischen, als auch den asiatischen Mythen zugehören. Außerdem finden wir einige Elemente aus den indianischen Mythen, die in unserer korjakischen Mythensammlung fehlen, in den Sagen der alten [123] Welt wieder. So z. B. das Wasser des Lebens, welches zur wunderbaren Belebung von Verstorbenen oder von Knochen gebraucht wird, ein Passus, der oft in den Mythen der alten Welt, nicht selten auch in den indianischen Mythen vorkommt. Diese Passus fehlen aber in den korjakischen Mythen.

Wir haben schon oben gesehen, dass unter den amerikanischen Elementen in den korjakischen Sagen die Eskimo-Episoden einen geringen Platz einnehmen. Der Einfluss der Eskimos tritt viel stärker hervor in der Mythologie der Tschuktschen, mit denen die Eskimos gegenwärtig in unmittelbare Berührung kommen. Das letztere aber ist nicht der Fall bei den Korjaken, und deshalb ist die Wirkung der Eskimos auf die korjakische Kultur nicht so leicht zu erklären. Käme es nur auf die Anwesenheit einer gewissen Anzahl von Eskimo-Episoden in den korjakischen Sagen an, so könnte man annehmen, dass die Eskimos, welche von Osten her an das Beringmeer gelangten, die Kette der Mythen zerrissen, die sich im Halbkreis um die beiden Küsten des nördlichen Teils des Pazifiks spannte, und so den Episoden ihrer Sagen Eingang in die Mythologie der Tschuktschen und durch diese auch in die der Korjaken verschafften. Wir finden aber Eskimo-Elemente auch in den religiösen Zeremonien der Korjaken, wie in ihrer materiellen Kultur. Schon Krascheninnikoff spricht bei Anlass der Beschreibung der Festlichkeiten der Kamtschadalen, deren Mythologie, wie ich in meiner Arbeit zu beweisen suche, ganz der korjakischen identisch ist, von einem Feste, an dem den Frauen nach erfolgter Beichte die Verletzungen von verschiedenen Tabus vergeben wurden. Diese Sitte ist besonders charakteristisch für die religiösen Zeremonien der Eskimos. Desgleichen erscheinen die korjakischen Festlichkeiten, die mit dem Walfischfang im Zusammenhang stehen, wie auch die Tabus, welche von den Korjaken in bezug auf Seetiere beobachtet werden, deren Fleisch von Wöchnerinnen nicht genossen werden, noch mit einem Leichnam in Berührung kommen darf, als reine Eskimo-Zeremonien und Beschränkungen. Es ist deshalb anzunehmen, dass die Korjaken während einer gewissen Zeit unmittelbar mit den Eskimos verkehrten.

Indem wir vorderhand diese Frage offen lassen, wollen wir hier auf eine sehr interessante Tatsache aufmerksam machen, [124] nämlich auf die Abwesenheit in den korjakischen Sagen von Episoden, welche der alten Welt und den Eskimos gemeinsam sind. So ergibt sich aus der Zusammenstellung der oben angegebenen 122 Episoden als

1.	gemeinsam mit	der alten Welt	5	Sagenelemente
2.	»	den Eskimos	16	»
3.	»	den Indianern	71	»
4.	»	den Indianern u. Eskimos	13	»
5.	»	den Indianern und der alten Welt	12	»
6.	»	den Indianern, Eskimos u. der alten Welt	5	»
7.	»	Eskimos u. der alten Welt	0	»
		Zusammen	122	Sagenelemente

Es scheint demnach, dass die mythologischen Ideen der Eskimos der Gedankenrichtung der Sagen der alten Welt fremder sind als diejenigen der Indianer, und dass die Sagenelemente, die den Mythen der Eskimos und der alten Welt gemeinsam sind (siehe Nr. 6), zu den ersteren wohl durch Vermittlung der Indianer oder paläoasiatischen Völker Sibiriens gelangt sind.

Uns der Vergleichung der korjakischen Mythologie mit derjenigen der Indianer jetzt zuwendend, müssen wir sagen, dass wir in der ersteren Elemente aus verschiedenen nordamerikanischen Mythenzyklen vorfinden. Wir finden in den korjakischen Mythen nicht nur Episoden aus dem Rabenzyklus der Tlingit, Haida und Tsimshian, sondern auch Episoden aus andern indianischen Sagenkreisen, z. B. denen der Kwakiutl über den Nerz, denen anderer Stämme von Britisch-Kolumbien über den Präriewolf, über totemistische Ahnen, Kulturhelden und Wanderer.

Wir finden selbst Elemente aus den Sagen der östlich des Felsengebirges wohnhaften Indianer aus den Mythen über Manabozho der Algonkin und Hayonwatha der Irokesen.

Besonders interessant ist dieser Vergleich dadurch, dass die korjakischen Mythen ihrer Form nach den Sagen der Athapasken, ihrem Charakter aber und Inhalte nach den Mythen der Tlingit am nächsten sind. Die Gebiete dieser beiden Stämme des Binnenvolkes der Athapasken und des Küstenvolkes der [125] Tlingit grenzen zurzeit an dasjenige der Alaska-Eskimos. Auf diese Weise könnte man annehmen, dass die Eskimos in Alaska durch ihre Ansiedlung an dem Beringmeer den Stamm eines gemeinsamen mythologischen Baumes gespalten haben, und dann selbst auf amerikanischer Seite einen beträchtlichen Teil der indianischen Elemente in sich aufnahmen und auf der asiatischen sich mit den Tschuktschen vermischten. Aus dem Gesagten könnte man auch den Schluss ziehen, dass die paläoasiatischen Stämme Sibiriens, wie Tschuktschen, Korjaken und Kamtschadalen, mehr als mit allen andern mit den äußersten nordwestlichen, ihnen geographisch am nächsten stehenden Indianerstämmen verbunden waren, dass sie aber auch noch in unmittelbarer oder mittelbarer Beziehung zu den anderen indianischen Stämmen Nord-Amerikas standen.

Und in der Tat, der Abgerissenheit und Farblosigkeit der Erzählungen und der Eintönigkeit der Episoden nach erinnern die korjakischen Mythen an die von Missionar Petitot und von Prof. Boas publizierten Sagen der Athapasken; ihrer wesentlichen Eigentümlichkeit nach aber, welche darin besteht, dass fast alle Sagen mit der Beschreibung des Lebens, der Abenteuer und Streiche Quikinnaqu's (d. h. des Großen Raben) sich beschäftigen, nähern sich die korjakischen Sagen den amerikanischen Mythen von dem Raben als Weltgestalter und besonders den Mythen der Tlingit über den Raben Yetl.

Außerdem werden dem »Großen Raben« der Korjaken einige Charakterzüge zugeschrieben, die den Helden anderer amerikanischer Sagenzyklen eigen sind. Der »Große Rabe« zeichnet sich nicht nur durch die große Gier und Gefräßigkeit des Raben der amerikanischen Rabensagen aus, sondern auch durch die erotischen Neigungen des »Nerz« der Kwakiutlsagen und durch eine Vorliebe zu unanständigem Benehmen und schmutzigen Streichen, die er zur Erreichung egoistischer Zwecke oder zu eigener Belustigung unternimmt. Die letztgenannten Züge sind allen Helden der Sagen der pazifischen Küste Nordamerikas gemein.

Der Umfang dieser Abhandlung gestattet nicht, auf Details einzugehen; nur sollen hier noch einige andere Züge der korjakischen Sagen im Vergleich zu den indianischen angeführt werden. Quikinnätju, d.h. der Große Rabe, erscheint einerseits [126] gleich dem Yetl der Tlingit und dem Raben der Tsimshian als Weltgestalter und Gehilfe der ziemlich unklaren Gestalt einer höheren Gottheit – manchmal wird der Große Rabe auch Tenantómwan, d.h. Schöpfer, genannt; andererseits erscheint der Große Rabe, gleich den Helden der Ahnensagen, als der erste Mensch und Stammvater der Korjaken. Sein dritter Name ist nämlich Ačičenáqu, d.h. der Große Vater.

Gleich den Helden der indianischen Rabensagen nimmt der Große Rabe die Gestalt eines Vogels an, wenn er einen Rabenrock oder ein Rabenfell anlegt. Überhaupt geschieht die Umwandlung von Menschen in Tiere und umgekehrt meistens durch Anlegen oder Abwerfen von Tierfellen. Dieser Modus ist den Sagen beider Küsten des Stillen Ozeans gemeinsam. Zur Zeit des Großen Raben oder im mythologischen Zeitalter existierten zwischen Menschen, Tieren und leblosen Gegenständen keine bestimmten Grenzen. Alle Wesen und Dinge konnten ihre Form wechseln, sich ineinander verwandeln und sich miteinander verehelichen. Erst mit dem Verschwinden des Großen Raben, der die Korjaken plötzlich verließ, ohne dass sein Aufenthaltsort bekannt wurde, sind bestimmte Grenzen zwischen Menschen und Tieren entstanden. Die Idee der Natürlichkeit des Zustandes der »Verwandlungen« in den mythologischen Zeiten ist auch der amerikanischen Küste des Stillen Ozeans eigentümlich.

Besondere Aufmerksamkeit verdienen die Fischmärchen, in denen die »Lachsfrau«, in Ehestand mit dem Helden tretend, den Menschen gesegneten Fischfang bringt. Aber unzufrieden mit dem Benehmen ihres Mannes oder seiner Verwandten ihr gegenüber, verlässt sie das Dorf, und die Einwohner fangen wieder an zu hungern. Dieses erscheint als ein beliebtes Thema sowohl in den Raben- als auch in andern Sagen der Küstenindianer.

Indem wir die Ergebnisse unserer Erforschung der korjakischen Mythen zusammenfassen, erlauben wir uns zu betonen, dass sowohl nach ihrer äußeren Form, als auch nach den einzelnen Elementen, ganzen Episoden-Komplexen und der Richtung der Volksphantasie überhaupt, diese Mythen mit den asiatischen Sagen sehr wenig Gemeinsames haben, wohl aber dem Kreise der mythologischen Ideen der pazifischen Küsten angehören. [127]

Eine so nahe Verwandtschaft der Mythen beider Küsten des Nordens des pazifischen Ozeans ist unmöglich durch ihre ganz voneinander unabhängige Entstehung zu erklären, und angesichts der geographischen Nähe der Küsten im hohen Norden wäre es ganz überflüssig, zu einer solchen Hypothese Zuflucht zu nehmen. Auch jetzt noch dient die schmale Beringsenge als Verkehrsweg zwischen den Bewohnern Amerikas und Asiens und als eine Brücke, durch welche kulturelle und physische Einflüsse sich frei einstellen.

Hinsichtlich dieser Frage des engen Zusammenhanges zwischen den Mythen der pazifischen Küsten ist nur eine der zwei folgenden Lösungen zulässig: entweder ist die

Verwandtschaft der Mythen das Resultat der gemeinsamen Herkunft der Völkerschaften, die zurzeit im Besitze von verwandten Mythen sind, oder es müssen die Mythen allein eine gemeinsame Quelle, aus welcher sie durch Entlehnungen weit verbreitet wurden, besitzen. Mag aber auch die Entscheidung dieser Frage nach der Bearbeitung des anthropologischen Materials ausfallen, wie sie wolle, eines steht schon jetzt fest: dass in vergangenen Zeiten nahe und dauernde Beziehungen zwischen den Indianern Nordamerikas und den Vorfahren der heutigen Bewohner des äußersten Nordosten Sibiriens bestanden haben.

Die vorstehenden Ausführungen ins Auge fassend kommen wir zweifellos zum Schluss, dass die Erforschung der sibirischen Völkerschaften, die zur Aufhellung der Geschichte der Ureinwohner Amerikas beizutragen vermag, gewiss in den Kreis der Aufgaben gehört, die sich die Kongresse der Amerikanisten gestellt haben.

DIE RIABOUSCHINSKY-EXPEDITION NACH KAMTSCHATKA.[1]

Die Riabouschinsky-Expedition nach Kamtschatka. Theodor Pawlowitsch Riabouschinsky aus Moskau, ein früherer Schüler des Moskauer Anthropologen A. A. Iwanowsky, entsendet auf seine Kosten eine Expedition zur Untersuchung von Kamtschatka in biologischer, geologischer, meteorologischer und anthropologischer Hinsicht. Er geht dabei von folgenden Erwägungen aus. Mehr als zwei Jahrhunderte ist Kamtschatka im Besitz von Russland, und doch sind unsere Kenntnisse von der Natur und Bevölkerung dieses Landes im wissenschaftlichen Sinne ganz ungenügend. Wir besitzen zwar die klassischen Arbeiten von Krascheninnikoff und Steller, sowie Dittmars verdienstvolle Reisebeschreibung, auch besuchten im Laufe des 18. und 19. Jahrhunderts eine ganze Reihe berühmter Reisender, wie Schelechov, La Pérouse, Lesseps, Saritscheff, Litke, Krusenstern, Golowin, Kotzebue, Wrangel, Ermann u. a. m. Kamtschatka; aber deren Arbeiten entsprechen nicht mehr den jetzigen Forderungen der Wissenschaft, und überdies haben die meisten der genannten Reisenden nur einzelne Küstenteile der Halbinsel besucht, nicht das Innere.

In geologischer Hinsicht ist außer Dittmars Arbeit Prof. Bogdanowitschs Karte des mittleren Kamtschatka (von Petropawlowsk bis Tigil) zu erwähnen. Bogdanowitsch hat auch in den Jahren 1897 bis 1898 die westliche Küste Kamtschatkas geologisch untersucht, bis jetzt aber sind seine Materialien noch nicht veröffentlicht. Die östliche Hälfte Kamtschatkas aber ist in geologischer Hinsicht fast gar nicht untersucht worden. Die Vulkane sind noch nicht erforscht, topographisch ist das Land im ganzen noch nicht aufgenommen, und seine mineralogischen Reichtümer sind sehr wenig bekannt. Auch ist die Anzahl der astronomisch bestimmten Punkte sehr gering, und meteorologische Beobachtungen werden nur an zwei Orten gemacht und auch da nicht regelmäßig. Flora und Fauna der Halbinsel sind wissenschaftlich noch nicht studiert worden. Was die Völkerkunde angeht, so ist auf diesem Gebiete noch vieles trotz der Russifikation der Kamtschadalen auszurichten. Archäologische Funde wurden bis jetzt nur gelegentlich gemacht, und so dürften spezielle Ausgrabungen alter Wohnstätten viele wertvolle Daten zutage fördern. Es gab eine Zeit, als Kamtschatka die einzige Pforte Russlands zum offenen Stillen Ozean war. Damals interessierte sich die Regierung außerordentlich für die Halbinsel, aber seit der Eroberung des Amurgebietes ist Kamtschatka ganz vernachlässigt worden. Darum muss die private Initiative in dieser Hinsicht hoch geschätzt werden. Obwohl die Expedition rein wissenschaftliche Ziele hat, werden ihre Erfahrungen auch gewiss für eine regere Kolonisierung der Halbinsel nützliche Fingerzeige liefern.

---

1 In *Globus* 1908 (94), 224–225. Signiert von Waldemar Jochelson in London am 5. September 1908. [Anm. EK]

Die Riabouschinskysche Expedition besteht aus fünf Abteilungen: einer zoologischen, botanischen, geologischen, meteorologischen und ethnologischen. Die Organisation und Ausarbeitung der Kostenanschläge, Reisewege und Arbeitspläne erfolgte unter der Mitwirkung der Russischen Geographischen Gesellschaft. Eine zu diesem Zwecke gewählte Kommission unter dem Vorsitz des Vizepräsidenten der Gesellschaft P. P. Semenov-Tjan-Shansky und bestehend aus den Vorsitzenden der verschiedenen Sektionen der Gesellschaft, den Führern der Abteilungen der Expedition und anderen Spezialisten hielt letzten Winter in St. Petersburg ihre Sitzungen ab. Jetzt ist die ganze Expedition vollständig ausgerüstet und die meisten der Teilnehmer befinden sich schon im Felde. Die ersten drei Abteilungen verließen Petersburg Ende April. Das Ministerium für Eisenbahnen und Verkehrswege stellte einen durchgehenden Wagen von Petersburg bis Wladiwostok zu ihrer Verfügung, und ein Kriegsschiff brachte sie auf Befehl des Marineministers von Wladiwostok nach Petropawlowsk. Auf diese Weise hatten diese drei Abteilungen die Möglichkeit, ihre Forschungsarbeiten schon mit dem Monat Juni anzufangen. Die meteorologische Abteilung reiste von St. Petersburg nach Wladiwostok erst Anfang August ab. Noch später werden die Forschungsarbeiten der ethnologischen Abteilung, dessen Leiter der Verf. dieser Zeilen ist, beginnen, teilweise infolge persönlicher Gründe, teilweise infolge der Verschiedenheit der Reiseroute und der komplizierten Aufgaben.

Ich bin jetzt auf dem Wege nach Amerika und hoffe im November die Aleuten-Inseln zu erreichen. Der Leiter der zoologischen Abteilung ist P. J. Schmidt, Privatdozent an der Petersburger Universität, der durch seine früheren zoologischen Forschungen im Stillen Ozean bekannt ist. Er übernimmt selbst die ichthyologischen Forschungen. Die Untersuchung der Fische in Kamtschatka ist wissenschaftlich sowie praktisch wichtig. Hauptsächlich soll die Fischfauna des Flusses Kamtschatka erforscht und besondere Aufmerksamkeit auf die Salmoniden verwendet werden. Auch soll speziell das bis jetzt ganz unbekannte Tierleben der Kronotzki- und Kuriler-Seen erforscht werden. Herrn Schmidts vier wissenschaftliche Assistenten haben folgende Arbeiten auszuführen. W. L. Bianki, der ältere Zoologe des zoologischen Museums der Akademie der Wissenschaften zu St. Petersburg, zurzeit der beste Ornithologe Russlands, übernimmt das Sammeln und Beobachten von Vögeln. A. J. Derschawin widmet sich entomologischen und limnologischen Forschungen, W. L. Lebedev ist mit hydrologischen Untersuchungen beschäftigt. Für das Präparieren der Tiere wurde der deutsche Präparator Ludwig Baer gewonnen, dessen Hauptaufgabe es ist, eine Sammlung von Säugetieren anzulegen. Besonders interessant sind die kleinen Mammalien Kamtschatkas. Die botanische Abteilung hat die Aufgabe, den Bestand der Vegetation von den höchsten bis zu den niedrigsten Vertretern des Pflanzenlebens zu studieren, hypsometrische Beobachtungen zu machen, um die vertikale Verbreitung der Pflanzen zu bestimmen, und thermometrische Untersuchungen der Moräste anzustellen. Ferner soll sie die Untersuchung der Binnenseen vornehmen, Beobachtungen über den Baumwuchs und die Zusammensetzung des Bodens machen, sowie landwirtschaftliche Fragen mit Bezug auf die Möglichkeit der Viehzucht und des Obst- und Ackerbaues lösen. Auch wird sie den Einfluß der Lava auf die Temperatur des Bodens studieren, sowie den Zusammenhang der Vegetation Kamtschatkas einerseits mit der Japans und andererseits mit der Amerikas. Der Leiter der botanischen Abteilung, der bekannte Spezialist der Pflanzengeographie W. L. Komarow, älterer Botaniker des Kaiserlichen Botanischen Gartens zu St. Petersburg, widmet sich der Untersuchung der Phanerogamen, und von seinen Gehilfen beschäftigt sich Herr Bezais, ein Agronom, mit landwirtschaftlichen Fragen. Herr Ramenski hat Sümpfe und Binnenseen zu untersuchen, und Herr Sawitsch hat sich mit der Erforschung der Pteridophyten, der Moose und Flechten zu beschäftigen. Die geologische Abteilung zerfällt in zwei Sektionen unter der Führung der Bergingenieure C. A. Konradi und E. B. Krug, Assistenten des Prof. Bogdanowitsch. Jede Sektion hat einen Topographen und einen zweiten wissenschaftlichen Gehilfen. Ihre Routen und Aufgaben sind verschieden. Konradis Sektion soll die Vulkane Kamtschatkas untersuchen, eine morphologische Beschreibung der Vulkane des östlichen Teiles der Halbinsel liefern und topographische Aufnahmen einzelner Vulkangruppen im Maßstabe von drei Werst zu einem Zoll ausführen. Sie soll ferner den Charakter der vulkanischen Tätigkeit in Vulkanen verschiedener Typen feststellen, den geologischen Bau der noch zurzeit tätigen und der erloschenen Vulkane untersuchen und die Produkte der eruptiven Tätigkeit der Vulkane und die ihnen entströmenden Gase und thermischen Quellen erforschen. Sie wird auch Beobachtungen über bestehende Gletscher machen, die Bildung der kesselartigen Vertiefungen in der Gegend der Kronotzki- und Kuriler-Seen zu erklären versuchen und auf der Reise meteorologische und hypsometrische Beobachtungen ausführen. Endlich wird Konradi in Verbindung mit Krug eine geologische Karte der östlichen Hälfte Kamtschatkas anfertigen. Zu den speziellen Aufgaben der Krugschen Sektion gehören: Geologische Untersuchung des östlichen Teiles der Halbinsel von Petropawlowsk bis zur Baron Korf-Bucht; topographische Aufnahme der ganzen Route und Sammlung geologischer Handstücke.

Die meteorologische Abteilung, bestehend aus fünf Mitgliedern unter der Führung des Meteorologen W. A. Wlassoff, verließ St. Petersburg am 1. August und sollte im September Kamtschatka erreichen. Während des zweijährigen Aufenthaltes der Expedition auf Kamschatka werden vier ständige Beobachtungsstationen erster Ordnung errichtet und versehen werden. Die ethnologische Abteilung besteht aus mir als Führer, meiner Frau, die als Arzt die anthropometrischen Arbeiten erledigen wird, und aus Herrn A. Koschewoi als zweiten wissenschaftlichen Gehilfen. Diese Abteilung hat außer Kamtschadalen auch die Aleuten der Aleuten und der Komandorski-Inseln zu untersuchen und Ausgrabungen auf den Kurilen-Inseln zu machen. Mein Vorschlag, die räumlichen Grenzen für die Forschungsarbeit der ethnologischen Abteilung der Expedition zu erweitern, wurde von Herrn Riabouschinsky angenommen. Erstens kann das Studium eines Volkes nicht vollständig sein, ohne dass man auch seine nächsten Nachbarn untersuchte. Zweitens müssen, nachdem die Jesup-Expedition, an der ich teilgenommen habe, ihre Forschungen in dem nördlichen [225] Teil des Stillen Ozeans ausgeführt und auf mehrere ethnologische Fragen des asiatischen und amerikanischen Kontinents ein neues Licht geworfen hat, neue Forschungen auf demselben Gebiet die Lösung der bestehenden Probleme befördern. In diesem Sinne ist die Untersuchung der Aleuten von größter Wichtigkeit. Sie kann den Zusammenhang der eskimoischen, indianischen und paläoasiatischen ethnischen Gruppen in der Vergangenheit erläutern. Somatologisch sind die Aleuten noch nicht untersucht, und ihre Sprache ist wenig bekannt. Unsere Kenntnisse der Sprache gründen sich hauptsächlich auf Weniaminoffs Grammatik, die einer Revision bedarf, und dann muss ihr Zusammenhang mit den Eskimosprachen näher untersucht werden. Auch müssen die Ansichten Dalls über die Spuren verschiedener Kulturen auf den Aleuten-Inseln durch neue Ausgrabungen bestätigt werden. Andererseits sind die Beziehungen der Aleuten zu den sibirischen Stämmen genauer festzustellen. Ausgrabungen auf den Kurilen-Inseln werden sicher auf die früheren Beziehungen der Nordpaläoasiaten zu den Südpaläoasiaten ein Licht werfen. Die früheren Kurilen dienten als ein Band zwischen den Nord- und Südpaläoasiaten, deren materielle Kultur durchaus einheitlich war. Jetzt sind die Kurilen-Inseln mit Ausnahme von Jetorup, Kunaschir und Shikotan unbewohnt, und Beziehungen zwischen Ainos und Kamtschadalen existieren nicht mehr.

Auf dem Kontinent sind zurzeit die Korjaken von den Giljaken durch Eindringen tungusischer Stämme voneinander getrennt. Ausgrabungen auf den Kurilen-Inseln werden sicherlich auch zur Entscheidung des Streites der japanischen und anderer Forscher, wie Tsuboi, Koganei und Baelz, über die Urbevölkerung Japans beitragen können. Meinem Vorschlag, im ersten Jahre die Aleuten zu untersuchen und über Amerika dorthin zu reisen, und das zweite Jahr den Kamtschadalen zu widmen, stimmte auch Herr Riabouschinsky zu. Die Notwendigkeit, über Amerika und nicht von Kamtschatka aus nach den Aleuten zu gehen, wird jedem klar sein. Da die Beförderungsmittel auf Kamtschatka sehr begrenzt sind, so wird mein späteres Kommen nach Kamtschatka die Bewegungen der übrigen Abteilungen erleichtern.

Auf die Bitte der Russischen Geographischen Gesellschaft wandte sich das russische Ministerium des Auswärtigen an die Regierung der Vereinigten Staaten um Beistand und Erlaubnis für meine Abteilung, die Aleuten zu untersuchen und Ausgrabungen auf den Inseln vorzunehmen, was auch bewilligt wurde. Mit Bezug auf die Kurilen ist dieselbe Bitte an die japanische Regierung gerichtet worden. Außerdem wandte sich die Russische Geographische Gesellschaft mit Erfolg um Beistand an amerikanische wissenschaftliche Gesellschaften und Institute. Als Teilnehmer will ich mich hier nicht auf die von der Expedition erwarteten Resultate einlassen. Ich will nur noch einige Bemerkungen über die Organisation der Riabouschinskyschen Expedition im allgemeinen machen.

Seit den großen sibirischen Expeditionen des 18. und denen zu Anfang des 19. Jahrhunderts hat Ostsibirien keine wissenschaftliche Expedition gesehen, die einen so zahlreichen Stab gehabt hätte wie diese. Die Zahl der wissenschaftlichen Mitglieder beträgt nicht weniger als 24. Außerdem hat jede Abteilung Fuhrleute, Führer, Arbeiter und Dolmetscher, so dass die Gesamtzahl der Teilnehmer gegen 70 betragen dürfte.

Die Organisation der Expedition unterscheidet sich wesentlich von der der früheren großen Expeditionen. Die unsrige hat keinen Chef. Jede Abteilung arbeitet ganz unabhängig von den anderen. Das hat einen großen Vorzug. Jeder Abteilungsleiter hat direkte Beziehungen zu dem Stifter der Expedition und richtet sich seine Reisewege und Forschungen den speziellen Forderungen gemäß ein, so dass keine Hemmungen durch eine andere Abteilung stattfinden können. Im Gegenteil werden in Fragen, die zwei oder mehr Abteilungen interessieren, diese sich gegenseitig nützen. Das große Verdienst des Stifters der Expedition, der für die zweijährige Forschungsarbeit allein 200 000 Rubel bestimmt hat, liegt klar auf der Hand. Es müssen hier aber noch die Verdienste hervorgehoben werden, die die Russische Geographische Gesellschaft, besonders ihr Vizepräsident P. P. Semenov-Tjan-Shansky und der Vorsitzende der Abteilung für physische Geographie, Generalmajor J. M. Schokalsky, sowie der Moskauer Anthropologe A. A. Iwanowsky sich um die Organisation der Expedition erworben haben.

DOPPELGESICHTIGER JANUS[1]

(Auszüge aus der Tätigkeit des Ministeriums für Innere Angelegenheiten)

Im Jahre 1899 wandte sich das American Museum of Natural History in New York an die [Kaiserlich Russländische] Akademie der Wissenschaften mit der Bitte, zwei russische Gelehrte für die Teilnahme an der Asiatischen Abteilung der berühmten Jesup North Pacific Expedition zu entsenden. Die Akademie schickte Vl. [Vladimir] G. Bogoraz (Tan) und Vl. [Vladimir] I. Iochel'son, die bis dahin 10 Jahre in der Verbannung im äußersten Nordosten Sibiriens zugebracht hatten. Die Akademie der Wissenschaften und die [Kaiserlich Russische] Geografische Gesellschaft waren an dieser Expedition außerordentlich interessiert und wandten sich an das Ministerium für Innere Angelegenheiten mit der Bitte, mögliche Unterstützung zu leisten, die liebenswürdigerweise versprochen wurde. Vor der Abreise aus Petersburg erhielten die beiden Reisenden aus dem Ministerium offene Befehlsdokumente in der unten aufgeführten Form:

No. 18602[2] Kopie

Offenes Befehlsdokument
Nach Erlass [Ukaz] Seiner Majestät des Herrschers [Gosudar'] und Kaisers
Nikolaj Aleksandrovič,
des Allrussländischen Selbstherrschers [Samoderžec] usf. usf. usf.

Den Dienststellen und Personen, die dem Ministerium für Innere Angelegenheiten unterstellt sind, wird befohlen, dem Inhaber dieses Dokuments jegliche gesetzliche Unterstützung bei der Ausführung der an ihn gestellten Aufträge zu leisten.

Dieses Befehlsdokument ist ausgestellt für Vladimir Germanovič Bogoraz (im Dokument Nr. 18603[3] für: Vladimir Il'ič Iochel'son), der als Teil der Belegschaft der Expedition des New Yorker American Museum of Natural History in den äußersten Nordwesten Amerikas und Nordosten Asiens zur Erforschung von Fremdstämmigen [Inorodcy], namentlich der Čukčen, Korjaken und Jukagiren, und zur Zusammenstellung ethnografischer Sammlungen für das Museum der Kaiserlichen Akademie der Wissenschaften abgesandt ist, kraft meiner Unterschrift und unter Anfügung des amtlichen Stempels. In St. Petersburg, am 17. November 1899.

---

1 „Dvulikij Janus", in *Osvoboždenie* 1903 (15), 255–256. Übersetzt aus dem Russischen von Erich Kasten, mit Anmerkungen und Kommentaren von Matthias Winterschladen [MW].

2 Das unter dieser Nummer stehende Offene Befehlsdokument (Otkrytyj list) war ausschließlich auf Vladimir G. Bogoraz ausgestellt. [MW]

3 Auch auf Vladimir Il'ič Iochel'son war also unter No. 18603 ein gleichlautendes Offenes Befehlsdokument ausgestellt. [MW]

Seiner Kaiserlichen Majestät, meines Allergütigsten Herrschers [Gosudar'], leitender Verwalter [Minister] des Ministeriums für Innere Angelegenheiten, der Chef der Gendarmen usw. (aufgelistet sind alle Titel und Orden).

Unterschrieben: Sipjagin.[4]

Für den Direktor der Abteilung Allgemeiner Angelegenheiten des Ministeriums für Innere Angelegenheiten.

Vize-Direktor Trepov.

Abgesehen davon wandten sich die Akademie der Wissenschaften und die Geografische Gesellschaft an die höchsten Behörden Sibiriens, dies auf der Grundlage der von allerhöchster Stelle [durch die Monarchen] in Kraft gesetzten Statuten dieser höchsten wissenschaftlichen Institutionen im Reiche, die den von ihnen abkommandierten Dienstreisenden die Rechte von Staatsbediensteten gewähren, mit der dringlichen Bitte, der Expedition jedmögliche Unterstützung zu leisten. Unterdessen sandte der Minister für Innere Angelegenheiten Sipjagin bald nach der Ausgabe der oben genannten offenen Befehlsdokumente denselben sibirischen Dienststellen ein vertrauliches Schreiben mit vollkommen entgegengesetztem Inhalt, wie es aus dem beigefügten äußerst aufschlussreichen geheimen Dokument ersichtlich ist:

M.V.D.
Jakutsker Gouverneur — Geheim.
der Administration des Jakutsker Gebiets [Oblast']
Abteilung I
Geheimes Büro I — An die Kreispolizeichefs der Jakutsker Oblast'
28. April 1900 — zirkulär [als Zirkularschreiben].
Nr. 355

Der Hr. Irkutsker Militär-Generalgouverneur bat mich, gemäß dem geheimen Brief des Hr. Ministers für Innere Angelegenheiten vom 19. Februar d. J. [dieses Jahres], mit Vorschlag vom 20. März unter der Nr. 2079 eine Anordnung zu erlassen zur Einrichtung der heimlichen Überwachung der Tätigkeit der ehemaligen administrativ Verbannten Vladimir Bogoraz und Vladimir Iochel'son, die geplant haben, im Sommer d. J. [dieses Jahres] in der Primorskaja und dem Jakutsker Bezirk [Oblast'] als Teilnehmer der Expedition des New Yorker Museums für Naturgeschichte zur Erstellung von Sammlungen und der Erforschung der Lebensweise der im äußersten Nordosten Sibiriens lebenden Fremdstämmigen [Inorodcy] einzutreffen; dies unter der Hinzufügung, *dass sich angesichts der früheren gegen die Regierung gerichteten Tätigkeit von Bogoras und Jochelson die Bereitstellung jeglicher Unterstützung ihnen gegenüber bei den ihnen aufgetragenen wissenschaftlichen Arbeiten als völlig unangemessen darstellt.*[5]

4 Dmitrij Sergeevič Sipjagin (1853–1902), Innenminister des Russischen Reiches 1899-1902. [MW]

5 Kursiv von mir [V.I.].

Indem ich hierüber Auskunft [zu wissend] gebe, schlage ich vor, eine Anordnung zur Einrichtung einer geheimen Beobachtung der Tätigkeit und Verbindungen der genannten Personen zu erlassen und über das daraus Folgende zu berichten.

Vize-Gouverneur Miller.
Rat [Sovetnik] Metus.
Amtsvorsteher [Stolonačal'nik] Bakert.

Die sibirischen Behörden waren [damit] in eine ziemlich zweideutige Lage geraten. Aber letztlich stellte sich heraus, dass die geheimen Anordnungen gegenüber den offenen [Befehlsdokumenten] eine größere Rechtswirksamkeit besaßen. Es wurden sogar ungebildete und zwielichtige ausgewählte fremdstämmige [inorodčeskie] Personen (Anführer, Fürsten oder Älteste) [hierüber] in Kenntnis gesetzt.[6] Es ist verständlich, dass die Reisenden anstelle von [staatlicher] Unterstützung sowohl auf geheime als auch auf offene Gegenwehr [von staatlicher Seite] trafen. Als Beispiel führen wir einige Fakten an.

Die Bitte von Bogoraz, ihn aus Vladivostok auf einem staatlichen Dampfer zum Čukčen-Kap [Kap Dežnev] zu befördern, wohin private russische Schiffe nicht fahren, wurde vom Priamursker Generalgouverneur [des Militäroberbezirks Priamur'e] abgelehnt.

Iochel'son hatte sich in einem Brief aus Vladivostok an den Jakutsker Gouverneur mit der Bitte gewandt, der Kolymsker Verwaltung [Kolymskij Okrug = Kolymsker Bezirk] zu schreiben hinsichtlich der Anmietung von Pferden für den Transport der Expedition aus Gižiga an die Kolyma sowie über die Abkommandierung eines Kosaken, der die jakutische Sprache beherrschte. Die Bitte rief folgendes geheimes Papier hervor:

6 Somit wurden nicht allein die offiziellen zarischen Behörden Sibiriens mitsamt ihrer russischen Beamtenschaft, sondern auch extra „ausgewählte" indigene Würdenträger und sonstige Vertreter indigener Eliten über die geheimen Anordnungen des Innenministeriums, Iochel'son und Bogoraz in keiner Weise zu unterstützen, in Kenntnis gesetzt. Letztere wiederum wurden von der Redaktion der liberalen und antizarisch gesinnten Zeitschrift *Osvoboždenie* bzw. von Iochel'son (dem Verfasser des Beitrages) als „ungebildet" und „zwielichtig" diffamiert. Genauso wie die zarischen Behörden sollten sie bei der wissenschaftlichen Forschungsarbeit im Rahmen der Jesup-Expedition ihre Mithilfe versagen. [MW]

M.V.D.
Der Jakutsker Gouverneur — Geheim.
der Administration des Jakutsker Gebiets [Oblast']
Abteilung I
Büro I Geheim.
7. September 1900 — Dem Hr. Kreispolizeichef
Nr. 733 — des Kolymsker Bezirks [Okrug]

Der ehemalige in das Jakutsker Gebiet [Oblast'] administrativ Verbannte Vladimir Iochel'son, der zur Teilnehmerschaft der Expedition des New Yorker Museums für Naturgeschichte zur Erstellung von Sammlungen und zur Erforschung der Lebensweise der im äußersten Nordosten Sibiriens lebenden Fremdstämmigen [Inorodcy] gehört, und der gemeinsam mit Vladimir Bogoraz den Wunsch zum Ausdruck gebracht hat, eine ethnografische Sammlung für die Kaiserliche Akademie der Wissenschaften zusammen zu stellen, hat sich an mich gewandt mit einem Antrag über die Gewährung von Unterstützung sowohl hinsichtlich der Möglichkeit der Durchreise seines Expeditionsteams aus Gižiginsk zum Fluss Kolyma als auch bezüglich der Anmietung eines Transportunternehmers mit 20 Pferden für die Expedition zu Preisen, den diese sonst von Kaufleuten nehmen. Indem ich Sie über das oben Dargelegte in Kenntnis setze, *bestätige ich Euch Hochwohlgeborenem die Ausführung der Anordnung vom 28. April d. J. [dieses Jahres] unter Nr. 355.*[7]

Der Jakutsker Gouverneur V. Skrypicin.[8]

Es versteht sich, dass nach diesem Schreiben die örtliche Verwaltung niemanden angemietet und keinen Kosaken abkommandiert hatte. Aber damit nicht genug. Durch einen glücklichen Zufall schloss Iochel'son im Sommer 1900 im Ort Gižiginsk eine notarielle Vereinbarung mit dem Kolymsker Jakuten Slepcov, der als Handelsreisender dorthin gekommen war, wonach er diesen verpflichtete, sich im Sommer 1901 aus Kolymsk [Verchne-Kolymsk] mit 20 Pferden für den Transport der Expedition aus Gižiga an die Kolyma einzufinden. Slepcov begab sich im April 1901 auf den weiten Weg aus Verchne-Kolymsk. Zur selben Zeit wurde ihm [Slepcov] aus Sredne-Kolymsk ein Eilbote hinterhergeschickt mit der Anordnung, ihn zurück zu holen. Laut offiziellem Bericht konnte der Eilbote Slepcov aufgrund des frühen Aufbrechens des Eises der Flüsse nicht einholen. Aus eben diesem Grund ist der nun aufgeführte Brief des Kreispolizeichefs [des Kolymsker Bezirks / Okrug] nach Gižiga im Kolymsker Bezirk [Okrug] zurückgeblieben.

7 Kursiv von uns [Verfasser des Schreibens].
8 Vladimir Nikolaevič Skrypicin (1848–1928), Gouverneur von Jakutsk 1892-1903. [MW]

Der Kreispolizeichef des Kolymsker Bezirks [Okrug]
24. April 1901
Nr. 334
Dem Herrn Leiter der Expedition des New Yorker Museums für Naturgeschichte
Vladimir Il'ič Iochel'son

Gnädiger Herr Vladimir Il'ič!
In Antwort auf die Briefe aus Gižiga vom 25. August und vom 1. September 1900 habe ich die Ehre, Sie davon in Kenntnis zu setzen, dass es in Übereinstimmung mit den Anordnungen des Jakutsker Gouverneurs nicht möglich war, Ihnen einen Kosaken abzukommandieren, der die jakutische Sprache beherrscht. Genauso wenig wurde der Kandidat für die Verwaltung des Kolymsker Bezirks [Ulus], Ivan Slepcov, aus dem Kolymsker Bezirk [Okrug] entlassen.

Die Korrespondenz auf Ihren Namen wird anbei übersandt.
Ich habe die Ehre als ergebenster Diener

Kreispolizeichef V. Guljaev.

Zur Charakteristik der in Russland üblichen Verhältnisse merken wir an, dass der Eilbote in Wirklichkeit Slepcov eingeholt hatte, aber es vollzog sich zwischen ihnen eine in analogen Fällen praktizierte Übereinkunft, denn, wenn der Wille der Führungsebene durchgesetzt worden wäre, hätte Slepcov ein bedeutendes Strafgeld zahlen müssen. Andererseits, hätte Slepcov den Befehl der Verwaltung befolgt, hätte die Expedition nicht an die Kolyma gelangen können, wohin der Proviant, die Forschungsinstrumente und andere Hilfsmittel bereits von einem anderen Transportunternehmer aus der Bucht Ola geliefert worden waren. Ich werde mich hierauf beschränken als denn zu lange über all die Mühsal zu berichten, welche die Expedition in der wüsten und öden Randzone des Polargebiets dank der unsinnigen geheimen Schreiben durchlebt hat. Wir stellen fest, dass, wenn die Reisenden das Land nicht selbst gut gekannt und viele Bekanntschaften unter den und Einfluss auf die Fremdstämmigen [Inorodcy] gehabt hätten, die Expedition ohne Resultate geblieben wäre – und die erheblichen Geldmittel, die von der ausländischen wissenschaftlichen Institution [AMNH] bereitgestellt worden waren, sowie die Arbeiten und die Zeit der Forscher wären vergebens aufgewendet worden.

Die sehr bedeutenden wissenschaftlichen Arbeiten, welche bald erscheinen [ans Licht kommen] werden, sind trotz der Verweigerung der Unterstützung, oder vielmehr trotz der seitens der [sibirischen] Administration aufgestellten Hindernisse, fertiggestellt worden.

Es fragt sich jetzt, welchen Sinn diese geheimen Anordnungen besaßen. Ob der Minister eine Verbreitung separatistischer Ideen unter den Čukčen befürchtete? Welche logische Beziehung sah man zwischen der „früheren Anti-Regierungstätigkeit“

der Reisenden, für welche sie seinerzeit eine Strafe verbüßt hatten, und einer „Unterstützung der ihnen nun übertragenen wissenschaftlichen Arbeiten"?[9] Wenn wir annehmen, dass eine solche Beziehung besteht, warum hat dann das Ministerium hinsichtlich der Anträge der Akademie der Wissenschaften und der Geografischen Gesellschaft nicht offen verlauten lassen, dass es sich verbiete, diesen Reisenden bei den wissenschaftlichen Arbeiten zu helfen? Schließlich, wie lässt sich diese peinliche Situation in der Beziehung zu einer der führenden wissenschaftlichen Institutionen Amerikas rechtfertigen, in welche das Ministerium unsere höchsten wissenschaftlichen Institutionen gebracht hat, von denen einer ein Großfürst als Präsident vorsteht und die andere sich gemäß Satzung unter der unmittelbaren Protektion des Herrschers [Gosudar'] befindet? Auf alle diese Fragen gibt es nur eine Antwort: Diese Erscheinungen folgen aus jenem Regime, unter dem die Abteilung der Polizei, die es gewohnt ist, mit ein und demselben Mund völlig widersprüchlich Aussagen zu tätigen, höher steht als wissenschaftliche und staatliche Institutionen. Nicht umsonst hat ein höherer sibirischer Verwaltungsbeamter, als er sich mit den unterschiedlichen offiziellen Dokumenten über die Expedition bekannt gemacht hatte, ausgerufen: [zwar] aus demselben Laden, [aber] ja zwei Rechnungen.[10]

St. Petersburg, 8. Januar 1903.

Dozent.[11]

9 Es steht zu vermuten, dass die zarischen Behörden in der wissenschaftlichen Arbeit von Iochel'son und Bogoraz eine Fortsetzung ihrer revolutionären Tätigkeit – wohl getarnt durch die Forschungsexpedition – erblickten. Eine Unterstützung ihrer Arbeit durch die zarischen Behörden hätte – legt man diese These über die Motivlage des Innenministers und seiner nachgeordneten Behörden zugrunde – somit staatliche Beihilfe zu revolutionärer Agitation gegen eben diesen Staat bedeutet. An dieser Stelle offenbart sich ein tiefes Misstrauen der inneren Behörden des Russischen Reiches insbesondere gegenüber dem als zu liberal empfundenen gesellschaftlichen Milieu der damaligen russischen Wissenschafts-Community. [MW]

10 Dieses Sprichwort steht geradezu charakteristisch für die von vielen Liberalen und Revolutionären im Russischen Reich empfundene Kultur des Misstrauens der zarischen Innenbehörden gegenüber jeglichen Vertretern der russischen Gesellschaft. Entsprechend ihrer oft widersprüchlichen politischen Handlungen wurden die betreffenden staatlichen Institutionen – wie das Innenministerium, die Polizei oder der Geheimdienst – als in hohem Maße unglaubwürdig stigmatisiert. [MW]

11 Pseudonym für V. Jochelson.

GLOSSAR

Essaul	Name für den Dienstgrad eines Leutnants der Kosaken.
Jurta (Jurte)	Zelt, welches den Völkern Nordasiens als Behausung bei ihren jahreszeitlichen Wanderungen dient. Jochelson unterscheidet folgende Bautypen: „Die *Jurta* der Jakuten hat die Form einer abgestutzten Pyramide, welche er aus schiefstehenden mit Lehm und Kuhdünger überworfenen Stangen aufbaut. Der Jukagire stellt seine *Numa* konisch auf, indem er das Stangengeripppe mit Rentierfellen überzieht. Die tungusische [evenische] *Urassa* wird von demselben Material wie die jukagirische *Numa* hergestellt, mit dem Unterschied jedoch, dass der konische Teil auf einen Zylinder als Grundlage zu stehen kommt.
Kamleika	Äußere Bekleidung in der Art eines Parkas mit hemdartigem Schnitt aus geräuchertem weichen Rentierleder, die vor Winden schützt.
Kiöß	60 Werst.
Kukaschka	Hemdartig zugeschnittenes Oberkleid aus Rentierfellen.
Narte, Narta	Schlitten, der von Pferden, Hunden oder Rentieren gezogen wird.
Ninba	Jukagirische Bezeichnung für ein hölzernes Zuschneidebrett für Kleidungsstücke.
Numa	s. Jurta.
Okrug	(größerer) Verwaltungsbezirk.
Oronen	Schlafbänke.
Prikol	Kräftiger Birkenstock, dessen unteres Ende mit einem spitz zulaufenden Eisen beschlagen ist. Er dient dazu die Narte bei Bedarf abzubremsen (z. B. bei Bergabfahrten) oder ganz anzuhalten. Ein solcher Stab kann auch zum Antreiben der Hunde verwendet werden.
Pud	1 Pud = 16,48 kg.
Serdit	Jakutische Bezeichnung für den Führer eines Schlittengespanns.
Shawl	Großes, rechteckiges Umhängetuch, das man um den Kopf oder den Hals trägt.
Tojon	Herr, Oberster, Ältester, Beamter.
Tordoch	Zusammengenähte geräucherte Rentierleder zur Bedeckung der Gestelle von Behausungen und auch der Narten mit ihrem Gepäck.
Ulus	(kleinerer) Verwaltungsbezirk.
Urassa	s. Jurta.
Werst	1 Werst = 1,06 km.

Waldemar Jochelson

The Koryak

Part I. – Religion and Myths
Part II. – Material Culture and Social Organization
Edited by Erich Kasten and Michael Dürr

2016, Fürstenberg/Havel: Kulturstiftung Sibirien
884 pp., 15,5 x 22 cm
Euro 68, hardcover
ISBN: 978-3-942883-87-0

Bibliotheca Sibiro-pacifica
http://www.siberian-studies.org/publications/bisp.html

Waldemar Bogoras

The Chukchee

Pt I-III: Material Culture, Religion, Social Organization
Edited by Michael Dürr and Erich Kasten
with a foreword by Igor Krupnik

2017, Fürstenberg/Havel: Kulturstiftung Sibirien
860 pp., 15,5 x 22 cm
Euro 68, hardcover
ISBN: 978-3-942883-88-7

Bibliotheca Sibiro-pacifica
http://www.siberian-studies.org/publications/bisp.html

Waldemar Bogoras

Chukchee Mythology

Edited by Michael Dürr and Erich Kasten

2016, Fürstenberg/Havel: Kulturstiftung Sibirien
204 pp., 15,5 x 22 cm
Euro 34, hardcover
ISBN: 978-3-942883-89-4

Bibliotheca Sibiro-pacifica
http://www.siberian-studies.org/publications/bisp.html

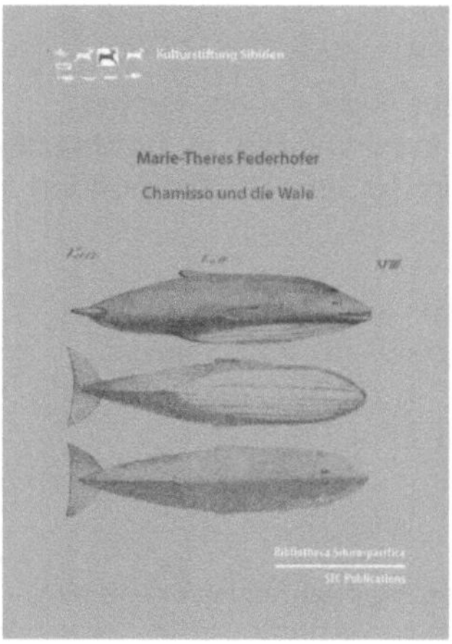

Marie-Theres Federhofer

Chamisso und die Wale

mit dem lateinischen Originaltext der Walschrift Chamissos und dessen Übersetzung, Anmerkungen und weiteren Materialien.

2012, Fürstenberg/Havel: Kulturstiftung Sibirien
132 pp., 23 farb. Abb., 15,5 x 22 cm
Euro 28, hardcover
ISBN: 978-3-942883-85-6

Bibliotheca Sibiro-pacifica
http://www.siberian-studies.org/publications/bisp.html

Georg Wilhelm Steller

Beschreibung von dem Lande Kamtschatka

Herausgegeben von Erich Kasten and Michael Dürr
Mit einem Essay von Erich Kasten

2013, Fürstenberg/Havel: Kulturstiftung Sibirien
280 pp., 15,5 x 22 cm
Euro 32, hardcover
ISBN: 978-3-942883-86-3

Bibliotheca Kamtschatica
http://www.siberian-studies.org/publications/bika.html

Friedrich Heinrich von Kittlitz

Denkwürdigkeiten einer Reise nach dem russischen Amerika, nach Mikronesien und durch Kamtschatka (Auszüge zu Kamtschatka).

Herausgegeben von Erich Kasten
Mit einem Essay von Lisa Strecker
2011, Fürstenberg/Havel: Kulturstiftung Sibirien
230 pp., 15,5 x 22 cm
Euro 34, hardcover
ISBN: 978-3-942883-84-9

Bibliotheca Sibiro-pacifica
http://www.siberian-studies.org/publications/bisp.html

Kasten, Erich (Hg.)

Reisen an den Rand des Russischen Reiches: Die wissenschaftliche Erschließung der nordpazifischen Küstengebiete im 18. und 19. Jahrhundert

2013, Fürstenberg/Havel: Kulturstiftung Sibirien
320 pp., 9 Farbabbildungen, 16 x 22,5 cm
Euro 32, paperback
ISBN: 978-3-942883-16-0

Exhibitions & Symposia
http://www.siberian-studies.org/publications/exsym.html

Matthias Winterschladen, Diana Ordubadi und Dittmar Dahlmann (Hg.)

Auf den Spuren der modernen Sozial- und Kulturanthropologie: Die Jesup North Pacific Expedition (1897-1902) im Nordosten Sibiriens

2016, Fürstenberg/Havel: Kulturstiftung Sibirien
400 pp., 22 Farbabbildungen, 16 x 22,5 cm
Euro 38; paperback
ISBN: 978-3-942883-26-9

Exhibitions & Symposia
http://www.siberian-studies.org/publications/exsym.html

Erich Kasten, Katja Roller, and Joshua Wilbur (eds.)

Oral History meets Linguistics.

2017, Fürstenberg/Havel: Kulturstiftung Sibirien
216 pp., 12 color photos, 16 x 22,5 cm
Euro 26; paperback
ISBN: 978-3-942883-30-6

Exhibitions & Symposia
http://www.siberian-studies.org/publications/exsym.html

Bulgakova, Tatiana

Nanai Shamanic Culture in Indigenous Discourse

2013, Fürstenberg/Havel: Kulturstiftung Sibirien
264 pp., 5 color photos, 16 x 22,5 cm
Euro 28, USD 39; paperback
ISBN: 978-3-942883-14-6

Studies in Social and Cultural Anthropology
http://www.siberian-studies.org/publications/studies.html

Stephan Dudeck

Der Tag des Rentierzüchters: Repräsentation indigener Lebensstile zwischen Taigawohnplatz und Erdölstadt in Westsibirien

2013, Fürstenberg/Havel: Kulturstiftung Sibirien
351 pp., 20 Farbabbildungen, 16 x 22,5 cm
Euro 34; paperback
ISBN: 978-3-942883-17-7

Studies in Social and Cultural Anthropology
http://www.siberian-studies.org/publications/studies.html

Cecilia Odé (ed.)

Илья Курилов: Моя жизнь, песны
Il'ia Kurilov: My Life, Songs (Yukaghir)

2016, Fürstenberg/Havel: Kulturstiftung Sibirien
56 pp., 13 Farbabbildungen,16 x 22,5 cm
Euro 18; paperback
ISBN: 978-3-942883-28-3

Languages and Cultures of the Russian Far East
http://www.siberian-studies.org/publications/lc.html
